U0597498

两晋其实很有趣

子陌 —— 著

北京燕山出版社

图书在版编目（CIP）数据

两晋其实很有趣 / 子陌著 . — 北京 : 北京燕山出版社 , 2022.11（2023.5 重印）

ISBN 978-7-5402-6675-2

Ⅰ . ①两… Ⅱ . ①子… Ⅲ . ①中国历史—晋代—通俗读物 Ⅳ . ① K237.09

中国版本图书馆 CIP 数据核字（2022）第 179306 号

两晋其实很有趣

作　　者：子　陌
责任编辑：王长民
文字编辑：赵满仓
封面设计：冬　凡
出版发行：北京燕山出版社有限公司
社　　址：北京市西城区椿树街道琉璃厂西街 20 号
邮　　编：100052
电话传真：86-10-65240430（总编室）
印　　刷：三河市华成印务有限公司
开　　本：880mm×1230mm　1/32
字　　数：200 千字
印　　张：9
版　　次：2022 年 11 月第 1 版
印　　次：2023 年 5 月第 2 次印刷
定　　价：35.00 元

发 行 部：（010）58815874
传　　真：（010）58815857

如果发现印装质量问题，影响阅读，请与印刷厂联系调换。

公元 265 年至公元 420 年的两晋，出场人物众多，令人眼花缭乱，难以分辨。其中多数人未享天年且死状惨烈，国泰民安风调雨顺的日子屈指可数，门阀士族为一己之私推波助澜，乱世枭雄昏君佞臣更是不胜枚举。然而，在如此动荡年代中，科技文艺等并未因此断绝，如竹林七贤、王羲之、陶渊明等人为乱世增添了浓墨重彩的一道道光华。也正是在此期间，中华民族进行了大融合。

两晋时代，是一个被中国人所传颂的传奇时代。在这个时代，英雄辈出，烽火迭起。从来没有这样的一个时代，让战争变得如此频繁；从来没有这样的一个时代，让个人才能发挥到如此极致；从来没有这样的一个时代，孕育了那样多的文化瑰宝，留下了无数的珍闻奇趣。在这段时期，中原大地烽火连天，民不聊生，几乎连十年的安定日子都是奢望；然而正是在这段时期，无数英雄豪杰出现在人们的视野中，指点江山，激扬文字，留下一段段令人心潮澎湃的传奇故事。

记载两晋时期历史的史书虽然不算少，但内容远不如其他朝代丰富，其中还多有重复之处。记载了两晋历史的《晋书》共有包括房玄龄、褚遂良、上官仪在内的 21 位作者，众位作者笔法各不相同，所叙述的又是这个国家四分五裂的时代，难免会给普通读者带来不小的阅读障碍。正史都是鸿篇巨制，即便囫囵吞枣也要耗费大量的时间和精力，而面对艰涩难懂的古文和不熟悉的语言表达方式，我们很难读出个什么所以然来，很难了解到历史的真实，更不用说以史为鉴，对自己的人生有所助力、有所启迪了。

本书通过对《晋书》等一系列史书的现代化解读，用轻松幽默的语言向读者讲述了两晋的那段历史，带领读者走进那个波澜壮阔的时代，其间穿插着正史与小说的相互比较，并试图通过这种对比进入历史事件背后，深度挖掘历史人物内在的真实情感，使读者与其产生共鸣。本书运用三维结构，用历史事件来展现人性的复杂和诡秘，透过历史的迷雾，解构历史中的人物，以人性洞察历史，还原历史的真相，以期帮助读者真正地了解历史，并以史为鉴，指导未来。

目录

两晋
其实
很有趣

这个太子很悲催

晋惠帝司马衷，字正度，晋武帝司马炎第二子，西晋的第二代皇帝。

泰始三年（267年），司马衷被立为皇太子，时年九岁。司马衷的太子之位，得来的原因与他的父亲有些类似。他本来有一个哥哥，只不过这个哥哥命不好，活了两年就夭折了。于是，司马衷理所当然地成了嫡长子，接着理所当然地成了皇太子。

对于一个九岁的孩子而言，此时他天资中的愚钝尚未完全暴露。他的弟弟司马柬虽然也是皇后的儿子，却才五六岁，作为父亲的司马炎自然也没什么可选择的。在司马衷即位之前的二十三年太子生涯中，他的地位屡次受到威胁，却终究稳如泰山，平安熬到了登基，这主要得感谢三个人。

首先得感谢他的母亲杨皇后。司马衷的弟弟司马柬智商不仅正常，史书上说他"沉敏有识量"，即沉着聪明又有胆量。尽管如此，作为母亲的杨皇后还是更喜欢愚痴一些的司马衷。

待司马衷渐渐长大，当父亲的司马炎开始流露出对这个太子的不满，甚至表示为了天下苍生想换掉太子。杨皇后出面反对说："立嫡以长不以贤，岂可动乎？"

一句话轻描淡写却说到了武帝的痛处，如果他自己不是嫡长子，恐怕也登不上皇帝的宝座。古人在嫡长子继统这个问题上，有时候有点偏执的倾向，既然古训如此，武帝也不得不认。

第二位，是他的叔叔司马攸。司马攸对傻孩子司马衷的太子宝座实在没有特意做出什么贡献，只不过他犯了一点错误，恰好帮助了这个傻侄儿。他犯了什么错呢？他的大错误主要有一个，就是他太优秀了。

所谓"木秀于林，风必摧之"，司马攸一辈子都犯在这个事情上。

司马昭在接班人的人选上曾经有过一段迷茫期。据说他临死之前极担心两个儿子因为争太子位而反目为仇。拉着两个儿子的手殷勤嘱托作为兄长的司马炎照顾好这个他最爱的小儿子。四年后，两兄弟的母亲王太后死前，也是念念不忘这个得宠的小儿子，对司马炎自然又是一顿苦口婆心。

自己的父母不疼爱自己，死之前最想的还是自己的弟弟，这在司马炎心中怎能不留下阴影。被父母喜欢也就算了，朝中大臣对这个曾经差点成为主子的司马攸也一直念念不忘。加之武帝司马炎的儿子们也都实在不成气候，司马炎就试探性地问了问大臣张华："谁可托寄后事？"张华回答："明德至亲，莫如齐王攸。"当时朝中重臣王浑、羊琇、王济、甄德以及司马家族的重量级人物，也都很看好齐王攸。

一位太过优秀的弟弟，夺走了自己父母的心，差点夺走了自己的太子位置，现在又要来夺走自己儿子的皇帝宝座，还夺走了朝中大臣的归属感。不管司马攸是有心争储还是无心恋战，对于武帝而言，实在是不能容忍之事。帝王最怕的不是别的，是自己在位，臣子们心中已经认定了一个新的皇帝人选。而这个新的皇帝人选，还不是自己挑选的。

再者司马攸成年后，"清和平允，亲贤好施，爱经籍，能属文，善尺牍，为世所楷"，并且"以礼自拘，鲜有过事"，他个性刚正，"武帝亦敬惮之，每引之同处，必择言而后发"。

就这样，因为司马攸过于优秀，当哥哥的司马炎就更加喜欢自己的儿子了，尽管那个儿子真的不让他满意。

于是，就有了司马衷要感谢的第三个人。这人不是别人，是他的儿子：司马遹。

史书上的确有记载说晋武帝司马炎怀疑太子"不慧"，"弗克负荷"，其智慧难当皇帝大任，但因孙子司马遹天资聪颖而打消了另立继承人的念头。《晋书》如此记载："（司马遹）幼而聪慧，武帝（司马炎）爱之，恒在左右。（司马炎）尝与诸皇子共戏殿上，惠帝（司马衷）来朝，执诸皇子手，次至太子（司马遹），帝曰：'是汝儿也。'惠帝乃止。宫中尝夜失火，武帝登楼望之。太子时年五岁，牵帝裾入暗中。帝问其故，太子曰：'暮夜仓卒，宜备非常，不宜令照见人君也。'由是奇之。尝从帝观豕牢，言于帝曰：'豕甚肥，何不杀以享士，而使久费五谷？'帝嘉其意，即使烹之。因抚其背，谓廷尉傅祗曰：'此儿当兴我家。'尝对群臣称太子似宣帝，于是令誉流于天下。"

史书上主要记载了四件事，一件事说明这个孙子深得司马炎的钟爱，所以"恒在左右"；另一件事说明这个当爷爷的实在很喜爱自己的孙子，一握手就知道是司马遹；后面两件事主要是说小司马遹虽然年少但甚有大有为于天下的潜质，所以才有了"此儿当兴我家"这样直接的暗示。又说小司马遹像晋宣帝（司马懿），话中的意思直接明了。以至于修史书的人都以为，司马炎之所以将皇位给自己的儿子，是希望在群臣的帮助下熬过傻儿子的在位期，将司马家的天下托付给自己这个钟情的孙子。

可是司马炎的算盘未免太过于乐观了，尽管有三个人的"热切帮助"，司马衷熬到了登基，却换不来一个太平天下，到底还是一个无所作为的君主。他不仅无法解决政治上的困难，经历了西晋中衰的惨剧"八王之乱"。他本人还成为他人的傀儡，最后被东海王司马越毒死。

包办婚姻不幸福

司马衷傻是傻了点，但是谁叫人家是太子呢？不过，太子也有太子的痛苦。那就是，自己想要什么样的人做妻子，不是自己说了算，而是由父母做主，父母这一挑，就挑出来一个"奇葩"。为什么要加个引号，这事还得慢慢说来。

晋武帝司马炎整日为了北边边境的战事忧心，他派出的将领最大的能耐就是打败仗。在这种情况下，他迫切需要一场胜利，这个时候有人提醒：贾充可以打胜仗！

贾充，字公闾。他的父亲贾逵官至魏国的豫州刺史，曾被封为阳里亭侯。贾逵老来得子，觉得上天眷顾他，必有后福，家里肯定有"充闾之庆"，所以给儿子取名"贾充"。晋武帝司马炎对贾充尤为信任，曾说"车骑将军贾充，奖明圣意，咨询善道"，"雅量弘高，达见明远，武有折冲之威，文怀经国之虑，信结人心，名震域外"。《晋书》说他"有刀笔才，能观察上旨"。

贾充这个人文采很出众，又能体察上意，这一点很重要。史书说他是"无公方之操，不能正身率下，专以谄媚取容"，意思就是说这个人对手下的官员起不到什么模范带头作用，但是很会来事儿，深得皇帝的喜爱。

综观贾充的一生，可以说他一直坚定地追随司马氏。早在司马师时代，正元二年（255年）春天，魏镇东将军毌丘俭和扬州刺史文钦起兵叛乱，贾充就跟随司马师一齐上了战场。他与邓艾合力打退了文钦的进攻，又参与了很多关键性的平叛战役。等到司马师收拾完这帮反对者，贾充因为有功，增邑三百五十户，贾氏一门在贾逵的爵位基础上，又扩大了食邑。等到司马师死掉，司马昭接过权杖执掌魏国，贾充被任命为大将军司马、右长史。

两年以后，又有一个人想要站出来反对司马家族，贾充继续发挥作用，受命出去侦察敌情。在淮南，贾充见到了心怀鬼胎的诸葛诞，说了一堆慰劳的话之后，随便将话题引到了司马家，故意试探道："天下皆愿禅代，君以为如何？"天下的臣民都觉得当今天子不适合当皇帝，应该把皇帝的宝座让给司马昭，您看这样好不好？贾充问得随便，诸葛诞却厉声回答说："卿非贾豫州子乎？世受魏恩，岂可欲以社稷输人乎！若洛中有难，吾当死之。"他指责贾充忘了为人臣子的本分，甚至把贾充的父亲都抬出来了。

诸葛诞把话说到这份上，贾充也就不好再说什么了，他"默然"。回到朝堂上劝司马昭早做准备，后来诸葛诞果然起兵造反，贾充又贡献出自己的战术方针，帮助司马昭取得了胜利。

几年后，不甘于做傀儡的高贵乡公曹髦亲自带领侍卫、太监主动出击，要跟司马昭死磕。众人看见当今天子亲自拔剑上阵都有点慌：杀吧，他毕竟名义上是皇帝；不杀吧，司马昭肯定不答应，只能步步后退。贾充看见这帮人气得大呼："公等养汝，正拟今日，复何疑！"一旁的成济听见这句话，上前结束了曹髦的性命。贾充再次因为站对了队，进为乡侯，食邑又增加了不少。因为贾充的一贯忠信，他顺利成为司马昭的心腹，参与机密。

其后贾充再度表现出色，在继承人的问题上又站对了队。司马昭对立谁为太子一直很纠结，感情上他更倾向于小儿子司马攸，但是礼法上又应该立长子司马炎，病中的司马昭询问贾充的意见。贾充的女儿嫁给了齐王司马攸，但是贾充没有偏袒自己的女婿，而是"称武帝宽仁，且又居长，有人君之德，宜奉社稷"，把长子司马炎好好夸奖了一番。待到司马昭临死前将晋王的位置传给司马炎时，他拉着大儿子的手说："知汝者贾公闾也。"

这句话很重要，司马昭等于明白地告诉自己的儿子：你能得到这个王位都是因为贾充为你说了好话。熬了这么多年终于等来王位的司马炎听到这句话，自然深切地感激这位支持者。当上晋王的司马炎给贾充加官晋爵，任命他为晋国卫将军、仪同三司、给事中，改封临颍侯。曹奂退位，坐上皇位的司马炎犒赏有功人等，拜贾充为车骑将军、散骑常侍、尚书仆射，更封鲁郡公，贾充的母亲柳氏为鲁国太夫人。司马炎对贾充很是信任，视为左右手。贾充的母亲鲁国太夫人死后，贾充按照礼法回家守孝，在朝堂上看不到贾充身影的司马炎很关心这个"知汝者"，特意派身边的人代表自己去慰问一番。

当司马炎面对北方战事无可奈何的时候，在侍中任恺、中书令庾纯的建议下，他想到了贾充。贾充总是能为司马家族铲除一切的反对者，司马家需要贾充。武帝司马炎在圣旨中甚至说："使权统方任，绥静西夏，则吾无西顾之念，而远近获安矣。"他将所有的希望都寄托在贾充身上了。

拿到圣旨的贾充只有郁闷的份儿了：北方战事打了好几年没有一次胜仗，自己就一定能打赢吗？即便打得赢，放着京师的好日子不过，谁心甘情愿去边境上受苦呢？贾充郁闷归郁闷，没得选择，只能领旨谢恩。

任恺跟庾纯举荐贾充的目的不只是为国事分忧那般高尚，他们有私心。任恺跟庾纯是一伙的，对贾充一直很不满，希望借平叛之名，让贾充远离权力中心。贾充也的确像能胜任这个工作的人，这步棋走得很高妙，表面上看不出什么破绽。贾充也知道是背后有人作祟，想要赶走自己，但他也没辙，一是皇帝已经下旨，二是任恺家世代为官，妻子是魏明帝曹叡的女儿，有一定的影响力。让贾充更为忌讳的是，任恺为人刚毅，在朝中大臣中颇有威信。

贾充硬来不行，只能先拖延不办。但是拖延不是办法，总是要走的。转眼贾充出发的日子近了，饯别的日子到了。荀勖跟贾充关系还不错，就给贾充出主意说："公，国之宰辅，而为一夫所制，不亦鄙乎！然是行也，辞之实难，独有结婚太子，不顿驾而自留矣。"

荀勖想的办法是贾充嫁个女儿给当今太子，这样贾充的身份就变了，以前功劳再多也只是臣子，以后摇身一变就成了皇亲国戚，国丈大人不好轻易外出带兵，这样不就可以留在京师了吗？贾充觉得这个主意不错，但是"孰可寄怀"，苦于没有联姻皇室的办法。荀勖二话没说，揽下了这件事。

不久宫中举行宴会，荀勖趁机提出太子的婚事，又说"充女才质令淑，宜配储宫"。司马炎不是傻子，他对儿子的婚事早已有了主意，他心中属意的是卫瓘的女儿，他说："卫氏女有五可，贾氏女有五不可。卫氏女贤惠多子，皮肤白皙，又长得漂亮动人；贾氏女以嫉妒著名，少生子，同时又貌丑而短黑。"武帝站在一个男人、一个父亲的立场仔细分析了这门婚事，无论是遗传基因还是外貌品性上讲，都没有选贾充女儿的道理。

贾充虽然在朝堂上挺得起腰杆，惧内却是出了名。贾充的原配李氏出身名门，容貌也姣好，为贾充生下了两个女儿：贾荃、贾濬。从遗传的角度讲，这两个女儿的容貌应该不会太差，其中贾荃还嫁给了齐王司马攸。但是好景不长，李氏受父亲的牵连被流放，贾充又娶了郭氏为妻。这个郭氏跟李氏完全不是一个类型的人，是一个妒妇。因为妒忌，先后打死了贾充两个儿子的乳母，这两个儿子因为没有乳母，也先后夭折。等到司马炎称帝，李氏遇赦而回，郭氏甚至不让李氏进门，贾充不得已，只能另给李氏买了一座宅子，可他连私下看望李氏的胆子都没有。郭氏品性太坏，生出来的孩子相貌也不佳，一个个又矮又黑，贾南风更是奇丑无比，从遗传的角度讲，郭氏可能也不好看。这样的家庭背景，明眼人都不会选择如此亲家。

只是荀勖一个人提议，说服力肯定不大，这时候杨皇后站出来表示赞同，也说了一番贾充女儿的好话。太傅荀颉附议。一个是太子的母亲，一个太子的老师，都认定了贾家的女儿，其他的大臣当众也不好直接反对这门婚事。皇后、太傅都支持，贾充在朝中官职又高，没人愿意为了天资不好的司马衷赔上自己的身家性命。武帝也是一个惧内的人，只有默许的份儿。

一桩看上去根本不可能的亲事就这么定了下来。一帮人忙活了半天，选定的太子妃是贾充的小女儿贾午。贾午跟司马衷的年纪相仿：贾午12岁，司马衷13岁，刚好匹配。

泰始八年（272）春天，洛阳下了场很大的雪，预备向北方动兵的军事计划因为这场大雪停摆。荀勖送佛送到西，借机说："现仲春二月，天普降瑞雪，实是吉兆。皇太子应即择良辰成婚。"晋武帝司马炎应允，下旨成婚，并令贾充官居原职。荀勖一手策划的整盘棋以完胜告终。

命运有时候充满变数，贾午实在是太不争气了，身材过于矮小，连结婚礼服都撑不起来。众人灵机一动，嫁哪个女儿不是嫁，贾午的姐姐贾南风还稍微高一点，虽然比司马衷大两岁，但是年龄不是问题，于是贾充最丑的女儿贾南风成了西晋王朝的太子妃。

有人考证，贾南风的身高大概只有一米四，贾午资质如何也就不难想象了。一般的亲事都希望"郎才女貌"，司马衷跟贾南风的结合，既没有"郎才"，也绝谈不上"女貌"。而这桩包办的"良缘"故事才刚刚上演。

杨骏不是老实人

一般认为，太康元年（280 年）算是武帝朝的一个转折点。以灭吴为界，司马炎执政的 25 年，可以说是前明后暗的政治面貌。而咸宁二年（276 年）也是一个多事之秋，这一年齐王攸被武帝解除权力，而外戚杨骏突起，成了一股新的政治力量。由于武帝"惟耽酒色，始宠后党，请谒公行"，杨骏跟他的弟弟杨珧、杨济势倾天下。当时的人们就用"三杨"称呼他们。

杨骏，字文昌，弘农杨氏的后代。杨骏年轻的时候职位是"以王官为高陆令，骁骑、镇军二府司马"。杨骏从司马跻身权力核心，主要依靠他的女儿杨芷杨皇后，"自镇军将军迁车骑将军，封临晋侯"。在他女儿杨芷被立为皇后的四个月之后，杨骏被封为临晋侯。一般以杨骏封侯这件事作为杨氏成为司马炎重要的发展对象的标志。

司马炎集中发展外戚的势力，主要目的在于调整整个晋国的权力分配体系。由于曹魏的国祚不长，只有区区 45 年，作为开国皇帝的司马炎，一直依靠的力量主要是在三国末期早已形成的宗室跟功臣集团。但是这两股力量都有些靠不住。宗室方面，因为齐王司马攸的过于优秀，过于深得民心，被司马炎忌惮，抑郁而死，宗室的力量骤减。而武帝本人的几个儿子的政治能力基本上都上不得台面，致使司马氏在政治舞台的施展空间变得非常有限。而功臣集团一旦一枝独大，容易使晋国陷入被大臣左右朝政的局面。武帝这时候亟须强化皇帝本人能依靠的力量，他想到了杨氏，虽然在血缘上杨氏跟司马氏并无太大的关联，可凭借姻亲这层关系，毕竟还是知根知底一些。

杨骏的出身虽然不错，能力却有限。尚书褚㶟、郭奕对武帝这样的安排都表示反对，说杨骏"小器，不可以任社稷之重"，"素无美望",可见他实在是对不起自己的家庭背景。但是武帝坚持自己的看法,因为东吴已灭,他就以为天下无事,"不复留心万机"。当时就有人指出:"夫封建诸侯,所以藩屏王室也。后妃,所以供粢盛,弘内教也。后父始封而以临晋为侯,兆于乱矣。"认为杨氏的兴盛给晋国带来的只有"乱"而已。

杨骏因为女儿得道,得以升官,仗着自己的国丈身份,越来越骄傲自得。弄得胡奋都看不下去了。胡奋是魏国车骑将军、阴密侯胡遵的儿子。他"性开朗,有筹略,少好武事"。当年司马懿伐辽东,胡奋还没有做官,"以白衣侍从左右,甚见接待"。胡奋这个人的传奇色彩表现在,胡家世世代代都出武将,这样的家庭环境下,胡奋的书就读得不太好,文章就写得稍微差了点,但是胡奋很好学。随着年龄的增长,文章也写得越来越好,史书说他是"所在有声绩,居边特有威惠"。

胡家由于一直支持司马氏,自然甚得宠信,胡奋的女儿是武帝司马炎的贵人。同样是把女儿嫁给了当朝天子,胡奋就显得很老实,懂得夹着尾巴做人,跟杨骏形成鲜明的反差。他曾经劝告杨骏说:"卿恃女更益豪邪?历观前代,与天家婚,未有不灭门者,但早晚事耳。观卿举措,适所以速祸。"可见胡奋深知低调才是王道,劝杨骏吸取前代的教训,不然会惹祸上身。

胡奋善意的忠告,杨骏很是不屑,还反问胡奋说:"卿女不在天家乎?"胡奋一听,觉得杨骏真是没救了。同样是嫁给皇帝,皇后跟贵人能是一个级别吗?"我女与卿女作婢耳,何能损益!"武帝后宫有万人之多,一个贵人能带来多少荣耀,而皇后只有一人,自然是其他人不能比的。可是杨骏不听胡奋这一套,仍旧我行我素。

太熙元年(290年),五十五岁的司马炎病势沉重。病中的司马炎没有指定辅政大臣，事实上这个时候晋国也实在没什么股肱之臣可以托付。面对这样的窘境，"朝臣惶惑，计无所从"。皇帝的身边出现了权力的真空，杨骏充分显示了自己钻空子的才能，他"尽斥群公，亲侍左右"，趁着武帝病重的机会，"改易公卿，树其心腹"，在朝堂上安插自己的势力。司马炎虽然病重，但是脑子不傻，还是发现了杨骏的小阴谋，觉察到了杨骏包藏祸心。就下旨说让汝南王司马亮跟杨骏一同辅佐新主，希望借汝南王的力量牵制杨骏，也希望二人能相互牵制，不致出现权臣掌权的局面。

司马亮，字子翼，按辈分是司马炎的叔叔。年少就"清警有才用"，做过魏国的东中郎将，广阳乡侯。诸葛诞反叛时，司马亮曾经领兵上过战场，很不幸，吃了败仗，被免官。之后，重新被任命为"左将军，加散骑常侍、假节，出监豫州诸军事"。等到晋室开基，司马家的人少不了升官，司马亮搭上这班顺风车。"封扶风郡王，邑万户，置骑司马，增参军掾属，持节、都督关中雍、凉诸军事"，主要在晋国边疆主持工作。

河西鲜卑族首领秃发树机能在北边发起了浩浩荡荡的反晋战争。司马亮手下刘旂胆子小，不仅没有身先士卒、奋勇杀敌，反而在行军的路上拖拖沓沓，吃了败仗。那时候司马炎因为秃发树机能吃不好也睡不安，遇见这号不杀敌还临阵退缩的人，气得要大开杀戒。司马亮慌忙中少不了为刘旂求情，司马炎盛怒之中下旨把刘旂骂了一通："高平困急，计城中及旂足以相拔，就不能径至，尚当深进。今奔突有投，而坐视覆败，故加旂大戮。今若罪不在旂，当有所在。"这时候有人说刘旂只是胆子小了点，的确该杀，但是司马亮身为上司没有识人之明，应该一同受责罚，司马亮就再度被免官。可是司马亮命好，不久他又被任命为抚军将军。

司马炎一直重视宗室的力量。齐王攸死后，司马炎"乃以亮为宗师，本官如故，使训导观察，有不遵礼法，小者正以义方，大者随事闻奏"。司马亮两起两落之后迎来了第一次政治高峰。咸宁三年（277），司马亮的封地迁往汝南，"出为镇南大将军、都督豫州军事，开府、假节。之国，给追锋车、皂轮犊车，钱五十万"。之后，又"征亮为侍中、抚军大将军，领后军将军，统冠军、步兵、射声、长水等营，给兵五百人，骑百匹。迁太尉、录尚书事、领太子太傅，侍中如故"。

司马炎准备好了圣旨，预备"以亮为侍中、大司马、假黄钺、大都督、督豫州诸军事，出镇许昌，加轩悬之乐，六佾之舞"，意在抬高宗室的力量牵制外戚杨骏。司马炎逼死了自己那个优秀的弟弟司马攸，却任用这个没什么才能的叔叔司马亮，也真是会给自己的儿子选大臣。诏书刚刚写好，还没有来得及宣布并实行，司马炎就病危了。杨骏得知司马炎的计划，深知自己的根基不如司马亮牢靠，耍了一点小手段。事实证明杨骏这个手段很管用。

他跟掌管诏书的中书监华廙讨要圣旨，说拿过来观赏观赏。华廙也知道杨骏想要圣旨一定没安好心，但是又惧怕杨骏的势力，不得已也只好把诏书借给杨骏。这一借，自然是有去无回了。杨骏"没收"了圣旨，还觉得不放心，属意华廙编造了一份新的诏书。这份诏书的内容自然是大封特封杨骏的官，封他为"太尉、太子太傅、假节、都督中外诸军事，侍中、录尚书、领前将军如故"。还允许杨骏"持兵仗出入"，方便他掌控那个只剩半口气的皇帝司马炎。诏书写好了，杨骏还很不厚道地送给病得不行的司马炎看一眼。估计司马炎这时候已经病得没有意识了，即便是看了，也不可能反对什么。杨骏伪造这份诏书之后的第三天，司马炎就一命呜呼了。

司马炎一死，杨骏成了掌权的人。司马亮一猜就知道这背后一定是杨骏搞鬼，但是他胆子小，不敢反抗。皇帝死后大臣要去哭灵，司马亮连皇宫大门都不敢进，借口自己生病，就在自己家门口哭了一鼻子。等到司马炎出殡那天，所有人都前去送行，杨骏却一直在自己居住的太极殿待着，还配备了上百人的保镖队伍，"不恭之迹，自此而始。"

丧事办得差不多了，杨骏本着斩草除根的原则，想要对司马亮下手。司马亮哪里有什么应对策略，就向何勖讨教，何勖看着眼前这个窝囊的王爷，劝司马亮先发制人："今朝廷皆归心于公，公何不讨人而惧为人所讨！"甚至建议司马亮召集自己的力量，领兵入宫，废掉杨骏的权力，先一步把杨骏干掉，这样不是彻底解决问题了吗？但是司马亮一听，觉得何勖这一绝好的建议简直是开玩笑。别说领兵进宫，洛阳都不敢继续住了，连天亮都等不及，当天夜里就逃命到了许昌，保住了一条小命。

司马亮逃了，洛阳城就变成了杨骏的地盘，他任用自己的外甥段广、张劭在惠帝司马衷身边当近臣，用以掌握新皇帝的一举一动。司马衷虽然名义上是皇帝，但万事都做不了主，处处被杨骏牵制。杨济、杨珧将这些看在眼里，记在心上，觉得哥哥是在为杨家自掘坟墓。数次劝谏杨骏不要一人专权，杨骏不听，还觉得杨济他们是别有用心，慢慢地疏远了自己的两个弟弟。杨济没辙，跟傅咸说："若家兄征大司马入，退身避之，门户可得免耳。不尔，行当赤族。"如果杨骏让司马亮留在朝中，杨家尚能保全，但是现在，估计杨家要被满门抄斩了。傅咸建议将司马亮迎回洛阳："但征还，共崇至公，便立太平，无为避也。夫人臣不可有专，岂独外戚！今宗室疏，因外戚之亲以得安，外戚危，倚宗室之重以为援，所谓唇齿相依，计之善者。"

但是杨济在杨骏那里，早就没有说话的份儿了，杨骏也不可能把吓跑的司马亮接回来。

杨济整天忧心忡忡，私下向石崇询问朝中大臣对杨骏独裁的看法，石崇毫不客气地指出："贤兄执政，疏外宗室，宜与四海共之。"杨济一听，实在是无话可说，虽然他认同石崇的看法，但是知道自己说话不管用，就请石崇进宫，把这番道理讲给杨骏听。石崇倒是进宫了，也见到了杨骏，对着杨骏那张脸说了半天大道理，也只是浪费了唾沫星子。杨骏早已是一匹脱缰野马，没人能制得住，哪里知道什么福祸相依的道理。

杨骏忘记了一个人，他觉得自己是无人能制得住的脱缰野马。而这个人，选择的不是制服，而是消灭，从肉体上消灭这匹野马。那他纵然有再大的本事，也难逃灭亡的命运。小矮子丑女贾南风，正是杀死杨骏的幕后黑手。

猖狂人必有死下场

贾南风的臭脾气，杨骏也是知道的，"甚畏惮之"，虽然有所惧怕，却未能有所收敛。杨骏的策略是拉拢太后，不过这个太后是一个老好人，怎么可能是泼辣儿媳妇的对手。

有人说什么杨公主持大局是众望所归之类的场面话，偏巧杨骏除了是国丈外，几乎一无是处，论军功，没有；论学问，也没有；论人品，实在不怎么样。这样的人掌权，如果老实本分地做几件事，可能还好一点，偏偏他什么都不懂，还要创造点新的标准。一般而言，先皇帝刚刚死掉，年号是不能更改的，即位的皇帝要继续延续年号，直到第二年才能改元。杨骏"暗于古义，动违旧典"，可能是过于迫切需要做出点"成绩"了,竟然下令立即使用新的年号。

这下群情激愤,朝中不少大臣坐不住了,说从孔子做《春秋》时候起就没这个规矩,杨骏这么做是"逾年书即位之义",简直无法无天,太不像话。虽然改元"永熙",但是史官左看右看,总觉得这个年号来历不正,太不顺眼了,"故明年正月复改年焉",所以惠帝司马衷这第一个年号只用了区区九个月罢了。

没什么背景的杨骏上台后自然要扶植自己的势力,能用自己的人就尽可能用自己的人。两个弟弟都不太支持自己,没关系,杨家还有侄子什么的。杨骏不傻,任用的官员都掌握着禁军,算盘打得很好,控制了皇宫就等于控制了一切。可是这么一来,不仅没有得到人心,反而是"公室怨望,天下愤然矣"。外戚掌权还操纵禁军,这不是俨然的造反态势吗?可怜的杨骏,朝里没多少人支持他,后宫除了一个不顶事的太后,也不得人心,就连自己的弟弟杨珧、杨济也与他渐行渐远,真可谓"众叛亲离"。

"殿中中郎孟观、李肇,素不为骏所礼",孟观、李肇这两个人,充其量只能算是诸多看杨骏不顺眼的人里面很不起眼儿的两个人,战斗力毕竟有限。孟观是个读书人,字叔时,打小就喜欢读书,尤其对天气知识很精通,不知道为什么得罪了杨骏。李肇此人,史书上几乎没什么记载。这样两个人,一般是掀不起什么大浪的,但是他们找对了同谋:贾南风。

贾南风不是一个安稳人,不仅玩转了自己的丈夫司马衷,还野心不小,连前朝的事情也想管上一管。怎奈杨骏投靠错了对象,拿杨太后当靠山,贾南风不仅不把杨太后放在眼里,武帝司马炎死后,甚至"悖妇姑之礼",连场面上的婆媳之礼都不讲了。偏巧孟观、李肇利用职务之便偷偷向贾南风打两个小报告,何况杨骏本身就不得人心,把事情随便找出来说一说，再添油加醋一番，就很有杀伤力，如果再给杨骏扣上一项试图谋反的罪名，贾南风何愁没有教训杨骏的把柄呢？

皇后想掺和政事，大概有几大途径：第一，搞定自己的丈夫。司马衷对贾南风实在构不成什么威胁，这个障碍不扫自除。第二，搞定自己的婆婆。杨太后是个老实人，武帝在的时候还一个劲儿给贾南风说好话，对于这样的婆婆，只需要不管她即可。第三，搞定朝中的大臣。这是贾南风不能施展拳脚的唯一原因，搞定搞不定另说，只要杨骏在朝里一天，贾南风的野心就只能深埋于心，因此贾南风除掉杨骏，只是时间早晚、时机成熟不成熟的问题了。现在孟观跟李肇送来了杨骏的把柄，师出有名，但是她还缺少两股力量：杨太后身边得有自己的眼线；杨骏不会自己走开，需要有人搬走这块绊脚石。

贾南风不是只会发脾气，她想到了当年曾经伺候过他们夫妻俩的董猛。董猛是谁呢，一个太监。但是他不是别人的太监，他现在是杨芷杨太后身边的太监。不是当年贾南风对董猛不薄，就是董猛面对这个悍妇只有听命的份儿，当贾南风私下里小手指那么一勾，董猛就过来跟孟观、李肇他们狼狈为奸。就这样，一个问题解决了。

至于能搬开绊脚石的力量，贾南风将目光转向了司马亮。贾南风满心欢喜地以为，司马亮被杨骏摧残了一下，还抢走了本该属于他的辅政大权，司马亮应该是一心一意等待报仇的汉子。可是当她托人带去口信的时候，司马亮不仅没有斗志，反而说："骏之凶暴，死亡无日，不足忧也。"自作孽不可活，杨骏早晚会玩儿完的，不用担心。贾南风吃了一记软钉子。司马亮太不靠谱，她将目光转移到司马玮身上。

司马玮，字彦度，是司马炎的第五个儿子。得益于司马炎对宗室的重视，他先是"封始平王，历屯骑校尉"。到了武帝朝后期，司马玮"都督荆州诸军事、平南将军，转镇南将军"。贾南风选择司马玮的原因，除了司马玮年轻又有兵权，更重要的可能是《晋书》中所记"骏素惮玮"。杨骏这个不在乎天多高地多厚的人，竟然惧怕这个年轻的后生。所以当司马玮跟中央汇报说自己想带着人马去京城住两天的时候，杨骏"因遂听之"。

司马玮进了城，贾南风等待的多方力量终于到齐。孟观、李肇就把早就准备好的那套说辞拿出来说给司马衷听，大意不外乎诬陷杨骏谋反之类的。欲加之罪本就何患无辞，杨骏平常又干了不少不得人心的事情，实在不愁没有论据。最后定主意的自然是贾南风，当天夜里，就下诏诛杀杨骏。而这个受贾南风任命的传诏人，正是那个天文专家孟观。

舆论准备完毕，该走的程序走完，军队列队出发。这时候杨骏的侄子段广站出来替杨骏求情，他跪在司马衷前面，说："杨骏受恩先帝，竭心辅政。"这么多年没有功劳也有苦劳，段广甚至说："且孤公无子，岂有反理？愿陛下审之。"一个没有儿子的人怎么会想要做皇帝呢，陛下您一定要擦亮眼。不知道司马衷听罢此言，究竟作何感想，史书只是记载"帝不答"。而不管司马衷是认可贾南风的行为，还是对段广的求情无可奈何，他什么都不说，就等于是默许。

死期将至的杨骏此时正在家里睡觉，他的家是曹爽以前的府邸。听说宫中针对他开展了抓捕行动，就赶忙召集人马商讨计策。太傅主簿朱振分析说："今内有变，其趣可知，必是阉竖为贾后设谋，不利于公。"为今之计，首先，"宜烧云龙门以示威"，制造剑拔弩张的紧张情绪，告诉所有人杨骏的战斗力仍然存在。其次，"索造事者首，开万春门，引东宫及外营兵，公自拥翼皇太子，入宫取奸人。殿内震惧，必斩送之，可以免难"。让杨骏挟皇太子司马遹进宫，这个皇太子，不是贾南风所生，让皇太子对付贾南风，胜算自然平添许多。

这本是一条上佳的建议，但是杨骏这时候没了平日里的跋扈。他本来也不是什么胆大之人，终日里也只会吃三喝四做出一副牛哄哄的样子来。现在原形毕露，只会犹豫不决，只是懦弱地说："魏明帝造此大功，奈何烧之！"多么好的宫殿，烧了多可惜。手下的听到杨骏这句话，心都凉透了，果然是烂泥糊不上墙。侍中傅祗就跟杨骏说："宫中不宜空。"借口宫里不能没有人，就起身走了。都到这个时候了，宫里有没有杨骏的人还是一个问题吗，不过是借口罢了，其他人对傅祗的行为心照不宣，也都找借口赶紧逃命了。只剩下一个武茂没反应过来，傅祗一看，恨得提醒说："君非天子臣邪？今内外隔绝，不知国家所在，何得安坐？"一言惊醒梦中人，武茂听了这话，兔子一样逃命去了。

正所谓物以类聚人以群分，杨骏是个胆小鬼，手底下也没什么有担当的人。守着宫门的左军将军刘豫听人说杨骏跑了，连主意都没有了，居然问给他假消息的裴頠："吾何之？"裴頠说："宜至廷尉。"鉴于你一向跟着杨骏办事，现在只有自首这一条路走得通，糊涂的刘豫竟然真的乖乖去自首了，也不问问消息靠谱不靠谱。而在后宫中的杨太后估计也听说了门外的混乱，写了封帛书，上书"救太傅者有赏"，还用箭射到宫外，胜负已分的时候谁会接这个求救信？杨太后这个幼稚行为，不仅救不了杨骏，倒是给人留下了是杨骏同党的口实。

躲在府里的杨骏以为高墙大院救得了他，司马玮一行人命令火烧府邸。当年司马懿为了防范曹爽，特意在曹爽府周围设了几栋高楼当瞭望点，这下也派上用场了，士兵从高处向里面放箭，杨骏等人连反击的能力都没有。杨骏逃到了马厩中，被乱兵杀死。而杨骏及其同党都被夷三族，死者数千人。为了销毁当年杨骏伪造的武帝司马炎的托孤诏书，贾南风下令把杨骏家里的纸都烧光。

再看杨济。当时被召进宫中，传旨的人到了，杨济也知道此去有去无回，就问身边的名士裴楷："吾将何之？"裴楷死心眼，说："子为保傅，当至东宫。"您既然是太子的老师，就应该进宫去。杨济手下本来养着四百多个精于骑射的关中大汉，就算是殊死一搏也能冲出重围，浪迹天涯，但是杨济还是整整衣服进宫去了，众人听说，"莫不叹恨"。

杨珧被捕以后，一直喊自己冤枉，就是临刑时候，仍然大呼冤枉，墙倒众人推，谁管你冤不冤枉。偏巧监斩官是贾南风一伙的人，一直催促刽子手赶紧行刑，杨珧就在高呼冤枉的过程中，冤枉地死了。

杨骏死掉了，连个收尸的人都没有，还是太傅舍人阎纂看不下去了，"殡敛之"。而上至司马玮，下至孟观等人，因为诛杀杨骏有功，都得到了赏赐。

原来都不是好东西

杨骏死掉了，少了一个揽大权的人。但是大权总得有人揽，少了一个杨骏，就得分给很多人，毕竟权力让人上瘾，让人欲罢不能。

司马玮成了卫将军，领北军中候，加侍中、行太子少傅。北军中候大概相当于皇城守备军司令一类的官。司马玮有着其他人都不具备的优点：他年轻，才二十出头。一个不过二十岁的小伙子，就因为参与诛杀杨骏有功而被大肆封赏，俨然权力新贵。"少年果锐，多立威刑，朝廷忌之。"长江后浪推前浪，如果"前浪"不愿意让位子，这个"后浪"再怎么推，也坐不到想坐的位置。司马亮跟卫瓘就是"前浪"。

司马亮不用再介绍了，前面已经说了很多，他一直处在一个能躲事就躲事的形象下，但是享乐这种事，他可是一点不躲，不仅不躲，谁要是妨碍了他，他还真跟那个人没完。东安王司马繇在贾南风策划的这场政变中也出了把力气，史籍记载，他在政变之前，只不过是一个公爵，因为投靠了贾南风，才当了个郡王。

初入上层政治圈，难免得意忘形起来，一天之内就赏罚了三百多人，这个工作效率还真是高。这个工作业绩被司马亮知道了，能饶得了他？找了一个由头就把司马繇贬走了。一不留神，流放得太远了，到了今天的朝鲜半岛，不仅气候差，生活水平也大不如前。司马繇不过是想过一把权力的瘾，没想到把自己绕里头了。

卫瓘就更是"前浪"了，已经七十多岁了。这个岁数还能活跃在政治舞台上，因为他是个狠角色。卫瓘出生在书香门第，"性贞静有名理，以明识清允见称"。十岁那年，卫瓘的父亲死掉了，这是一件不幸的事情，但也有幸运的一面，就是父亲的爵位成了他的。卫瓘二十岁开始步入仕途，在权臣专政的时代，他"优游其间，无所亲疏"，游离于各种政治力量之间，显示了他不同常人的政治情商。十年的时间里，不仅谁都没得罪，还因为工作态度良好，任劳任怨，不断升官。

在几次政治事件中，卫瓘不仅能逢凶化吉，还能稳赚不赔，等到武帝司马炎时期，卫瓘因为提了个建议解决了晋国北方的边境问题，深得司马炎的信任。司马炎把自己的女儿繁昌公主嫁给卫瓘的儿子，跟卫瓘成了儿女亲家。跟皇帝成了亲家，杨骏看着也嫉妒，就跟武帝打小报告说公主在卫府里过得不好，终日喝酒什么的，希望武帝判小两口离婚。只要卫瓘少了这层关系，就不再威胁杨骏了。卫瓘觉察到杨骏的企图，主动要求回家养老。杨骏死了，卫瓘站起来了。

官复原职的卫瓘跟司马亮一起共辅朝政。两个"前浪"一合计，觉得后浪司马玮实在是太不顺眼了，决心已定，要想法子除掉这个绊脚石。一天上朝，司马亮站出来说，封王都是有自己的封地的，现在朝廷无事，坏人杨骏也死了，各位王爷就各回各家吧。这个建议一出，谁都知道言下之意是什么，这是明摆着要赶司马玮走人，"无敢应者"。安静的朝堂上突然出现一个声音，卫瓘站出来表态了，完全支持这个建议，司马玮就这么跟卫瓘结下了仇怨。

公孙宏、岐盛两个人平时没什么好名声，却很招司马玮待见，卫瓘则很讨厌这两个人，想找法子把这两个人也一并给治罪了。公孙宏、岐盛跟李肇一合计，觉得司马玮这么下去不是办法，不如再度跟贾南风联手，先发制人，把司马亮跟卫瓘给弄死。要说卫瓘不仅有才能，基本上也属于官场老油条了，但是他干了一件事，惹得贾南风恨死了他：卫瓘反对立司马衷为太子。前面提过，卫瓘喝醉了旁敲侧击跟司马炎提过这个事情，司马炎当时只是说："公真大醉耶？"弄得卫瓘好不尴尬，日后便不敢说这话了，但是贾南风记仇，何况卫瓘这个人，对贾南风淫乱后宫早就看不顺眼了，弄得贾南风因为忌惮卫瓘，不能随意享乐，现在有个机会报仇了，她何乐而不为。

于是贾南风就又跑到傀儡老公那里，如此如此这般这般说了一番，让惠帝司马衷当夜下诏，命司马玮铲除司马亮跟卫瓘。司马玮拿到密旨，召集人马，宣称："天祸晋室，凶乱相仍。间者杨骏之难，实赖诸君克平祸乱。而二公潜图不轨，欲废陛下以绝武帝之祀。今辄奉诏，免二公官。吾今受诏都督中外诸军。诸在直卫者皆严加警备，其在外营，便相率领，径诣行府。助顺讨逆，天所福也。悬赏开封，以待忠效。皇天后土，实闻此言。"

做足了准备工作后，分别派人去对付卫瓘和司马亮。大队人马来到卫瓘家里宣旨，左右的人都觉得其中有诈，皇帝要卫瓘死怎么一点征兆都没有呢，于是就跟卫瓘说："礼律刑名，台辅大臣，未有此比，且请距之。须自表得报，就戮未晚也。"建议卫瓘先别忙着死，应该先去核实一下消息的真伪，弄明白是怎么回事儿再死不迟。但是卫瓘死脑筋，觉得圣旨都下了还有什么办法，就跟儿子、孙子等家中九个人一同被害。只有他的两个孙子，因为出去看病了，得以幸免。

负责处理掉司马亮的是公孙宏跟李肇。当公孙宏跟李肇的军队将司马亮的府邸团团包围住，负责家里安全守备的李龙觉察到外面局势不太对劲，就跟司马亮汇报说您看咱们是不是应该组织家中的武装力量全力备战。司马亮一听，觉得李龙睡迷糊了，根本不理他。等到公孙宏、李肇的兵登上司马亮家的围墙，对着屋子里的司马亮大呼小叫的时候，司马亮这才觉得事情不对劲儿。但是他实在不明白这一切究竟都是为什么，只是一个劲儿地感叹："吾无二心，何至于是！若有诏书，其可见乎？"

公孙宏哪理司马亮这些疑问，下令赶紧开始进攻，谁捉到司马亮有赏。长史刘准劝司马亮说："观此必是奸谋，府中俊乂如林，犹可尽力距战。"让司马亮不要担心，府里的兵力足够杀出一条血路，抵挡一阵子，司马亮还困在自己的疑问里出不来，根本没听见刘准说了什么，轻而易举就被李肇抓住了，司马亮还在感叹："我之忠心，可破示天下也，如何无道，枉杀不辜！"

要说司马亮冤枉，这倒不假。当时天气炎热，士兵看着司马亮落魄的样子还挺心疼他的，竟然轮番给他扇扇子。士兵跟司马亮就这么坐着，坐到日上三竿了，太阳都毒了，都没人出来一刀杀司马亮。司马玮实在看不下去了，觉得简直太不像话了，就下令说："能斩亮者，赏布千匹。"重赏之下，什么都有，大家一听这话，就疯了似的一哄而上解决了司马亮，尸骨"投于北门之壁，鬓发耳鼻皆悉毁焉"。可怜司马亮一条命，就值一千匹布。

解决完卫瓘、司马亮这两个"前浪"，"后浪"司马玮下令不追究他们同党的罪："二公潜谋，欲危社稷，今免还第。官属以下，一无所问。若不奉诏，便军法从事。能率所领先出降者，封侯受赏。朕不食言。"当然是假借司马衷的名义下的令。

这时候岐盛站出来说，既然取得了这么可喜的阶段性胜利，不如"因兵势诛贾模、郭彰，匡正王室，以安天下"，这是要让司马玮一鼓作气，铲除贾南风的势力，好让司马玮一人独大。但是司马玮听完了，只是犹豫，犹豫了一整夜。贾南风毕竟是当官人家的小姐，就算是长得难看，但该有的政治智商还是有的，她怎么可能让司马玮一人独大，要独大也只能是她贾南风独大，但是这个女人，智商毕竟有限，就找来德高望重的老臣张华商量对策。

张华态度很明确，一语中的地明确说出了贾南风的心声："楚王既诛二公，则天下威权尽归之矣，人主何以自安？宜以玮专杀之罪诛之。"但是张华不是为了贾南风考虑，他倒是真心觉得司马玮坐大了，岂不是第二个杨骏。贾南风也知道道理的确是这样的，但是司马玮现在风头正劲，想解决他，总得有借口。张华说："玮矫诏擅害二公，将士仓卒，谓是国家意，故从之耳。今可遣驺虞幡使外军解严，理必风靡。"

张华张冠李戴，把这杀死宗室、重臣的罪名全安在司马玮身上，说他"矫诏"。这下罪名也有了，贾南风派遣殿中将军王宫赍驺虞幡麾众曰："楚王矫诏。"司马玮的军队本来就是起事召集的，一听这话，才明白过来，原来我们干的事情都是非法的，就作鸟兽散，"玮左右无复一人"，要说司马玮也真是太不得人心了，居然连一个人都留不住。身边一个人都没有的司马玮，到底是年轻，哪见过这样的阵势，"窘迫不知所为"。

司马玮的结局走了一个法律程序，判了死刑，行刑那天，司马玮从怀里颤抖着拿出那个当时从宫中传的密旨，一把鼻涕一把泪地跟监刑尚书刘颂哭诉，你看我这里有圣旨，"受诏而行，谓为社稷，今更为罪，托体先帝，受枉如此，幸见申列"。刘颂何尝不知道司马玮是冤枉的，但是现在是贾南风要你死，你不想死也得死，他只能"唏嘘不能仰视"，赶紧送司马玮上路了。

司马玮走的时候只有二十一岁，明明是少不更事的年纪，非要掺和这混乱的政局。不过司马玮这个人倒是还不错，"性开济好施"，就因为这样，老百姓倒是很爱戴他，得知他被杀，很多人都暗暗为他落泪，还有人自发给他立祠堂，逢年过节祭拜他。而公孙宏、岐盛也被夷三族。这场政变最大的受益者明显是贾南风，一下子铲除了司马亮、司马玮，还杀了杨骏、卫瓘两位大臣，真可谓一手遮天。而那个给贾南风出主意的张华，被选为新一任的辅政大臣，但是张华主要是个读书人，他的命运又将如何呢？

不甘寂寞的贾南风

母亲郭槐的忌妒基因一点不落地全被贾南风遗传了，如果仅仅是心里忌妒一下子，开个醋厂，也不甚要紧，哪个女人愿意跟别人分享丈夫呢，这本是人之常情，偶尔耍个小脾气没准儿还更可爱。但如果把"偶尔"变成"常常"，性质就变了。贾南风不仅是"常常"忌妒，还不止停留在心里诅咒，而是贯彻到行动上，是一个彻头彻尾的行动派，史书说她是"性酷虐"，以伤害情敌为乐趣。曾经"手杀数人"，不仅在精神上消灭对手，同时也在肉体上消灭。其中一次还是"以戟掷孕妾"，贾南风手起刀落，"子随刃堕地"，一尸两命，手段真可谓残忍。

做人家媳妇的贾南风丝毫不懂得夹着尾巴做人的道理。在公公司马炎还活着的时候就干出了这样的事情，无怪乎司马炎几次想要替儿子休妻，只是因为耳根子软，虽然每次脾气上来就想休儿媳妇，但是别人一劝阻，就又作罢了。下次脾气一来又想休掉贾南风，别人一劝阻，还是作罢。贾南风就这么混过了当儿媳妇的日子，等到司马衷做了皇帝，她理所应当成了皇后。

好不容易把自己的公公熬死了，觉得自己可以一展拳脚，没想到老实巴交的杨太后有一个不安分的爹，把持朝政还处处忌惮自己。要知道贾南风之前已经做了十八年的太子妃了，十八年里，公公多少次想废太子，另立太子妃，她就这么陪伴着"不慧"的丈夫苦熬着。十八年的时光，她从一个十五岁的小孩子，变成了三十多岁的成年人，岂能容别人妨碍自己的野心。

刚好杨骏专权引起的不只是贾南风一个人不满，是整个朝野的不满。这股东风一起，贾南风不会放过机会，写信让司马玮三下五除二把杨骏给除了，还灭了杨家三族。既然是要灭三族，杨芷杨太后自然也在三族里面。

本来杨芷再不济也是一个名义上的太后，如果把她都杀了，总是不太好的事情。可是杨太后在情急中曾经写了一句话："救太傅者有赏。"在帛布上，还用箭往宫外射，希望哪个不要命的能帮自己的父亲渡过难关。贾南风给杨骏安的罪名是意图谋反，杨芷这个举动不仅救不了杨骏，连自己也陷进去了。贾南风正愁没有罪名除掉杨太后，这边杨太后也是病急乱投医，自以为聪明却送给贾南风一个口实，唯恐别人不知道自己跟杨骏是"谋反同谋"。但是要处理太后毕竟是个大事情，贾南风建议惠帝司马衷开一个群臣大会，假意探讨问题，创造支持的民意。

这个会议很有意思，一般开会是为了解决问题，贾南风很狡猾，在开会之前就先把会议的基调定下来了："皇太后阴渐奸谋，图危社稷，飞箭系书，要募将士，同恶相济，自绝于天。"让与会的臣子在这个基调下面讨论问题，这不就等于只给你一个选项的选择题嘛。果不其然，大臣都觉得"皇太后内为唇齿，协同逆谋"。罪名定了，处理方式就好办了，毕竟人家是太后，杀掉不好看，就拿掉了她太后的头衔，降为老百姓。

尽管如此，但贾南风还是觉得不解恨，既然杨芷不好下手，那就从杨芷的母亲下手。杨芷的母亲庞氏作为杨骏的老婆，当然在要灭掉的三族里面，现在杨芷已经不再是太后了，杀一个前太后的母亲也就没什么问题了，这当然也是贾南风的意思。庞氏行刑当天，已经是老百姓的杨芷在法场哭得天昏地暗，在监斩官面前苦苦哀求。

杨芷心存幻想，说愿意从今往后自称"妾"。本来贾南风是儿媳妇应该称"妾"，现在反过来，前任婆婆跟儿媳妇称"妾"。杨芷太天真了，以为一个称谓的改变，做出愿意给贾南风提鞋的卑下姿态就能让铁石心肠的人动了恻隐之心，从而饶了自己母亲的一条命，这是痴心妄想。这个天真的杨太后，当初几次三番在司马炎面前为贾南风说好话，当年的一车皮好话也换不来自己母亲的一条命，只得哭干了自己的眼泪，眼睁睁看着自己的母亲做了刀下之鬼。

失去父母与太后头衔的杨芷早已失去了生活下去的希望。贾南风又下令把之前伺候杨芷的人都撤走，只留杨芷一个人面对空空荡荡的屋子，可怜的杨太后就这么被活活饿死了。

心肠如铁的贾南风面对杨芷的死，竟然害怕了，到底杨芷对她有恩，这个外表难看凶恶的贾南风，表现出内心的不安与惴惴，她深信杨芷这个司马炎的枕边人死后去给阴曹地府哭诉自己的冤屈，她下令杨芷的丧事要办得有"新意"，面朝下下葬，还在杨芷背上放了一些"符书药物"，据说这样可以避免死后的人上天告状。这个让自己的丈夫司马衷"畏而惑之"的贾南风，竟然也有这样的一天。亏心事做得多了，过分了，也有惶恐。

　　杀了杨骏，贾南风又利用诸王之间的矛盾铲除了卫瓘、司马亮、司马玮，可算是能看着属于自己的朝堂，没事偷着乐了。贾南风任用了自己的娘家人，如贾模、贾谧出任高官。这一步是必须走的棋，怎么说后宫的人总是觉得万般不靠谱，只有娘家人才靠谱。另外，赶走了讨人厌不听话的宗室司马玮、司马亮，总得任用一个宗室，贾南风用了一个特别艰苦朴素的司马泰。这人一直是朝堂上的不倒翁，换谁倒霉人家老兄也照样当大官，所以准确地说，这个也不算是贾南风一手扶上去的人。

　　贾南风虽然霸气十足，却没能生个儿子。司马衷是有一个儿子的。司马炎之所以愿意将好不容易统一了的江山交给自己的傻儿子，是为了有朝一日，能把这大好河山交给自己的乖孙子。这个孙子正是司马衷唯一的儿子，司马遹。

　　司马遹的亲生母亲，叫谢玖。这个女人，起初，不是司马衷的嫔妃，而是他的父亲司马炎那一万人后宫的"之一"。当年司马衷娶贾南风的时候，只有十三岁，加上本身个子不高，估计心理年龄撑死了就十岁。太子大婚，做父母的自然是高兴，做皇帝的父亲深谋远虑，实在不放心自己的儿子靠自己的力量娶老婆，万一不懂闺房之事，为晋家延续龙种的艰巨任务不就没希望了吗？特意随便选了一个女人送给司马衷，谢玖却争气得很，意外怀上了龙种，才有了司马遹。

儿子司马遹的到来是一个意外之喜，不知是什么缘故，五岁之前，司马遹一直养在爷爷司马炎身边，司马衷压根儿就不知道还有一个这么大的儿子存在。史书上只是说司马遹"幼而聪慧，武帝爱之，恒在左右"，说是这个孙子太招人喜欢了，做爷爷的才一直养着不撒手，直到小司马遹五岁那年，他跟几个皇子一起在大殿里玩，刚巧司马衷来给父亲请安，父子俩才有了第一次见面。司马衷哪里知道哪个小朋友是自己的骨肉，只是挨个儿逗孩子玩，等到他走到司马遹面前，拉着司马遹的小手，身后传来司马炎的声音："是汝儿也。"

这一幕实在让人不解，做爷爷的即便是再怎么宠爱自己的孙子，也不致让自己的儿子几年里都不知道自己无意中已经为皇家添了一个新成员，司马炎这个做法，甚至有点把司马遹藏起来的嫌疑。如果不是爷爷藏起了孙子，儿子也不可能五年一点消息都没有，可能是司马炎觉得这孩子要是让贾南风知道了，一定没有好下场，才故意隐瞒不说。

无论是什么原因，当司马衷听见父亲那几个不痛不痒却字字骇人的话时，他的反应是："惠帝乃止。"估计这个傻小子也被吓傻了。

找回了自己的孩子，可能是欣喜万分，在司马衷这里，却没有了父子深情的记载。史书中只是说这个孩子如何如何招爷爷的喜爱，爷爷如何几次暗示要让他接自己的班，对于司马衷的表现，就一个字都看不见了。

小司马遹，应该是一个天才的，表现很突出。奈何古今中外的神童，大多免不了"小时了了，大未必佳"的命运。待司马遹一天天长大，到了十三岁，被司马衷立为皇太子，这个法定接班人身上的不良习气，一天天暴露出来。对于司马遹的教育，司马炎抓得紧，朝廷上下重视，到了惠帝朝，还是很重视，给他请了好几位当时的名士重臣当老师，可是这司马遹不仅不爱学习，甚至不尊敬老师。自己不争气，更何况上面还有一个人品极坏的名义"母后"，在贾南风的煽风点火下，司马遹更是越来越不怎么样了。

贾南风恨上司马遹实在是情理之中的事情，她嫁给司马衷那么多年，只有四个女儿，一个儿子都生不出来，自然是越看司马遹越不顺眼。偏巧这个眼中钉还很聪明，贾南风怎么能不想方设法地将司马遹带到变坏的路上去呢。

历史证明，想要带坏一个太子，或者一个皇帝，很多时候有一个人就够了，就是他的贴身小太监。贾南风在后宫一手遮天，就暗中吩咐伺候太子的太监没事就向皇位的接班人灌输不良思想，说："殿下诚可及壮时极意所欲，何为恒自拘束？"原因是"殿下不知用威刑，天下岂得畏服"，撺掇司马遹向自己的"妈"贾南风的方向看齐。

后来司马遹临幸的蒋美人生了小皇子，身边的太监又开始发挥自己的作用，一个劲儿建议让司马遹重赏蒋美人，并为小皇子搜罗珍宝，想以此让司马遹染上不思读书、只知道享乐的骄奢淫逸的恶习。司马遹哪里能分辨谁是真的为他好，别人一带，自己就掉沟里了，"慢弛益彰，或废朝侍"，书也不读了，每天就在后花园里玩。谁要是冒犯了他，堂堂一个太子，竟然亲自动手打架。

这样的一个皇太子，哪里还有当年神童的影子。司马遹在变坏的路上越走越远，经济头脑却还是灵光。没事喜欢在宫里开一个菜市场，陪他玩的自然还是那些太监，他自己亲自挽起袖子卖肉，别说，还真是有天赋，无论你要多少肉，他随手那么一切，斤两毫厘不差。这一切都要感谢他的爷爷，一直在拼命扩充后宫，把屠夫家的闺女都娶了进来。要知道司马遹的姥爷真是一个热衷卖肉的人，他能这样也就不奇怪了。

　　过日子这么折腾，每个月发给他的钱肯定是不够花的，司马遹是一个月花两个月的钱。这还不够，觉得自己的生活水平亟待提高，就在东宫开展了大生产运动，发动太监、宫女种地、养鸡，之后拿到宫外面去卖了赚钱。这根本不是一个太子，简直就是一个土财主。

　　当朝太子这么胡闹，有大臣就看不下去了，洗马江统写了一个长长的规劝书，送到司马遹那里，他根本看都不看。舍人杜锡也是真的关心司马遹的成长，觉得有贾南风这么一个"母后"，本身就是一个极大的不安定因素。太子还这么不懂事，忍不住在司马遹面前多说了几句忠言，这下司马遹不乐意了，嫌杜锡唠叨，就往杜锡的坐垫里塞满针，等到杜锡到东宫给太子上课，一屁股坐下来的时候，那叫一个疼！

　　贾南风也没闲着，估计也一直在做生小皇子的准备，怎奈命中注定没有儿子，情急之中，贾南风上演了偶像剧里一幕：假装怀孕，用棉花装出一个大肚子。她的如意算盘是，从妹夫家里偷梁换柱一个孩子，托名是自己跟惠帝的龙种，再密谋把太子拉下马，扶自己的"儿子"坐上储君的位置。这样不仅自己的地位可保，等司马衷归天以后，还能继续操纵新一任皇帝满足自己的权力欲望，真是太如意的算盘了。

　　贾南风跟司马遹的矛盾暗潮涌动，爆发只是时机的问题。这时候司马遹还得罪了贾谧。司马遹这孩子，小时候天天被爷爷司马炎夸奖，是在一片掌声中长大的，后来又顺利当了太子，一人之下万人之上，只能听好话，听不得逆耳忠言；只有别人围着他打转，他哪里见得了别人对他爱搭不理。偏巧贾谧正是对他爱搭不理的那号人。

　　贾谧本来是贾南风妹妹贾午的儿子。因为贾充的两个儿子都被郭槐给整死了，贾家差点绝后，贾谧就过继给贾充当孙子。贾府上下就这么一个男丁，自然很是宝贝。贾谧跟贾南风走得近，觉得太子早晚得玩儿完，自己犯不着尊敬一个迟早会垮台的储君。太子詹事裴权为此特意给司马遹出主意："贾谧甚有宠于中宫，而有不顺之色，若一旦交构，大势去矣。宜深自谦屈，以防其变，广延贤士，用自辅翼。"首先第一步，不得罪贾谧，假意逢迎，暗中发展自己的羽翼，等到自己的力量壮大了，再把贾谧一脚踢开。建议是提得不错，奈何司马遹是一个从小就骄傲的孩子，哪里肯摆出一副低姿态。

　　苦命的司马遹其实什么得罪贾谧的事情都没干，但是贾谧把什么新仇旧恨都算在他身上了。"旧恨"的罪名是司马遹抢了将要属于贾谧的女人。事情就是这样的，郭槐想把女婿韩寿的女儿嫁给太子，两家亲上加亲，多好的事情。

　　这个想法对外孙子一说，司马遹也觉得姥姥想得不错，就答应下来，却被贾午跟贾南风给否决了。这姐儿俩本就看司马遹不顺眼，怎么可能把贾家的闺女嫁过去。你否定了人家的提议，总得给个替换选项。贾氏两姐妹觉得王衍的女儿王惠风不错，可司马遹几番打听，得知王惠风的姐姐更好看，而这个姐姐，却在贾南风的策划下，嫁给了贾谧。

　　堂堂一个太子娶妻，居然抢不过贾谧，司马遹本来想娶韩寿的女儿，贾南风反对，现在娶了王家的姑娘，还不是最漂亮的，这不是奇耻大辱么？心中恨恨不能平，憋着一股子气不知道朝谁发，贾南风不能骂，就骂贾谧。贾谧更郁闷，从始至终压根儿就不是自己的主意，是贾南风背着自己瞎张罗，你凭什么骂我？于是就恨上了司马遹。

　　"新仇"说起来就要简单得多，贾谧跟司马遹下棋的时候，没有眼力见儿。臣子跟主子下棋，你得故意输，贾谧偏不，觉得太子一个臭棋篓子有什么可牛的。这一幕刚巧给成都王司马颖撞见了，就说了贾谧几句，贾谧又郁闷了，更恨司马遹了。

怀抱着新仇旧恨，贾谧再也不能忍受了，跑到贾南风那里告状，说："太子广买田业，多畜私财以结小人者，为贾氏故也。"这真是冤枉了司马遹，他是喜欢卖猪肉、开菜市场，把东宫换成菜园子出去换钱不假，但是他还真没有那智商给贾氏的支持者送钱以拉拢人心，可是小报告这种东西，不需要全部是真事，只需要听上去是真的就够了。

贾谧继续诬赖，说太子没事就念叨："皇后万岁后，吾当鱼肉之。"并表示，无论这些事究竟是真的还是假的，有一件事是确定的：一旦司马遹当了皇上，可能对咱们贾家好吗？不如先一步下手，废了他以绝后患，"更立慈顺者以自防卫"，这句话直接说到贾南风心坎上了，两人一拍即合。

贾南风开始行动，第一步仍是制造舆论支持，俗话说苍蝇不叮无缝的蛋，司马遹越发没有太子的样子，贾南风想散布点针对太子的坏话可谓轻而易举。晋国的大臣也不傻，都看出来贾南风这是准备向司马遹动手了，"于时朝野咸知贾后有害太子意"。中护军赵俊是个忠臣，不忍心看着太子走向灭亡，就私下谏言暗示司马遹废了贾南风，司马遹却放弃了最后一次拯救自己的机会。

元康九年（299年）十二月，贾南风终于决定动手。诈称司马衷生病，诏太子进宫请安。等司马遹穿戴整齐进了宫，没见着司马衷，也没见着贾南风，就看见一个宫女端着酒碗出来了，逼着他喝酒。司马遹本来想推辞，因为他平日里基本上不怎么喝酒，宫女一听就不乐意了，说："汝常陛下前持酒可喜，何以不饮？天与汝酒，当使道文差也。"

司马遹尽管变坏，脑袋却还不傻，知道自己进宫是来面圣的，不是来喝酒的，万一一不留神喝醉了，君前失态，必然降罪于他，"又未见殿下，饮此或至颠倒"。宫女受命要灌醉司马遹，他一直不肯喝也不是办法，就威胁说："不孝啊！天与汝酒饮，不肯饮，中有恶物邪？"现在是皇后要你喝酒，你一直迟迟不肯，难道是怀疑酒里下毒吗？

司马遹一听这话，知道已经不能再推辞了，只好硬着头皮喝，司马遹本来只是意思着喝了点，想蒙混过关，却一再被人催命地逼迫饮酒，加上不胜酒力，喝是没喝多少，但也醉得晕头转向。这时候潘岳进来了。潘岳是贾谧的好友，是贾谧网罗的一大群文人中的一个。潘岳表示他是过来代太子写祈祷文的，祈祷上天让皇帝的病早日痊愈，潘岳假意写好文章，让人给太子备好笔墨，请司马遹照着抄一遍给司马衷呈上去。这时候司马遹早喝得大醉，醉眼迷离中字都不会写了，写得歪七扭八，龙飞凤舞，胡乱写好，那张纸就被拿走了，潘岳又添了一些内容。司马遹呢，早就醉得不省人事。

贾南风拿着这张纸送给司马衷看，惠帝一看，傻眼了，唯一的儿子写了一篇文章，字迹虽乱，但依稀可辨："陛下宜自了；不自了，吾当入了之。中宫又宜速自了；不了，吾当手了之。并谢妃共要克期而两发，勿疑犹豫，致后患。茹毛饮血于三辰之下，皇天许当扫除患害，立道文为王，蒋为内主。愿成，当三牲祠北君，大赦天下。要疏如律令。"

要说贾南风的手段并不高明，但就这么轻易实现了暗害司马遹的目标。哪有人这么笨，直白地给自己的父亲、当朝天子写几行字，说"赶紧退位"这样的话。这种话写完还能被人偷走去告状，这人得多傻。现在的问题是，惠帝本身形同傀儡，贾南风拿过来这么一张纸，明摆着就是让他废太子，史书上并无只言片语记载司马衷的表现，只是知道他马上召集全体重臣会议，把那张纸拿给所有的与会大臣看，大伙还没看出来那一张鬼画符一样的东西是什么内容，圣旨就下了："遹书如此，今赐死。"

朝堂上的臣子早就知道贾南风要动手，现在真的动手了，他们也都见识过贾南风的手段，反对就是死，也就没人吱声。在这关键时刻，张华、裴颀不顾个人安危挺身而出，力保太子。张华书生意气，说："此国之大祸。自汉武以来，每废黜正嫡，恒至丧乱。且国家有天下日浅，愿陛下详之。"立嫡长子这事是惯例，不能改。裴颀比较聪明，指出这个东西你说是太子写的就真是太子写的？谁能做证，应该把太子的手书都拿过来，一一比对，如果字迹一致，才能证明是太子的亲笔，"不然，恐有诈妄"。

贾南风无所畏惧，真的就把太子的手书拿过来，让大臣对比，堂上的臣子一看，猜也知道是太子喝多了写的。这字也太难看了，跟平常全然不同，但是心知肚明是一回事，能站出来指出其中有诈又是另一回事，所有人都揣着明白装糊涂，看是看了，什么也不说。一帮子大臣在朝堂上打马虎眼，废太子这事从上午一直讨论到太阳西斜，也不说废，也不说司马遹冤枉，就这么僵持。

贾南风看得心急如焚，计划了这么久，眼看就成功了，却被一帮老头子拖延了一天，就威胁说："事宜速决，而群臣各有不同，若有不从诏，宜以军法从事。"威胁归威胁，这事还是僵持不动。从来没有退让过的贾南风不得不重新盘算，她实在担心这帮大臣再说下去，那傻丈夫也不听话了，就跟惠帝说，要不"免太子为庶人"，司马衷这才下旨，同意。

惠帝司马衷虽然前前后后一句话都没有被史学家记载，但是从记叙的蛛丝马迹中看出，他可能还是希望能保全太子司马遹的。毕竟他也只有这一个儿子，当贾南风说要以军法处理那些持反对废太子的大臣时，他并没有听话地同意。不过，还是不能在他身上寄托太多的希望，司马遹的确逃过了杀身之祸，却丢了太子的帽子，这个帽子一丢，无异于丢了自己的保护伞，之前要杀他，因为他是太子，还得讨论；这日后谁要是想对他动手，要死的就不是一个储君，只是一个做过储君的老百姓了。

贾皇后的最后岁月

　　几位宗室重臣把圣旨拿去念给司马遹听，成员有：尚书和郁、大将军梁王肜、镇东将军淮南王允、前将军东武公澹、赵王伦、太保何劭。当这些人来到东宫的时候，司马遹正闲得发慌逛后花园，得知有使者捧着诏书来，他可能也预感到了事情的严重，终于恢复了一个太子该有的样子，换好衣服，连拜两次接过了那道改变他命运的圣旨。之后从容地走出东宫，登上一辆破车，住到了金墉城。

　　金墉城处在京城一角，在晋朝是专门用来安置那些被废掉的太子、皇后、太后、妃子等人的地方。说是一座城，其实小得可怜，因为城建得越小，就越便于看管那些落架的凤凰。这座城不仅建得坚固，还背靠大山，用来当一个大囚笼，真是再合适不过了。被废掉的太后杨芷也是死在这里的。

　　赶走了司马遹，贾南风还是不放心。第二年正月，她又指使司马遹身边的太监"自首"，诬告太子真的心存谋逆之意。一手策划这场风波的贾南风因此下令加强对司马遹的看管，并把这个"自首"的太监的罪行遍示朝廷内外。这时候，很多人都想起京城里传唱在大街小巷的那首民谣："南风起兮吹白沙，遥望鲁国郁嵯峨，千岁髑髅生齿牙。"要说古人的民谣真的什么内容都敢唱，这"南风"自然是指贾南风，"白沙"是司马遹的小名，其中的意思不言自明。

太子被废，国家失去了储君，更为重要的是，太子还是因为被诬陷才被废，那些太子的支持者自然"深伤之"。右卫督司马雅正是这样的一个人。虽然他也姓司马，看上去是个风光的皇亲国戚，其实他不过是司马炎这支司马氏的远房亲戚，所以他只能追随司马遹以换得自己的前程。不承想，背靠大树不仅没能乘凉，这大树还被人推倒了。

常从督许超是司马雅的朋友，两人坐在一起一合计，一棵大树倒下了，不可怕，那就再找另一棵。但是现在突然换个主子，也难以在短时间内得到别人的信任，最好的办法，就是让倒下的大树再竖起来。这个打算很好，但单靠他两人的力量，显然是不可能的，他们需要同谋。张华跟裴𬱖虽然是忠臣，也正因为是忠臣，事情一旦成功，功劳岂不是都被他们占去了，他们选定的对象是赵王司马伦，这人"执兵之要，性贪冒，可假以济事"。

司马伦，字子彝，是司马懿第九个儿子。武帝司马炎在位的时候，他还不是赵王，是琅邪王，因为犯了事，应该处死，司马炎一看，自己的亲戚被处死，这实在是太丢人了，就为司马伦开了个后门，想饶了他。谏议大夫刘毅觉得不可："王法赏罚，不阿贵贱，然后可以齐礼制而明典刑也。伦知裘非常，蔽不语吏，与缉同罪。当以亲贵议减，不得阙而不论。宜自于一时法中，如友所正。"

司马炎一听，觉得道理是这个道理不假，但是还是饶了他吧，毕竟是自己的亲戚，处死亲戚毕竟太难看。司马炎重视司马伦这个亲戚，司马伦却不知道将心比心，等司马炎一死，他就成了贾南风的人。仗着自己是贾南风的同伙，就想当个大官风光风光，幸亏张华、裴颜一直打压他，司马伦才没出来祸害朝政。

司马雅跟许超找到司马伦手下的谋臣孙秀，撺掇司马伦趁着东宫空了，凭借自己是贾南风的支持者身份，早作打算："国无适嗣，社稷将危，大臣之祸必起。而公奉事中宫，与贾后亲密，太子之废，皆云豫知，一旦事起，祸必及矣。何不先谋之！"司马雅的原意是希望司马伦能把贾南风干掉，迎回司马遹，让司马遹继续做太子，这样自己也有大树可以依靠。司马伦呢，也已经被司马雅的一番话打动了，觉得现在是动手的好时机，还找了人在宫里当内应，就准备动手扳倒贾南风，这时候孙秀站了出来，说："太子为人刚猛，若得志之日，必肆其情性矣。明公素事贾后，街谈巷议，皆以公为贾氏之党。今虽欲建大功于太子，太子虽将含忍宿忿，必不能加赏于公，当谓公逼百姓之望，翻覆以免罪耳。若有瑕衅，犹不免诛。"

这一席话提醒了司马伦，自己一直是贾南风的人，这是连三岁孩童都知道的事实。现在起事帮了司马遹一把，如果他知道感恩，也不过是将功补过；如果他不知道感恩反而要算总账，那岂不是没事给自己找事吗。孙秀一番分析，觉得唯一可行的是："不若迁延却期，贾后必害太子，然后废贾后，为太子报仇，犹足以为功，乃可以得志。"

孙秀开始了自己的计划。他先是散播谣言，说有人要为太子报仇，废掉贾南风。贾南风听闻，自然害怕，就跟她的相好程太医商量，想药死司马遹。司马遹失去了太子的位置，智商回到了当年神童的水平，他知道贾南风肯定不会放过自己，知道肯定有人随时准备要自己的命，从东宫出来以后，一直很小心，都是自己煮东西吃。等到捧着毒药的太监到了，司马遹说什么也不肯吃他带来的东西，就借口上厕所，躲到了厕所里。贾南风派来的人看司马遹死活不肯吃药，索性放弃下毒，直接把司马遹推茅坑里淹死。

可怜司马遹一个太子，竟这么死掉了。据说他死之前，曾在茅坑里大声求救，可真是叫天天不应叫地地不灵。司马遹死了，照例说应该按照一般老百姓的规格，随便埋了就可以，贾南风这时候猫哭耗子，下诏以广陵王的待遇礼葬之。

永康元年（300年），司马伦按照孙秀当初的计划发动政变。四月三日夜里，司马伦矫诏深夜入宫，让齐王司马冏执行废后的行动。贾南风跟司马冏的母亲不合，司马冏看贾南风早就不顺眼了，得到这个机会自然卖命。当司马冏带着士兵闯入贾南风的寝宫，睡梦中的贾南风一看就傻眼了，问了一个问题："卿何为来？"司马冏回答说："有诏收后。"贾南风一听知道自己在劫难逃，就望着司马衷的寝宫，喃喃自语说："陛下有妇，使人废之，亦行自废。"赵王司马伦的兵马，还擒获了贾午、贾谧等人，贾南风看见贾谧的尸体，不禁失声痛哭。后来司马伦递给贾南风一杯酒，一代丑后贾南风终于死掉了。贾南风扰乱朝政、陷害大臣，为人凶妒暴虐，手段残忍而极端，一直被视为中国历史上后宫的典型负面人物。

司马允的死脑袋

司马伦杀了贾南风，司马衷没有正妻了，你总得再给人家补一个。这个任务自然由司马伦的军师孙秀来执行。虽说司马衷是傻了点，但是当他的皇后到底也是光宗耀祖的事。孙秀要挑选的人，必须是自己人，这样有利于控制后宫。

几次选拔，孙秀选择了羊献容，她的外祖父孙旗是孙秀的同族，是本家，孙秀本人跟孙旗的这几个儿子也是好朋友。就这样，羊家的女儿成了司马衷的第二任皇后。永康元年（300年）吉日，是羊献容出嫁的时候。这一天，羊府上上下下忙得不可开交，府里府外都是一股热闹的喜庆气息。突然，发生了一件怪事，新娘子的礼服莫名其妙竟然着了火，华丽的衣服瞬间被烧毁。出嫁当天，礼服被烧坏，在场的人心里不禁"咯噔"一下，谁也没有明说，但是谁都知道，这是不祥之兆，但皇帝娶正宫皇后是国之大事，不可能更改时间，一片混乱中，羊献容成了皇后。

早在司马遹被废后，贾南风本想找个自己人当太子，朝中有人不同意，建议立惠帝司马衷的弟弟淮南王司马允当皇太弟。司马允跟傻哥哥司马衷不同，他性格沉静刚毅，"宿卫将士皆敬服之"。司马伦费了半天劲搞政变，当然不是为了给司马允做嫁衣，在孙秀的建议下，让司马允当了"骠骑将军、开府仪同三司、侍中，都督如故，领中护军"。

司马允心中自有打算，他知道司马伦不是省油的灯，就装病不上朝，也不过问朝政事务，暗地里组建了自己的敢死队，加强训练，计划找时机诛杀司马伦。因为司马允有一定的威信，当年又差点成了继承人皇太弟，司马伦早就看他不顺眼了，而司马允又不是什么听话的人，收买也收买不了，被司马伦深深忌惮，只能想办法对付他。

某一天，司马伦随便找了点由头，升司马允为太尉，想用这个明升暗降的手法，收回司马允的兵权，一旦没有兵权，对付司马允不就如同探囊取物一般轻而易举了吗？司马允呢，学着当年司马懿那一套，还是称病，说自己身体不好，就在家里养病好了，这么高的官，实在是不能当。司马伦一看，软的不行，那就来硬的，他让御史拿着诏书到司马允家里威逼利诱，并把淮南王府里的僚属都给抓了起来当人质，想逼司马允就范，还威胁说，如果司马允一再装病不出，就上表弹劾他谋逆。

司马允本来就看司马伦不顺眼，现在你派个人到我家里胡闹不说，还要弹劾我谋逆，说谋逆也得是你司马伦，有我司马允什么事？司马允气得大怒，一把夺过御史的诏书。不看不知道，一看更气人，诏书上的字居然是孙秀的！司马允再怎么说也是宗室，是司马炎的儿子，是当今皇帝司马衷的弟弟，给这样的人下旨，话说得难听还不算，诏书居然是一个得势的小官儿写的，这不是明摆着不把他这个淮南王放在眼里吗？受到屈辱的司马允下令把这个讨厌的御史抓起来，准备斩掉祭军旗。没想到这个御史身手还不错，可能是练过几年，居然越狱了，最后祭军旗的是御史带来的两个随从，反正总得杀两个人激励激励士气。

司马允举行了隆重的誓师大会，上来就杀了两个随从，之后一番慷慨陈词，说得底下的人热血沸腾，他大呼："赵王欲破我家！"淮南府地界上的士兵跟敢死队的人加在一起，有七百人，这几百号人一听，使出吃奶的劲儿大喊："赵王反，我将攻之，佐淮南王者左祖。"这一声叫喊，振聋发聩，听见喊声的也有不少人跟打了鸡血似的，亢奋地主动要求加入司马允的队伍。

队伍集合完毕，司马允率领大队人马浩浩荡荡地向皇宫进发，走到东掖门，守门的尚书左丞差点没吓死，哪儿敢给司马允开门，避而不出。司马允一看，皇宫进不去，算了，那就不进去了，反正司马伦现在不在宫里，直接杀到他家里去要他的狗命。几百号人又折回去，往司马伦家里的方向杀过去。到了司马伦家门口，二话不说就开打，司马允手下养的这帮敢死队，个个都是数一数二的剑客，全是江湖人士，武功高强，一般人家里的侍卫哪儿是这帮人的对手，几百个剑客收拾几个看大门的还不跟捏死蚂蚁一样容易。

几个回合下来，不多时，司马伦手下就死了上千人，人都快打光了。司马允早就杀红了眼，又有太子左率陈徽调集了本来在东宫保卫太子安全的东宫守卫过来从旁协助，战鼓一响，司马允这边是杀气腾腾，箭如雨下。万箭齐发险些就取了司马伦的小命，要不是他的主书司马畦用身体护着他，司马伦早就死于箭下了，而这个忠心耿耿的司马畦，就比较惨，被射成了刺猬，当场毙命。

东宫这帮人真舍得下血本，一阵又一阵地下箭雨，司马伦府里，是个人都躲在大树后面，连动都不敢动。几场箭雨，司马伦府里的大树都被变成刺猬树了，那么多支箭，就差把司马伦的家给埋起来了。

司马伦这边马上就要顶不住了，再这么下去，就算是侥幸不死于武林人士手里，也得死在箭雨里。陈徽的哥哥陈淮是中书令，他进宫找到司马衷，说司马伦那边情况危急，马上就要死在箭下了，现在能救他的办法就是动用白虎幡。"幡"在晋朝，是用来集合军队的信号。

不要误会陈淮是司马伦的人，其实他跟他弟弟陈徽是一边的，陈淮骗司马衷说白虎幡是用来解散部队的，司马允看见白虎幡就会听话地带着他身边的几百号武林高手离去。事实完全相反，白虎幡不是解散部队的，而是用来集合部队的。司马衷又没有带过兵，平常也不问朝政，也没人让他问，他哪里知道军队的这些事情，陈淮一说，他就信。陈淮的算盘是他拿着白虎幡到司马伦家门口，司马伦一看，惠帝都下令让司马允进攻，手下的人肯定慌忙中放弃抵抗，乖乖投降。

计划是不赖，惠帝也同意给白虎幡，但是皇帝派出的大旗毕竟得有点仪仗队，仪仗队领头的人是伏胤，伏胤带着四百人的仪仗队，举着白虎幡来到了司马伦大门口，假传圣旨，让司马允接旨。司马允以为这一切都是陈淮安排好的，就下马跪地接旨，才跪下，没想到伏胤的剑出鞘了，司马允竟然就这么死掉了，才二十九岁而已。

原来伏胤被司马虔收买了，司马虔是司马伦的儿子，是侍中，家里出事的消息传到他的办公室，司马虔就到处集合队伍。侍中是皇帝的近臣，陈准的计划被他识破，来了一个将计就计，用高官厚禄诱惑伏胤，伏胤当然没有拒绝的道理，可怜的陈准，骗得了司马衷，却没能骗得了别人。

洛阳城的百姓听说司马允死了，惊讶不已。起初，司马伦差点被射死的时候，洛阳城满大街都是流言，说："已擒伦矣。"全城的老百姓都准备喝司马允的庆功酒了，没想到事情来了一个一百八十度大转弯，死的是司马允，而他的三个儿子，也无一例外被杀，同党被杀的更是有数千人之多。看来司马炎的基因真的不太好，司马允虽然比司马衷聪明，却也是一个关键时刻掉链子的主儿。出来一个人让接旨，怎么就那么听话，也不问问虚实，眼看就要成功，却掉了脑袋。吃到嘴边的鸭子就这么飞了。

"奋斗"皇帝梦

司马允死了，司马伦的威胁解除了，不过司马伦的智商估计跟惠帝司马衷差不多，史书记载是"素庸下，无智策"，天资属于中等偏下的水平，因为脑子不够用，所以处处需要孙秀在一旁帮忙，要不是孙秀，他也不会有机会杀了贾南风，自己做大哥。孙秀，字俊忠，别看他名字好，又是"秀"又是"忠"的，事实上孙秀跟这两样东西，一点边都沾不到。

孙秀本来不是司马伦的人，起初是潘岳府上的小吏。潘岳是当时著名的才子。后世人常常说的"貌比潘安"就是说的潘岳。潘岳长得俊美，史书记载，潘岳只要一出门，就有一大帮追星族妇女之类的人围了过来，争先恐后地要一睹潘岳的美貌，这还不算，"潘粉"还把什么瓜果之类的东西往潘岳车上扔，潘岳空车出门，回到家却能带回来一车水果。

潘岳虽然长得帅，估计人品比不上相貌。当年司马遹喝多了抄录的大逆不道的话，就是潘岳草拟的。

潘岳是一个望尘而拜的主。早年间孙秀去潘岳府上干活，因为常常"狡黠自喜"，自以为很聪明，动不动就臭显摆，让潘岳很是讨厌。潘岳一个大名士，胸襟是小了点，不过古代人对家里干活的人打骂也是常事，不算什么大罪过，潘岳的做法并不稀奇，抓住孙秀的小辫子就是一顿暴揍，一边揍一边还羞辱他，什么难听说什么，孙秀自然是受不了，嘴上不能说什么，新仇旧恨全都给潘岳记着。等到孙秀靠着司马伦的力量当了官，成了潘岳的上司，潘岳是贾谧的人，自然是逃不了被整的命运。

不知道潘岳是故意的还是犯傻，居然问起了孙秀当年的事："孙令，忆畴昔周旋不？"孙秀回答得也干脆："中心藏之，何日忘之？"潘岳一听这话，立即就明白了，自己的死是早晚的事。从中可以看出孙秀的人品，喜欢谄媚拍马屁，又好记仇，谁要是得罪了他，一定没有好下场，这样的人掌权，是"恣其奸谋，多杀忠良，以逞私欲"。跳梁小丑在朝堂上吆五喝六，"于是京邑君子不乐其生矣。"

一个王爷，跟一个小人上了台，自然不会考虑什么天下苍生。据记载，司马伦也是一个"无学，不知书"的人，不喜欢看书，遇事都听孙秀的。孙秀"贪淫昧利"，一辈子最喜欢干的事情就是给自己找好处，这两个人狼狈为奸，任用的大臣自然都是些"邪佞之徒"。

贾南风活着的时候，尚且知道任用张华办事，等到司马伦、孙秀起来了，办的事情还不如贾南风。小人当道只是知道搞党争，终日里忙忙碌碌为的就是"钱"字。什么"浅薄鄙陋""暗很强戾""愚嚚轻谂"的各类"人才",全部跟着孙秀当上了大官,每天上朝根本不讨论国家大事,就是相互指责、诋毁,弄得朝堂跟个菜市场一般。

孙秀的儿子孙会,二十岁的时候娶了司马衷的女儿河东公主。当时孙秀的母亲刚过世不久,按理说为母亲服丧期间不能结婚,但是孙秀不管这些,迫不及待地要攀上这门亲事,直接让人把聘礼送到了惠帝司马衷面前。孙秀也没有什么优良基因能遗传给自己的儿子,孙会长得也又矮又丑,没事就叫着家里的奴仆一起去京城西边的马市卖马,后来京城的老百姓听说那个卖马的人是公主的驸马,没有不被这个消息惊到的。

贾氏的余党清理得差不多了,朝堂上也多了不少孙秀的支持者,时机到了,孙秀跟司马伦等的就是一个时机,现在万事俱备,可以废掉那个傻皇帝司马衷,换上一个傻皇帝司马伦了。事情都准备妥当了,那就动手吧,不行,还缺少了一重要事情,孙秀跟司马伦这两位酷爱算命,篡位这么重大的事情,总得需要天上来点暗示什么的。孙秀就让牙门赵奉装作被司马懿附体的样子,劝司马伦早点进宫当皇帝。又说什么只要把司马衷给弄到北边的芒山上,司马伦的心愿就一定能达成。于是孙秀跟司马伦一合计,为惠帝司马衷挑选了一块坟地,这块坟地正好就在芒山上。

祖先的意思清楚了,终于可以动手了。孙秀让太子詹事裴劭、左军将军卞粹带着二十多个从事中郎,还招募了二十个手下,把这四十号人安排在各个部门。之后让散骑常侍、义阳王司马威暂时代理一下负责宣旨的侍中的职责,伪造了一份司马衷的禅让诏书,使持节、尚书令满奋,仆射崔随拿着皇帝的印玺,这帮人就去找司马伦了,宣读完诏书,把印玺往司马伦面前一放,请司马伦当皇帝。

孙秀在幕后操纵这些一点阻力都没有,司马衷的表现在史书上都找不到几个字。司马伦虽然等这一刻已经等得花都谢了,可总是得假意推辞一下,说什么自己能力不足之类的话,上演了一出每次有人篡位都会上演的不能跳过的闹剧。这时候底下的官员不干了,举出全国各地出现的种种祥瑞,一再表示司马伦当皇帝是上天的意思,您不要再推脱之类的,就这样,司马伦半推半就地接受了别人的一番好意,坐上了皇帝的宝座。

仪式举行完毕,孙秀让"左卫王舆与前军司马雅等率甲士入殿,譬喻三部司马,示以威赏,皆莫敢违",从而控制了皇宫,以免节外生枝。当天夜里,义阳王司马威及骆休找到司马衷,一把夺过象征着他天子身份的玉玺。天还没亮,宫门内外就聚集了一百多位官员,用迎接皇帝的规格将司马伦迎进了皇宫。司马衷自然是按照惯例,带着自己的人灰溜溜住到金墉城去。实际上是被孙秀幽禁了。

司马伦进了宫,举行登基大典,宣布大赦天下,改元建始。又下诏说:"是岁,贤良方正、直言、秀才、孝廉、良将皆不试;计吏及四方使命之在京邑者,太学生年十六以上及在学二十年,皆署吏;郡县二千石令长赦日在职者,皆封侯;郡纲纪并为孝廉,县纲纪为廉史。"想用一纸诏书将全国的人都表扬一番。

接下来就是论功行赏了,不管什么身份,干什么的,人人有份,诏书一道又一道地下,甚至杂役老妈子都封了官,司马伦这种典型的暴发户心理,就是一辈子从没享受过权力,好容易当了皇帝,必须得弄出点大动静来,唯恐别人不知道换了皇帝了。因为封赏的人太多,权贵的标志是穿貂皮,每次举行朝会的时候,放眼望去,全是貂皮的衣服,当时就有人讥讽说:"貂不足,狗尾续。"用来做衣服的貂皮都不够了,司马伦这里还在封官,只得用狗尾冒充。

司马伦还大肆封赏，搬出整个国库用来犒劳大臣，需要的金印、银印过多，工匠都赶不及准备，只好拿一块什么都没来得及刻的印，象征着用一下。这一幕幕搞笑的戏码，天天上演，老百姓心里有数，司马伦蹦跶不了几天了，是秋后的蚂蚱，而一些有识之士呢，都以当司马伦朝廷的官为耻。

做了皇帝的司马伦亲自去太庙祭祀，回宫的路上，突然刮起大风，风力强劲，甚至把麾盖都折断了。孙秀因为亲手将司马伦扶上了皇帝的宝座，司马伦对他是感恩戴德，把司马昭之前的府邸赐给孙秀居住，孙秀就在家里组成了一个小朝廷，大小事情，都在孙家决定，即便是司马伦下了旨意，孙秀看不顺眼的，居然能驳回，他自己发明了一种用青色的纸写的诏书，跟皇帝的诏书通用全国。孙秀处理事情，完全靠兴趣，任用官吏，往往一时兴起，人们都说官吏的流动像流水一样快，两晋的政府机构，就差瘫痪了。

某一天，有一只小鸟飞到了皇宫，司马伦看见了，觉得这鸟不常见，询问了半天，谁也不知道这是什么鸟，直到有个小孩说这是服刘鸟，司马伦觉得这孩子跟这鸟一样的来历不明，就让人把人跟鸟关进大牢。第二天，发现人跟鸟一起，从人间蒸发了。司马伦本来眼睛就有病，又好迷信，遇见这个事情，觉得自己撞见鬼了。而事情也确实似乎显示着些不寻常，可能有什么变化，就要来了。

三个人还斗不过你吗

司马伦这个皇帝做得如同一个跳梁小丑，除了听孙秀的话下旨封官，别的什么都没做，皇帝对他而言，连个职业都算不上，就是小孩子过家家一般的游戏。孙秀这边忙着下诏书，本身政治才能就有限，糊弄糊弄司马伦还行，但是司马家里的男人也有聪明的，聪明人看着这两个人整日瞎胡闹，自然坐不住，自然有人站出来，想取而代之。

第一个站出来的人是齐王司马冏。

这个司马冏是齐王二代，司马攸的儿子，承袭了父亲的爵位。司马冏字景治，小时候是个善良的孩子，"好振施"，心肠软，遇见乞丐就给钱。

司马攸是活活憋屈死的，司马炎得知司马攸的死讯，还是有些恻隐之心的，亲自过去吊唁。碰巧司马冏是个孝子，看见当朝皇帝来了，跪下来号啕大哭，痛斥庸医害死了自己的父亲，哭得肝肠寸断，看得司马炎也动情了，把给司马攸看病的大夫叫过来杀掉了。这件事过后，谁都知道司马攸有个好儿子，齐王这个爵位，也就落到了司马冏肩上。

司马冏本来跟着司马伦屁股后面参与了废掉贾南风的政变，事成之后，经孙秀的一番谋划，好处的大头儿都被司马伦抢走了。司马冏只得到了一个游击将军的头衔，一点实权都没有，油水也没捞着，司马冏能没有意见吗？搞政变为了什么，不就是为了能趁机捞一笔吗？现在别人吃肉自己喝汤，谁能心甘情愿！

司马冏就这么恨上了司马伦跟孙秀。司马伦脑子笨，不知道好好答谢司马冏这样的有力支持者，而孙秀则是故意不答谢。司马冏毕竟是司马攸的儿子，又是王爷，势力还是有的，加上他的父亲跟他在外面的名声都挺响亮。孙秀知道这个人不能重用，留在身边一定是个祸害，就找个由头把司马冏调到地方。孙秀觉得司马冏不在京城，就等于威胁不到自己了，可见这个孙秀的智商也就只比司马伦高了那么一点儿。

远离权力中央的司马冏在自己的地盘不断壮大势力，暗中跟手下王盛、处穆探讨起兵反对司马伦的计划。孙秀知道司马冏绝对不是省油的灯，别看今天老实，明天的事情谁也说不准，就派亲信故吏去给司马冏当参谋，布置眼线。这样的待遇不仅司马冏享受到了，同他一样有点威信的王爷都被人"潜伏"了。

明里暗里来了几个孙秀的特工，司马冏自然表现得老实巴交，司马伦派去视察的张乌也是一个不长脑子的，没有透过现象看本质的洞察力，去司马冏那里转了一圈，回来汇报说齐王很乖没什么举动："齐无异志。"现在的问题就是司马冏如何装得更乖一点，把孙秀跟司马伦骗得团团转。司马冏来了一招狠的，他把处穆给杀了，还把首级送给了司马伦。估计也是计划准备得差不多了，现在司马伦怀疑自己，那么处穆你就牺牲一下吧。

司马伦一看，心想这个司马冏应该是真乖了，就放松了警惕，这就正中司马冏的圈套。时机已到，司马冏带着手下豫州刺史何勖、龙骧将军董艾等人起兵讨伐司马伦，还给成都王司马颖、常山王司马乂、河间王司马颙写信，号召大家把剑一同指向司马伦。这还不够，他发表檄文，昭告全国，想让天下的地方行政长官也加入反对司马伦的大阵营。

扬州刺史郗隆读到司马冏发布的檄文，开始纠结，现在事情才起，也不知道站到哪边才能获得最大利益。这一犹豫不要紧，就把自己的命给犹豫没了，手下的参将王邃已经决定投靠司马冏，看自己的顶头上司还没打定主意，就一刀把郗隆给宰了，还把首级送给司马冏看，表示自己的忠心。

常山王司马乂，字士度，是武帝司马炎的第六个儿子。司马炎死的时候，司马乂才不过十五岁，但是身上处处散发着谦谦君子的气质。老六司马乂本来受封为长沙王，后来被贬为常山王，其实他什么错事都没干，就是命苦，跟司马玮是同一个母亲生的，司马玮被贾南风弄死，司马老六也随之被贬了官。

司马冏为什么给司马老六写信呢？史书记载，这个老六不仅人高马大，还"开朗果断，才力绝人，虚心下士，甚有名誉"，自然成了司马冏拉拢的对象。老六接到齐王司马冏的信，立即起兵响应，一路过关斩将，朝着洛阳进军，谁挡他的路，他就杀谁，房子令挡路，杀之；程恢不肯合作，杀之，不仅杀了他，程恢的五个儿子，一个都没留下，真可谓斩草除根，表示出对司马冏的坚定支持。

成都王司马颖，字章度，是司马炎的第十六个儿子。司马颖也曾经被贬过，他更无辜，连一个做错事的弟弟都没有，就被贬了。老十六是个好孩子，贾谧跟司马遹起了争执，被他撞见了，司马颖一看，这人好大的胆子，竟然敢跟当朝太子争辩，一时气不过，厉声把贾谧骂了一顿："皇太子国之储君，贾谧何得无礼！"贾谧一听，也不敢吱声了，跑到贾南风那里说这个司马颖一定是个祸害，于是老十六司马颖就被贬出了京城。

司马伦篡位以后，给司马颖升了官，让他当了征北大将军，还加了开府仪同三司的头衔。但是当司马冏的信一到，老十六立马成了齐王的支持者。他任命"兖州刺史王彦，冀州刺史李毅，督护赵骧、石超等为前锋"，在进军的路上也发布自己的檄文，号召大家起来反对司马伦，通过这个方法，不断地壮大力量。当老十六的军队来到离洛阳不远的安阳时，已经集结了二十万人。

河间王司马颙，字文载，他的祖父是司马懿的弟弟司马孚，也算是司马家里比较有势力的一位王爷，按辈分应该是司马炎的堂弟，司马衷的堂叔。年少的时候名声还不错，说他颇有一番以后大有作为的模样。

司马炎觉得所有的王爷里，司马颙可以算作大家的表率，号召王爷们向他学习。跟前面两位王爷的积极支持不同，司马颙另有自己的打算。当时给他写信勾搭他一起起兵的还有安西将军夏侯奭。夏侯奭手底下有几千人的部队，但这几千人的力量毕竟有限，也拿不出手，于是就给司马颙写信，希望得到司马颙的支持，大家人多好办事。

司马颙派主簿房阳、河间国人张方把夏侯奭跟心腹党羽十多个人，都给骗到长安来，押到一个刑场，腰斩。齐王司马冏的人来找他，他不仅把使者抓起来，还给送到司马伦那里去，俨然是司马伦的支持者。押送齐王使者的队伍出发了，司马颙在府里派人四处打听谁的力量比较强，是司马伦还是司马冏，几番打听，觉得司马伦可能不是司马冏的对手，赶紧派人把押送使者的队伍追回来，竖起大旗，一扭头的工夫，摇身一变，成了司马冏的支持者，真是名副其实的墙头草。

齐王司马冏跟另外三王的队伍浩浩荡荡开赴洛阳，司马伦跟孙秀惊恐万分，抓紧一切时间开始军事部署："遣其中坚孙辅为上军将军，积弩李严为折冲将军，率兵七千自延寿关出，征虏张泓、左军蔡璜、前军闾和等率九千人自崿坂关出，镇军司马雅、扬威莫原等率八千人自成皋关出。召东平王楙为使持节、卫将军，都督诸军以距义师。"

派出的兵马开赴前线，司马伦跟孙秀觉得人的力量毕竟有限，况且这两个人喜欢求神问仙，就让杨珍不分白天黑夜在司马懿的牌位前祈祷。这么个祈祷法，就是铁打的人也受不了，杨珍就回来报告说司马懿给他托梦了，某年某月某日，赵王司马伦的大军一定能旗开得胜。司马伦又请来一位"大仙"：胡沃，封为太平将军。这个名字听着多吉利，就是为了讨个彩头，希望供起来一位太平的"大仙"就能得到真正的太平。孙秀更是忙得要死，也不去上班了，天天在家里头作法，又让算命的掐算，究竟哪天出战一定能得胜！

这些事情就够孙秀忙的了，他分身乏术，让亲戚穿上道士的衣服，跑到嵩山上招福，装神弄鬼，假意被神仙附体了，说司马伦当皇帝的命还长，眼前的困难并不可怕，美好的日子还在未来等着咱们。司马伦在宫里装神弄鬼，孙秀在自己府里装神弄鬼，这两个人觉得，大战在即，只有装神弄鬼才是最重要的事情，至于司马伦的几个儿子，孙秀让他们领着八千人马作为援军奔赴战场。一国之君天天忙着当道士，司马伦的皇帝宝座怎么可能保得住？失败只不过是时间问题。

虽说司马伦早晚得失败，但在战争的初期，居然还打了几场胜仗，双方一交锋，人数少的司马伦一方反而让齐王司马冏一下子损失了八千人，劫走了一半粮草，跟着齐王造反的一看，顿时泄了气。本来讨伐司马伦的檄文吹得天花乱坠的，谁都以为所向披靡是正常现象，没想到一开始真刀真枪干上了，没伤着司马伦，自己还损失八千。司马冏下令让部队抢渡颍水，被张泓打了过来，夜晚，司马冏想趁着夜黑风高，再次开展进攻。张泓的军队临颍水列兵，齐王司马冏派出小股力量妄图渗透张泓军中，用轻兵一举拿下张泓，没想到张泓不上套，坚守不动，连个打仗的机会都没给司马冏。

本来张泓这支军队打得有声有色，几次挫败司马冏的进攻，已经是胜利在望，说不定就能顺利将司马冏拦住，战局可能因此得到锁定。没想到上军将军孙辅当天夜里听说司马冏的兵来了，还没怎么着就觉得自己肯定要失败，放下一切连夜跑回洛阳城，也不看看究竟战况如何，就跟司马伦说："齐王兵盛，不可当，泓等已没。"明明一场胜仗，就这么被孙辅给说成了败仗。司马伦一听这个消息，差点没吓死。当夜把自己的三儿子叫回来。天一亮，张泓昨夜打了胜仗的消息传到了皇宫，司马伦大喜过望，又把跟着三儿子司马虔刚回到洛阳的许超打发到前线去。

前方将士打仗打得好好的，被司马伦这么折腾来折腾去，士气受损，觉得自己被人当猴子耍了。张泓不放弃，经过几次交手，放弃了被动防御的作战方针，开始主动进攻，幸亏司马同出兵进攻张泓的两翼，把张泓手下的军队打得纷纷放下兵器回了洛阳城。逼得张泓不得不退兵。

孙秀知道这三位王爷的军队最渴望得到的是快速的胜利，仗打了几天，司马同那边一直是马马虎虎，还吃过败仗，就派人四处散播谣言，说司马同完蛋了，已经被擒获了，想用这样的假消息迷惑人心，不战而胜。散布假消息不是不可以，做做样子就行了，孙秀不，不管别人当真没有，他自己先当真了。真以为自己把司马同抓到了，下令百官必须朝贺战争的胜利，拍他马屁，俨然一个小丑。

这边司马同在奋力抵抗，一场他发起的战争，让他打成了"奋力抵抗"，也真是有才华。司马颖一看司马同这么不给力，都不想跟着他打了，打算回安阳待着，看看日后战局什么态势再做打算。这时参军卢志站出来反对，觉得敌人接连胜利，肯定早已被冲昏了头脑，应该用突然袭击的方法给司马伦一记重拳。好在司马颖还算有点智商，听从了这个建议。在军中挑选一批身手好的，组成突击队。

准备就绪，司马颖却在给突击队做战场动员的时候竟然哭了，是不是真哭姑且不管，这一招还是很有效果的，士兵士气大增，上了战场玩命杀敌人，司马同怎么也渡不过的颍水，就被司马颖渡过了，战局实现了逆转。

"表演系毕业"的两位王爷

　　司马伦派出的人从前线逃回洛阳，京城里的大小官员正陪着孙秀上演那出司马冏已经被擒获的戏，演戏的人一看前线的孙会、许超等人都回来了，落荒而逃，顿时炸开了锅，乱作一团，抱头鼠窜。三王起兵那天起，百官将士就扬言要杀掉司马伦、孙秀以谢天下，孙秀知道这洛阳城里城外想取他性命的人不少，就躲着不敢出门。

　　司马颖率兵渡过颖水，直奔洛阳而来，孙秀见大势已去，早已没了主意。义阳王司马威就给孙秀出主意，要他召集洛阳城四品以下官员家里十五岁以上的儿子，组成一支军队，出城迎敌。这一招实在是坏透了，即便是之前还有人想支持孙秀，现在也给逼到反对他的那边去了，谁愿意让自己的孩子拿起刀上战场？更何况，只是说四品以下的官员要贡献自己的孩子，这就更是馊主意了，要么所有的官员都贡献，凭什么还得规定小官贡献孩子，平日里得好处的是大官，遇见事了躲起来睡大觉的还是当大官的，怎么能不激起民怨。

　　里里外外的人都恨不得一刀杀了孙秀才能解气，司马威一看态势不对，把孙秀一扔，自己先跑了。从前线回来的孙会、许超等人聚集在孙秀身边，七嘴八舌讨论计策，每个人都有自己的想法，谁也不听谁的，眼看司马颖、司马冏的军队就杀过来了，这帮人一个个争得脸红脖子粗，什么具有操作性的策略都没有。

　　孙秀这边是一团乱，左将军王舆趁机倒戈，召集七百多号人从南掖门攻进皇宫。王舆亲自带队冲进中书省缉拿孙秀，孙秀主意还没讨论出来，慌乱关上中书南门，躲在屋里。一道门哪里挡得了王舆，他下令士兵登墙烧屋，孙秀、许超等人被浓烟呛得没办法，只能从屋里逃出来。这一逃，恰好逃到左卫将军赵泉的怀里，成了剑下之鬼。

解决掉孙秀，就等于解决了司马伦的大脑。王舆派人传话给司马伦要他乖乖投降，司马伦哪还有的选，下诏书说："吾为孙秀等所误，以怒三王。今已诛秀，其迎太上复位，吾归老于农亩。"这一道诏书下来，那些被司马伦一时兴起提拔上来的官员纷纷逃走，哪儿还敢留在洛阳城等着被宰。但是司马伦回家种地的想法到底是天真了些，他只能是被押送到专门给失势的宗族准备的地方：金墉城。司马衷从金墉城回到了皇宫，又成了皇帝，老百姓跪在地上，一边山呼"万岁"，一边迎接这个皇位昔日的主人重新回归。

梁王司马彤上书，怒斥司马伦父子的谋逆大罪，建议应该给这父子二人判死刑。针对梁王的建议，朝廷召开了大臣会议，与会的臣子自然都表示赞同，没有人敢说个"不"字，司马衷于是让尚书袁敞带着金屑苦酒取司马伦的命。司马伦从来都不是什么有政治头脑的人，甚至谈不上有头脑，当他得知袁敞的来由，只是用汗巾覆面，不断地说："孙秀误我！孙秀误我！"的确，司马伦所做的事情，都是孙秀教的，他死之前这样说，也还算想明白了点儿，说完这几句话，饮下这杯酒，便去黄泉路上找他的孙军师了。

孙秀跟司马伦死了，那些他们的支持者，自然是逃不过被清算的命运，这一清算，几乎把朝堂上的人都清没了。三王起兵到惠帝复位，一共进行了六十多天，司马伦的皇帝梦，也只做了四个月，死于这场动荡的人，竟有十万人之多。凡是孙秀跟司马伦的支持者，基本上都被杀，王舆因有功劳，将功折罪，才免了死罪。司马衷改元永宁，这是一种愿望，可到底也没有成真。

司马冏因为首倡之功，自然排在功臣榜第一位，他"甲士数十万，旌旗器械之盛，震于京都"。司马冏的势力最大，"拜大司马，加九锡之命，备物典策，如宣、景、文、武辅魏故事"。其他两位王爷也得到了新的官职，成都王司马颖，"授大将军，都督中外诸军事，假黄钺，录尚书事，加九锡，入朝不趋，剑履上殿"；司马乂呢，恢复了他之前长沙王的爵位，"授抚军大将军，迁开府，领左军"。

这里面最可笑的一幕，是对司马允进行了封赏，虽然他已经死掉了，也正因为他死掉了，才要奖励他。谁叫他是被司马伦弄死的呢，现在既然要打倒司马伦，那么被司马伦弄死的人自然是冤枉的，所以特意下诏说："故淮南王司马允忠孝笃诚，忧国忘身，讨乱奋发，几于克捷。遭天凶运，奄至陨没。逆党进恶，并害三子。冤魂酷毒，莫不悲酸。以大司马齐王之子司马超继淮南王为嗣，葬以殊礼，追赠司徒。"

晋惠帝司马衷坐在自己的皇帝宝座上，只是听着而已，一切看上去不过像仅仅迎回了之前的皇帝，换了一个新的王爷出来主持政务而已，诏书下了一道又一道，反正都是几个王爷商量好的内容，把中央重要部门都换上各自的人。这是一个程序，却也是必走的程序，最后，宣布立司马遹唯一的儿子、仅仅两岁的司马尚为皇太孙。齐王司马冏摄政，司马尚被内定为接班人，事情进行到这里，跟之前走程序的场景并无多少不同，只是这一天，突然变得不同起来。

朝堂上跪着的官员一个个膝盖都疼了，听到立了皇太孙，谁都以为事情已经完事了，可以回家歇会儿。毕竟政变刚完，日子还没消停，这时，一直被人忽略的司马衷居然开口了："阿皮掐吾指，夺吾玺绶，不可不杀。"

阿皮，是司马威的小名，跟司马衷是同辈人，两个人小时候还一起玩，长大了却成了君臣，不过司马威是司马伦的人，当年从司马衷手里抢玉玺这事是他干的。司马衷一直记着这笔账要算，听来听去都没有司马威的名字，他不能忍了，直接开口要下旨，这在他十多年的皇帝生涯里，几乎可以说是第一次。

司马衷虽然下了旨，底下的王爷们傻眼了，司马威跟河间王司马颙关系亲密，有着这层关系，齐王司马冏跟成都王司马颖都想放过司马威一马，没想到惠帝司马衷竟然开口要杀，众目睽睽之下，只得同意了。这是司马衷第一次出面独立要解决政事：杀掉一个抢他东西、把他手指弄伤的亲戚。看来这个当皇帝的，显然是把抢玉玺这件事，当成小孩子过家家了。

司马冏在朝堂上确立了威信，住到了自己的父亲司马攸曾经的府邸，在府里置了四十个僚属，在大朝廷外，组成了一个自己的小朝廷，并"大筑第馆"。其实曾经的齐王府已经够气派了，只是司马冏觉得不满足，新朝廷新气象，如果不盖房子，怎么能显示出自己的势力呢？于是"北取五谷市，南开诸署"，因为要扩建自己的府邸，就划出了一块拆迁区域，把洛阳老百姓的房子拆掉了数百家，整平了土地，给自己盖房子。房子建的自然是富丽堂皇、美轮美奂，俨然跟西宫一个水准。

房子盖好了，地方大了，享受起来也方便，司马冏在家里"凿千秋门墙以通西阁，后房施钟悬，前庭舞八佾"，完全被胜利腐蚀了头脑，耽于酒色，连去宫里给司马衷问个安的心思都没了。在官员的任用上，走了司马伦的老路，"选举不均，惟宠亲昵"。他以"车骑将军何勖领中领军。封葛与为牟平公，路秀小黄公，卫毅阴平公，刘真安乡公，韩泰封丘公"，这五个人，是司马冏一手扶植的"冏家班"，外面的人都称之为"五公"。

军国大事无须送往宫中，直接呈送司马冏即可。齐王这一系列举动，伤了那些支持他的人，本来人们信心满满地看着司马冏赶跑了把皇帝当儿戏的司马伦，以为一个齐王的到来能给满目疮痍的晋国带来些希望。这下希望变成了失望，眼瞅着就要变成绝望，"朝廷侧目，海内失望矣"。

与司马冏不同，司马颖成了失望中的人们的新的救命稻草。司马冏率兵进入洛阳，第一件事要夸耀自己的功劳，说什么如果没有自己就没有惠帝的回归之类的话。司马颖呢，反而很谦虚，当年司马衷回到朝堂，把三个王爷挨个儿感谢了一遍，感谢到司马颖这里，只听他十分惭愧地说："此大司马臣冏之勋，臣无豫焉。"一点没有居功的架子，跟司马冏迫不及待地想享受胜利的功劳截然不同。

司马冏住到了洛阳父亲的房子，司马颖去太庙拜祭了自己的父亲司马炎，收拾东西就回自己的封地去了。司马冏接到消息说司马颖回家了，大惊，跨上马赶紧追出去。追到洛阳城外七里涧才赶上司马颖，司马颖下车跟司马冏挥泪告别，什么朝廷大事都没说，一个劲念叨自己的母亲，当今的太妃身体不好，自己实在不放心。这一幕被周围的人看见了，心里头都觉得司马颖真是一个大孝子，不居功，不贪功，还孝顺，真是司马家的希望。

司马颖回到家，司马冏派出的使者也到了，给司马颖各种奖赏。司马颖推掉了奖赏，还上表请求奖赏跟随自己的幕僚卢志、和演、董洪、王彦、赵骧等五人，这五个人因此都封了公侯，一下子把手底下的人心收得服服帖帖的。仅仅打动手下人是不够的，司马颖随即又上书说："大司马前在阳翟，与强贼相持既久，百姓疮痍，饥饿冻馁，宜急拯救。乞差发郡县车，一时运河北邸阁米十五万斛，以振阳翟饥人。"

抚恤百姓，谁想到了谁就能得到人心，司马颖先于司马冏想到了。之后卢志又给司马颖建议说："黄桥战亡者有八千余人，既经夏暑，露骨中野，可为伤恻。昔周王葬枯骨，故《诗》云'行有死人，尚或墐之'。况此等致死王事乎！"司马颖一听，亲自督造了八千多个寿材，把死难的将士都葬于黄桥北，"树枳篱为之茔域"。还建立祠堂，刊刻石碑，找人写了一篇碑文，详细记述了八千人的功劳、事迹，还派人去死难者家里去慰问，旌表门间。这还不够，司马颖还派人把司马伦那边的死难者一万四千多人的丧事也都包办了，这一下，全天下的人都知道司马颖有情有义，"器性敦厚，委事于志，故得成其美焉"。司马颖本人，虽然书读得不多，但是事办得漂亮、周到，民间人心的走向就这样一步步被引向了司马颖。

在齐王府里日日笙歌的司马冏怎么也想不到，自己的好日子，已经快要到头了，他"骄恣日甚，终无悛志"，再也不是当年那个齐王了。

同室操戈也需要本事

司马颖读书不多，能一步步成长为名声颇佳的王爷，全靠手下的心腹：卢志。卢志，字子道，河北涿县人，是东汉大儒卢植的曾孙。当年司马冏给司马颖写信，相约一起讨伐司马伦，正是卢志力陈应当起兵响应齐王，司马颖出于对卢志才德的依赖，以他为咨议参军。当司马颖节节失利想要退守之时，几乎所有人都支持这个决定，只有卢志站了出来，对敌我态势进行了言之有据的剖析，司马颖听取了卢志的意见，组织了一支特攻队，终于渡过了之前怎么也渡不过的颍水。

战争结束以后，齐王司马冏辅政，卢志建议司马颖急流勇退，在自己的地盘壮大力量，通过一系列仁德的手段，积累了大量的政治资本，赢得了绝佳的口碑。看上去天下人心归成都王司马颖，那么司马颖总该起兵夺过司马冏的权力，自己取而代之吧，事情还真不是这么简单。

一天，有一个白头发老头儿闯进司马冏的府里，进门就大呼有人起兵反对齐王，齐王府上上下下的人都觉得这老头儿准是个精神病，却也给一派升平中的齐王府，送来一丝不祥的预感。

又有一天，齐王府闯进来另一个不速之客，这次不是白头发老头儿，是一个挺着大肚子即将临盆的孕妇。这女人不知道是走投无路还是故意路过，竟然提出要借齐王府的地盘生孩子，看门的小吏把这妇人臭骂了一顿要赶她走，那孕妇不慌不忙地说："我截齐便去耳。"想整理整理衣服再走。

这句话本来没什么不对，但是说者无意听者有心，"截齐"，听着怎么像要齐王的脑袋。这之后，洛阳城里流传着一首歌谣："著布袙腹，为齐持服。"袙腹，相当于兜肚，持服，是穿孝服的意思。这句话听着就更不吉利，这不等于是小孩子都在准备为齐王穿孝服吗？种种不吉利的事情接连不断地发生，似乎齐王真的命不久矣。

真的把司马冏送上死路的，是一个小人物：李含。李含，字世容。他"少有才干，两郡并举孝廉"，靠着推选，走上了官场。李含虽然能力很强，却一直得不到重用，还被贬，在官场混得一直不太好。司马颖有卢志，司马颙有李含。李含之所以能遇见重用他的司马颙，还得感谢赵王司马伦。司马伦坐了皇帝，一翻名册，对孙秀说："李含有文武大才，无以资人。"孙秀派李含为东武阳令，被司马颙遇见了，就上表请求升李含的官，不久，李含又成了长史，算是司马颙身边的近臣，左膀右臂似的人物。河间王司马颙在三王起兵之初，是站在司马伦一边的，后来倒戈成了司马冏的人，这中间的故事，都是李含一手谋划的。

司马冏坐镇朝堂，对司马颙，虽然恨他一开始站错队，但是念在都是自家人，又及时悔改，还是给了司马颙一点好处。赵王司马伦的手下皇甫商一看自己的主子死了，想换一个避风港，就找到司马颙，请司马颙收留他。司马颙一看，有人来归顺我，那自然没有拒绝的道理，对皇甫商好吃好喝招待着，这一切被李含看在眼里记在心上，不乐意了。

当年李含举孝廉，皇甫商也是一个少年，仗着自己家里有点势力，就找到李含，想跟寒门出身的李含交个朋友。皇甫商是带着一颗热心来的，被李含泼了一盆冷水，少年皇甫商一气之下就四处说李含的坏话，本来李含刚有点出人头地的苗头，被皇甫商这么一折腾，只做了一个小小的亭长，严重影响仕途，两个人就这么结了仇。

这些年李含在司马颙这里好容易混得不错，好日子刚过上没几天，来了一个冤家，能不想方设法把皇甫商给折腾走吗。李含仗着司马颙的信任，就去说皇甫商的坏话："商，伦之信臣，惧罪至此，不宜数与相见。"司马颙一向听李含的，对这句话也不例外，对皇甫商自然就没有之前那么好了。没有不透风的墙，这事被皇甫商知道了，新仇旧恨加在一起，皇甫商对李含是恨之入骨。

皇甫商一看司马颙这里住不下去了，就要启程回洛阳。临行这天，司马颙摆下酒席欢送会，这样的大场合，李含自然在场，两个人一见面，就开始吵，完全忘记了宴会的主题是什么。司马颙呢，当然成了和事老。皇甫商回到洛阳，主要负责参与制订齐王司马冏军事上的决定。李含与他前后脚，也到了洛阳，做翊军校尉。

真是不是冤家不聚头，李含这个人，到了洛阳，又得罪了齐王府的司马赵骧，真是走到哪里都能创造出死对头。齐王司马冏一天闲着没事干，把赵骧叫过来，说不然我检阅一下齐王府的军事武备吧，本来什么事都没有，李含生怕赵骧在阅兵式上趁机暗害自己，想到此，不禁后背出汗，赶紧跨上马，啥也不顾了，狂奔向司马颙。当天夜里，顺利来到司马颙府里。

河间王府里都熄灯了，司马颙正睡大觉，没人愿意接待这个突然冒出来的李含。李含就诈称自己是奉命前来，奉当朝皇帝的密旨前来，司马颙一听，赶紧叫李含进来。李含说："成都王至亲，有大功，还藩，甚得众心。齐王越亲而专执威权，朝廷侧目。"现在最得人心的不是齐王司马冏，而是成都王司马颖，我们还是不要继续跟着司马冏混了，那应该怎么办呢？李含的计谋是："今檄长沙王令讨齐，使先闻于齐，齐必诛长沙，因传檄以加齐罪，则冏可擒也。既去齐，立成都，除逼建亲，以安社稷，大勋也。"

李含的如意算盘是，我们不能直接说要跟着司马颖混，我们打出长沙王司马乂的大旗，假装跟着司马乂屁股后面攻打司马冏。司马冏一听，肯定要想办法杀掉司马乂，这时候，我们以此为罪名，号召大家起来讨伐司马冏，等收拾掉了司马冏，就把司马颖扶上去，这样，不就能顺利达到跟着司马颖混的目的了吗？

李含想得还真不错，他知道司马颙是没什么希望能顺利入主朝堂，唯一的办法就是扶上去司马颖，这样司马颙也能跟着沾点好处，自己也能顺利把皇甫商、赵骧给收拾了，还能一箭三雕把齐王司马冏也弄死。这一切还只是他计划的一小部分，李含最终的想法是，最后把司马颖也给弄死，这样，最后的赢家就是司马颙！司马颙从来都听李含的，李含连夜从洛阳赶回来，还带来这样一个大胆的想法，又说自己是奉旨前来，他没有不听话的道理。于是任命李含为都督，全面负责计划的具体施行，让张方率领河间王的所有部队，剑指洛阳，打出赵王司马乂的大旗，向洛阳进军。

赵王司马乂对司马冏的不满早就形成了，只不过一直没有实际行动。他跟司马颖去太庙拜祭司马炎，司马乂是司马颖的六哥，这个六哥对自己的十六弟说："天下者，先帝之业也，王宜维之。"这个天下说到底是父亲留下来的，咱们做王爷的，应该维护父亲的心血。这话说得冠冕堂皇，表面上一心一意为了天下社稷，其实是希望司马颖能跟他一道，用"维护"的举动，打着为父亲好的旗号，做点为了自己好的事情。

在洛阳城里喝酒吃肉的司马冏一听司马乂跟司马颙起来讨伐自己，"大惧"，敌人的情况是什么样子尚且不知道，就大惧，看来司马家也真的没什么男子汉气概。他赶紧换上衣服召集官员开会，说："昔孙秀作逆，篡逼帝王，社稷倾覆，莫能御难。孤纠合义众，扫除元恶，臣子之节，信著神明。"上来先把自己夸奖一番，显示自己的地位得来不易，是实至名归。又说："二王今日听信谗言，造构大难，当赖忠谋以和不协耳。"

司马冏的目的是希望所有人能紧密地团结在自己周围，跟着自己打别人，没想到司徒王戎、东海王司马越一听，不乐意了，说司马冏你应该让贤。本来司马冏一番慷慨陈词，正在兴头上，却被这两个人泼了两盆冷水，简直要气死了。不等司马冏发火，从事中郎葛旟就跳出来大骂："赵庶人听任孙秀，移天易日，当时喋喋，莫敢先唱。公蒙犯矢石，躬贯甲胄，攻围陷阵，得济今日。计功行封，事殷未遍。三台纳言，不恤王事，赏报稽缓，责不在府。谗言僭逆，当共诛讨，虚承伪书，令公就第。汉、魏以来，王侯就第宁有得保妻子者乎！议者可斩。"

一番话，把所有不愿意跟着司马冏的人都给骂遍了，"王侯就第宁有得保妻子者乎"，那些不愿意跟着拼命的，不过是想保护自己的老婆孩子，胆子小得真是笑死人了。朝堂上的官员一听，"百官震悚，无不失色"，吓得脸色都没了。王戎吓得去了厕所，还假装说自己吃坏了东西闹肚子，惊慌失措中摔了一个狗啃泥，还摔在了厕所里，葛旟果然没骂错人，这帮人真是胆小如鼠，才被人骂了几句，就成这个样子了。

战斗动员就算是做好了，司马冏派董艾率兵迎战司马乂。事情看上去像按照李含的设想方向走，但是李含把司马乂想得太脆弱了，他以为司马乂是纸糊的，司马冏一出兵，司马乂就得失败。司马乂却早就带领一百多号人朝着司马冏杀过来了，还杀到皇宫里，把司马衷叫了出来，打出皇帝的旗号，要跟司马冏死磕。一行人来到司马冏家门口，二话不说放火就烧，司马冏让太监王湖出来高呼："长沙王矫诏。"说司马乂矫诏，是妄想一句话让司马乂手下的人四散而逃。

司马乂哪里是吃素的，你喊我也喊，于是司马乂大喊："大司马谋反，助者诛五族。"一下子，王湖说什么就没人管了。司马乂是不是矫诏，这是道德问题；就算他是矫诏，如果不跟着他走，全家的命都没了，这是性命问题。连命都快没了，谁管你司马乂手里的诏书是真的还是假的。就这一句话，司马冏的智商完全被司马乂比下去了。

双方陷入了恶战。司马乂把司马衷带出来了，就逼着司马衷出来说话，这时候董艾早就杀红了眼，哪里管什么皇帝不皇帝，只知道要手下的人不停放箭，谁也不能偷懒。箭是不长眼睛的，一支箭就差点射中司马衷。本来司马乂喊司马冏谋反，可能还有人不信，现在看董艾连皇帝都射，果然是要谋反，京城里的官员有一个算一个，都出来看热闹、上阵杀敌了，史书上说是"群臣救火，死者相枕"，场面真是血腥。这场混战一直持续了三天三夜，最后司马乂把司马冏擒获。

司马冏成了阶下囚，对着司马衷是一个劲儿哭，司马衷一看司马冏哭得这么凄惨这么伤心，一想，怎么说自己的玉玺也是司马冏给夺回来的，同情心泛滥，就想赦免司马冏。司马乂当然不愿意了，再说本来杀不杀司马冏，也轮不到你司马衷说话，就下令把司马冏拉出去斩了，司马冏还一个劲儿回头看着司马衷，那意思是皇上您救救我。他真是高估了这个皇帝的权力了。

司马冏死掉了，同他一起被干掉的还有两千多号人。司马冏的几个儿子，全部被囚禁在金墉城。李含的如意算盘，算是打错了，白送给司马乂一个功劳。

司马乂成了这场政变中最大的受益者，被封为太尉，朝廷内外的事都归了他管。不过李含也可以稍微高兴一下，虽然事情跟他想的不是完全一致，却也一致七八分，只不过他算来算去，就是没算准自己的命运。

兄弟反目谁怕谁

司马乂阴错阳差成了上次司马家战争的受益者。李含的如意算盘扑了空，司马颙和司马颖在自己的封地继续当王爷，司马颖身边有个靠谱的卢志，而司马颙身边的李含呢，还是一贯靠不住。但是司马颙还是为李含讨了个官，河南尹。李含的计谋没能得逞，就差了那么一点点，他很不甘心，继续憋着劲，想整整司马乂。寻寻觅觅了半天，找到的下手对象还是老冤家皇甫商。

这么多年李含都看皇甫商不顺眼，政变结束后皇甫商继续受到司马乂的重用，一个本来就看着不爽的人被坏了自己好事的人重用，李含越想越气。不过，皇甫商现在是大红人，不好直接下手，李含将目光转移到皇甫重身上，这人是皇甫商的哥哥。

皇甫重此时是秦州刺史，手里有兵，跟司马颙的地盘挨得也比较近。李含找到司马颙，说皇甫重这个人不能留，司马颙本来就听李含的，自从上次政变失败，就更听李含的了。所以说司马颙这个智商真的不敢高估，一般人面对失败，追究责任的时候看着失算的人都是满心怨恨，司马颙呢，却因为李含的失败更爱他了。

司马颙听罢，下令手下人带着兵把皇甫重的地方围起来，之后跟中央汇报皇甫重的罪行，至于具体内容不愁没得写，可以捕风追影也可以随便瞎编。司马颙的上书到了侍中冯荪手里，此人是司马颙的党羽，就趁机建议说不如把皇甫重召回洛阳。这个举动看上去帮了皇甫重的忙，现在有人要揍你，我为了保护你叫你回家来。事实上这就等于中央已经不管皇甫重了，我不派兵支持你，我也不处理司马颙，我只是叫你回家，可如果你路上遇见了点什么，那跟朝廷没关系，我也没说不准司马颙退兵，所以他干什么也不算违法。

李含的算盘还有另一部分，就是让洛阳的党羽冯荪、卞粹等人在京城寻找机会，下手干掉司马乂。李含这个人最大的特点就是敢想，也不先计算计算能否成功就付诸行动了。李含的算盘又一次算错了，事情被皇甫商察觉，皇甫商自然要采取行动，就跟司马乂说："河间之奏，皆李含所交构也。若不早图，祸将至矣。且河间前举，由含之谋。"将司马颙一系列行动的责任，都归为李含的责任，这话本身也没错，司马乂听了，对李含自是恨之入骨，下令处死李含。

司马颙得知李含被司马乂杀了，立刻下令讨伐皇甫商，实际上就是跟司马乂真刀真枪开始干了，令张方为都督，带领手下七万人开赴洛阳。有人冲冠一怒为红颜，司马颙这是冲冠一怒为李含，也算是古今一景了。司马颖在自己的封地当快活王爷，他本来准备好军队要去讨伐张昌，但是张昌不是被陶侃给收拾了嘛。司马颖觉得，自己现在离入主洛阳就差一步了，如果没有司马乂存在，自己的日子肯定能过得更畅快点，不用没事装好人。就跟司马颙一道，给惠帝司马衷写了封信，请求朝廷杀死皇后的父亲、司马衷的老丈人羊玄之跟皇甫商。

司马颖派出的阵容是"以平原内史陆机为前锋都督、前将军、假节"。司马颖到了朝歌，他说他每天晚上都能看见祥瑞：矛戟间有光亮好像是一团火，白天的时候，则是在井里看见龙。说不定司马颖是想杀了司马乂想疯了。他在河南屯兵，"造浮桥以通河北，以大木函盛石，沉之以系桥，名曰石鳖"。

司马乂的反应是昭告天下，河间王司马颙跟成都王司马颖谋反，这是第一步，将事情的性质定下来。之后以司马衷的名义给自己封了个太尉的头衔，主管全国的军事活动，准备迎战。这样，司马颙的七万人，加上司马颖的二十万人，向着司马乂就杀过来了。司马颖还派出刺客，看来他跟李含想到一起去了，但是派去的刺客比较业余，见到司马乂就面露杀机，还没等动手，就被司马乂的左常侍王矩杀掉了，今天轮到王矩当保镖，可见身边还是需要点靠谱的人的。

司马颙前锋大将张方跟皇甫商交手，皇甫商虽然奋力作战，最后还是溃败，张方因此进攻西明门。司马乂赶紧派去禁卫军的骨干力量出击，张方大败，损失约五千人，只能沿河退守，为了保障后勤补给，兴建了防御工事保障粮食的转运。双方交战的时候，羊玄之被吓死了。

司马颙这边是暂时没有什么举动了，司马颖派出的陆机，空有二十万人马也是大败，"死者甚众"。打了败仗的陆机还被人诬赖，司马颖身边的得势太监孟玖说了几句陆机的坏话，陆机就被下了大狱。陆机跟着司马颖讨口饭吃，是卢志的推荐，这次做领兵的大统帅，司马颖手下有不少人心存不满，觉得陆机不配。不是没有人劝陆机把位置让出来，但是陆机觉得，一旦自己在这个位置上干得好，也是对司马颖的报答，他是东吴陆逊的后人，体内的基因决定了他有着渴望建功立业的心。

陆机其实并没有得罪孟玖，倒是得罪了孟玖的哥哥孟超，不过说来也是孟超太过分，战争一开始放着敌人不打偏偏跑去抢劫，陆机能不去制止吗？这一制止不要紧，孟超居然跑去陆机的大帐里大闹了一场。后来也是老天有眼，孟超在战场上死了，也算是光荣地为司马颖捐躯了，可弟弟孟玖不干了，总觉得孟超的死是陆机故意安排的。要说小人度君子，永远觉得谁都跟自己一样邪恶。孟玖说的谗言还是老掉牙的那套，说陆机手里有二十万人还吃败仗，定有二心，他其实是司马乂的人。

求情的人不少，记室江统、陈留蔡克、颍川枣嵩等人上书说："陆机浅谋致败，杀之可也。至于反逆，则众共知其不然。宜先检校机反状，若有征验，诛云等未晚也。"几个人的信呈上去，却迟迟没有音讯。蔡克觉得不能这么傻等着，就跑到司马颖面前，不停磕头，直到额头流血，拼命为陆机求情，"云为孟玖所怨，远近莫不闻；今果见杀，窃为明公惜之！"说完就哭了起来，一同跑到司马颖跟前哭鼻子的还有十几号人。

这么多人一起哭，司马颖也不是没有动过恻隐之心，可是这种罪名怕的就是有人求情，求情的人越多，司马颖就越恨陆机，加上孟玖在旁边催命似的要司马颖赶紧杀了陆机，司马颖到底还是没改主意。跟陆机一同下狱的还有孙拯。孟玖为了诬赖陆机，抓来孙拯，想从这个东吴旧臣身上套出点什么来，作为陆机谋反的罪证。

孙拯是条汉子，被拷打得踝骨都露出来了，愣是不肯说半句陆机的坏话。他的门生费慈、宰意给牢头送钱，希望能暗中帮帮孙拯，牢头知道孙拯不是孟玖对付的对象，就劝他："二陆之枉，谁不知之！君可不爱身乎？"你被打得体无完肤了，何必为了一个必死的人送上自己一条命呢。孙拯听牢头这么说，仰天长叹："陆君兄弟，世之奇士，吾蒙知爱。今既不能救其死，忍复从而诬之乎！"

孟玖知道从孙拯身上是套不出什么了，就伪造了一份口供呈给司马颖看。其实司马颖这会儿已经开始怀疑自己的决定是对是错了，正在纠结中，看到孟玖送来的供词，"大喜"，他太需要别人肯定自己做得对了，激动地对孟玖说："非卿之忠，不能穷此奸。"看来在司马颖的心里，他觉得自己还是一个明分忠奸的王爷的。孙拯死前，对自己的学生说："吾义不可诬枉知故，卿何宜复尔？"就这样，孙拯死在了狱中。

陆机就这样被处死了，死之前曾长叹："华亭鹤唳，岂可复闻乎！"华亭是他跟弟弟陆云曾经最喜欢的景致，陆机这句话，饱含了对步入仕途的后悔，但是这条路，一旦走上了哪里那么容易回头。等他再想起华亭时，却是死之前了，所谓出来混迟早是要还的。陆机冤死，"士卒痛之，莫不流涕"。这一天"昏雾昼合，大风折木，平地尺雪，议者以为陆氏之冤"。

司马家的战争从这一年的八月一直打到十月，双方没有退让的意思。朝中有人看不下去了，说都是司马家的人，大家好商量，为什么非要打仗呢？不如握手言和。中书令王衍跟光禄勋石陋跑到司马颖那里当说客，其实司马乂已经默认了要言和，但是司马颖死活不同意，就这样，这场司马家的战争失去了和平解决的可能。

野心撞墙了

司马颖将晋国的权力重心移往了自己居住的邺城，大约在今天河北临漳。这时候中华大地上上演了奇特的一幕，洛阳城里的大小官员都找各种机会跟借口前往邺城，不为了别的，只是想去司马颖的门口忏悔一下罪行，表示自己万分悔恨当初跟司马乂一同在洛阳城里待着。东海王司马越呢，以尚书令的身份辅政，但实际上掌权的人是司马颖，尽管司马越处理了司马乂，但是没辙，还得听司马颖的。

司马颖令手下石超率领五万人屯守洛阳城的十二座城门，石超是司马颖的亲信中的亲信，可以说是司马颖最信任的将领，否则，他也不会将这项工作交由石超来做。石超上任后，处理了一批对司马颖不甚忠心的原禁卫军人马，卢志做了中书监，在邺城全面负责丞相府中大事小情。

坐上头把交椅的司马颖下令废掉皇后羊献容，这个事情就很诡异，能废掉皇后的只有皇帝，但是谁叫皇帝司马衷说话一贯没人听呢。司马颖这事办得实在是不体谅人，当年赵王司马伦杀掉贾南风，还能将心比心给司马衷安排一门亲事，不管他们过得怎么样，但是在面儿上，到底是为皇帝考虑了。这司马颖将羊献容关进金墉城，也不想着给司马衷再安排一个女人。羊献容也是个命苦的女人，自己的父亲在战场上被吓死，这个死法实在是让她脸上无光，加上羊家跟孙秀的关系，羊献容一直也不能抬起头做人。

当年司马伦废掉司马衷自己当了皇帝，羊献容自然也跟着一齐被废掉了，后来齐王司马冏迎回了司马衷，羊献容也跟着被接回皇宫。这一废一立，仅仅是她废立生涯的开端而已，在西晋区区几十年的历史中，她竟然经历了四废五立，这个皇后当得也实在是委屈死人了。怎么说，羊献容也没有得罪司马颖，但是被司马颖给盯上了，估计司马颖觉得自己现在厉害了，唯一能检验自己权力的方式就是废掉皇后玩一玩，反正也不愁没地方关，金墉城有的是地方，羊献容又一次从国母变为老百姓。

司马颖这么喜欢玩权力，自然有人看不下去了，司马越是最看不下去的那个人。这年七月，左卫将军陈眕，殿中中郎逯苞、成辅及长沙故将上官巳作为司马越派出的组合，打出司马衷的旗号单方面宣布跟司马颖开战，并且拐带着惠帝司马衷一起上了路，在全国范围内发布讨伐司马颖的檄文，号召大家奋起反抗司马颖。

没想到这一呼，居然达到了百应的效果，军队刚刚到达河南安阳附近，就有十多万人过来参与。在邺城府里的司马颖听说十万人杀过来了，吓得不轻，收拾东西就想跑，碰巧手底下有个人精通算命的道士，跟司马颖说："勿动！南军必败。"被高人点化的司马颖如梦方醒，态度来了一个一百八十度大转弯，哪儿也不去了，开始召集人马商量对策。

东安王司马繇说："天子亲征，宜罢甲，缟素出迎请罪。"东安王的逻辑很简单，现在是天子亲自挂帅出征，做臣子的不能跟天子对着干，咱们应该守本分，不要抵抗，出城投降。这个言论简直是愚蠢到家了，他也不想想司马颖什么时候真的把惠帝司马衷当皇帝看，还讲究什么礼法？再说现在人家十万人杀过来，你说投降人家就能饶你一命？司马颖倒是不傻，对东安王的建议理也不理，还一顿斥责："卿名晓事，投身事孤；今主上为群小所逼，卿奈何欲使孤束手就刑邪！"开始组织力量抵抗。

再说洛阳，陈眕的军队朝着石超就来了，从云龙门进攻，用皇帝的名义召集洛阳城里的文武百官过来看热闹，石超连抵抗都没有，直接带着人跑向司马颖的怀抱，可见石超这个人也是不靠谱的。司马越顺利控制了洛阳城，之后迎回了羊献容，让羊姑娘继续做她的皇后，可见司马家的王爷们都把羊献容当作重要的政治符号，废与立都标志了朝中开始了新一轮的政权更替，毕竟废立皇帝是大事，不好轻易进行，那么索性就废立皇后吧。

皇后接回来了，现在司马颖成了讨伐的对象，那么皇位的接班人不能还是皇太弟司马颖吧。司马越就下令说，还是让之前的皇太子司马覃回来吧。

司马颖决心抵抗，派出的前锋还是他亲信的亲信——石超。要是一般人，石超连洛阳都不要了直接扑向邺城，怎么着也得治罪，哪怕是意思意思走个过场。司马颖倒好，问也不问，还是那么一如既往地信任石超，又给了石超五万人，要他全面负责抵抗司马越派出的大军。老搭档司马颙也坐不住了，派出两万人支援司马颖。石超才出邺城，就碰见了两个人，带来一个好消息。

陈眕起初是贾谧门下"二十四友"之一，可见他的学问才能是不俗的，不然也不会在贾谧门下众多宾客中脱颖而出，成为二十四分之一。陈眕是司马越的支持者，但是他的两个弟弟，陈匡和陈规却跟哥哥不一样，这两个人早年间当过愍怀太子司马遹的陪读，按理说他应该是司马衷的人，但是事情绝非如此简单。

陈匡、陈规两个人在洛阳城里散布谣言，说什么："邺中皆已离散。"这还没打仗呢，就开始说司马颖那边什么准备都没有，是纸老虎、假把式，洛阳城里本来高度戒备，被陈家两兄弟一忽悠，也不警戒了，陷入了轻视敌人的必死之地。石超杀过来，轻易就拿下来了洛阳城，战场的变化，就是被这些不知道是何居心的小人弄得匪夷所思。

本来以为胜利在握的司马越等人全部成了热锅上的蚂蚁，只有惊慌失措的份儿，司马越一路溃败，手下的人抱头鼠窜，没人顾得上身边还有一个皇帝。只有嵇康的儿子嵇绍一直紧随司马衷左右，在"左右皆奔散"的时刻，用自己的生命护卫这个傀儡皇帝。司马衷还是面中三箭，听着怪严重的，但也很有可能只是擦伤，但是毕竟是皇帝受伤了，事态严重。

石超的军队杀了嵇绍，吓得司马衷跑到草垛中躲着。紧接着石超骑着高头大马来了，把司马衷"迎接"到邺城去，司马颖一看皇帝来了，下令改元建武，这也是政治手段，表明现在政权重新回到了成都王司马颖手中。论功行赏跟秋后算账一同进行，那个最先站出来说要投降的司马繇自然是丢了脑袋，司马颖于是"署置百官，杀生自己，立郊于邺南"。

司马越只顾得自己逃命，他先去了下邳，徐州都督、东平王司马楙一看是司马越来了，都不给他开门，司马越没辙，又跑去他来的地方，东海王的封地，守着自己那可怜的六个县过日子。司马颖下了诏书，说司马越再混蛋也算是自家兄弟，我就不跟你计较了，你还回来干活吧，司马越肯定是不答应。原奋威将军孙惠倒是还存有司马越东山再起的梦想，写信给司马越，要他"要结藩方，同奖王室"，说白了就是慢慢积蓄力量，等待时机再把皇帝夺过来。

而在邺城享受胜利果实的司马颖打死也不会想到，王浚正带着大军，向邺城杀来。

小命要丢了

王浚，字彭祖，是王沈的私生子。

王沈，字彦伯，山东人，是西晋时期的文学家。王沈是寒门出身，这样的出身注定了处处受压抑，被排挤，这样的生活经历使得王沈写出了《释时论》抨击晋朝的门阀制度。别看王沈写文章的时候像一个愤青，实际上他是司马家坚定的支持者，当年高贵乡公曹髦计划对付司马家，告密的正是王沈。可能王沈永远是不得志的，所以他的文章中对许多政治敏感事件也是阙而不录，除了写《释时论》像一个愤青，其他时候是司马家的死党。

王浚的母亲认识王沈的时候，已经做了赵家的儿媳妇，所以王沈跟赵氏之间的感情是偷情，对于王浚这个私生子，王沈是一直不承认的。等十五年后，王浚已经长大成人，王沈病死，本来王沈是没有儿子的，亲戚好友一看，王浚这么一个小伙子就在这儿为什么不认，一投票，就让王浚认祖归宗了。

王浚追随司马家还不算，也追随贾南风，当年愍怀太子司马遹被幽禁在金墉城，王浚也参与了谋害司马遹的阴谋。王浚跟他父亲一样，也是左右逢源，在乱世中还把官越坐越稳。因为常年在北方边境做官，就养成了跟周边少数民族联姻的习惯，一个女儿嫁给了鲜卑人务勿尘，另一个女儿嫁给了苏恕延。据记载，王浚至少有五个女儿，嫁给鲜卑人的这两个，是他的姜所生，剩下三个女儿都嫁给了名门望族的后代，可见王浚也是很看重门第观念的。当时司马家频频有战争，依靠谁都有押错宝的危险，王浚找鲜卑人当靠山，也是有选择的。

混迹官场的王浚自有一套哲学，当年三王起兵讨伐司马伦，天下响应的人云集，王浚在管辖的地方强行隔绝了各路消息，齐王、河间王、长沙王满世界发传单，号召天下老百姓站出来反对司马伦，其实主要是号召各州郡的地方长官站到他们这边去。王浚的策略是谁也不支持、谁也不反对，也不给自己治下的子民任何支持谁的机会，用自己的力量构建了一个"与我无关"区。

当年司马颖就看王浚不顺眼了，觉得这人实在太不识时务，想带兵过去打到王浚听话，但是一直没顾得上。等司马伦被杀，王浚居然还升官了，进安北将军，可能是他最起码没有支持司马伦吧，所以也稍微有那么点"功劳"。等到司马颙跟司马颖杀了司马乂，一向事不关己高高挂起的王浚居然为司马乂鸣不平了，觉得司马颖实在胡闹，他想要主持正义。

王浚在北方始终不是一个听话的角色，司马颖一直惦记要收拾了王浚。司马颖让和演去当幽州刺史，此时王浚是都督幽州诸军事，等于是派了一个司马颖的心腹到王浚家里，司马颖盘算着和演能争气一点，找个机会除掉王浚。和演也不傻，知道去寻找同谋者，选了半天，选择了乌桓单于审登，想趁着王浚在幽州城里游玩的时候，找机会在路上让王浚身首异处。没想到当天下暴雨，史书记载："值天暴雨，兵器沾湿，不果而还。"这里面的问题是，究竟和演跟审登想用什么兵器干掉王浚。如果是刀叉剑戟，怎么会遇见暴雨就不能杀人呢？

和演的思维跟审登不同，和演是带着任务来的，一场暴雨救了王浚，但是不会总下雨，和演随时等待另一个时机结果掉王浚。审登回去后把身边的人叫过来说："演图杀浚，事垂克而天卒雨，使不得果，是天助浚也。违天不祥，我不可久与演同。"大旗一换，成了王浚的人，还把和演的阴谋一五一十说给王浚听。王浚一听，跟审登带着各自的人马就把和演家里围了一个水泄不通，事情已经败露，审登因为一场大雨出卖了和演，苦命的和演只能举白旗投降，王浚也不留活口，直接杀掉和演了事。和演一死，幽州成了王浚的地盘，他叫上女婿务勿尘，凑了两万人的一支队伍，剑指司马颖，开始他主持"正义"的战争。

司马颖派出的前锋还是不靠谱的石超，被王浚派出的祁弘打得大败。王浚等人乘胜追击，一举拿下邺城，务勿尘的军队头一次占领大城市，一进城的主要任务就是烧杀抢掠，一时邺城死者甚多。王浚对务勿尘极力纵容，还下令老百姓将自己未出嫁的女儿送给鲜卑人，"敢有挟藏者斩"，为此斩首的人有八千人之多，"黔庶荼毒，自此始也"。

这一仗，王浚打出了知名度，司马越想请王浚到自己家玩一玩，王浚派祁弘跟乌桓的骑兵当先驱，看上去威风凛凛的，的确能唬住不少人。他升自己为"骠骑大将军、都督东夷河北诸军事，领幽州刺史，以燕国增博陵之封"。

再说司马颖。当王浚的人杀过来，还派出石超出去抵抗了一下，司马颖实在是盲目信任石超，石超总是打败仗，司马颖还总是派石超出去打生死存亡的重要战役，真不知道司马颖究竟是怎么打算的。石超再度吃败仗的消息传来，整座邺城都骚乱了，司马颖手下的人纷纷逃命，谁管你皇帝、皇太弟。

司马颖一看是个人都跑了，也收拾东西准备跑，在洛阳的卢志赶到了司马颖身边，要说这个卢志真的对司马颖太好了，什么烂摊子他都过来收拾。卢志的意见是召集手下的人马，在天黑时分杀出重围，带着司马衷一块儿跑，一路向南，跑到洛阳去。这个意见不错，司马颖第一时间就同意了，可是转念一想，他又后悔了，打死也不肯走，不肯离开这片熟悉的土地。

收拾烂摊子专业户卢志叫来了司马颖的老母亲，母亲一发话，司马颖就不哭不闹跟着走了。就这样，司马颖带着身边十几个人和司马衷一路向南，往洛阳方面逃命。这时候陪伴在司马颖身边的，是一直扶持他的卢志。但是这一行人走得实在是太匆忙了，连钱都没带就出门了，果然都是贵族，平常出门估计从来不带钱，现在逃难也没有带钱的念头。走了一半，就快饿死了。好在司马颖身边的一个太监知道过日子，走之前塞了三千钱上路，可是这兵荒马乱的，钱是用来救命的，太监的胆子都大了，不愿意把钱拿出来给两位司马用。司马衷一看，发挥了自己的"聪明才智"，下了一道圣旨，说这钱算是我司马衷管你借的，以后再还。太监用三千钱买了一张借据，永远也不会有人还钱的借据。司马衷这个皇帝当到这份儿上，估计也没什么想不开的了。

卢志带着司马颖、司马衷，只用了五天时间，就到了洛阳城下，司马衷终于结束了自己的北方之旅回到了皇宫。

司马颙听说王浚反了，赶紧让张方带人去救司马颖。在洛阳城里的太子司马覃趁着夜色偷袭了上官巳、苗愿，赶跑了这两个人，张方才得以进入洛阳。太子司马覃不顾君臣礼节亲自出城迎接张方，见到张方的身影就弯身下拜，全然没有太子的样子。

司马衷这次回来，张方成了洛阳城实际上的掌控者，司马衷封他为"中领军、录尚书事，领京兆太守"。司马衷没回来的时候，张方曾经想一把火烧掉皇宫，他觉得把皇宫烧掉，洛阳人民就不会再想念那个没用的司马衷，这个想法真是比较超群而独特。惠帝回到了皇宫，远在山东的司马越又开始蠢蠢欲动，预备挑起新的战事。

司马颖这回算是彻底失去了政治上的话语权，皇太弟的身份也没了。他还算是好的，邺城中有不少人思念他，公师籓、汲桑等人就想把司马颖接回邺城，话一提出来，根本没多少人支持。这年代谁得势就支持谁，犯不着支持一个过了气的王爷。

我要保国安民

如果说被利用也是一种价值，那么晋惠帝的一生真是价值不菲，从最初的被皇后贾南风利用到后来的被诸王辗转挟持，傀儡的帽子从来未曾离去，晋惠帝的价值才得以一直延续。

晋惠帝终于又回到了洛阳，但此时的洛阳乃是张方的地盘，晋惠帝与司马颖虽位高却无权，处处得看张方的脸色，一切都是张方做主，晋惠帝窝囊惯了，倒是乐得自在，吃喝玩乐，样样不少。司马颖却吹胡子瞪眼干着急，一点办法也没有，毕竟人在屋檐下，不得不低头。

这边张方与其部众在洛阳作威作福，吃喝掳掠，偌大一个洛阳城被横扫一空，昔日繁华不再。张方与其部众也折腾累了，异地他乡，再逍遥自在，风光无限；夜深人静之时，也不免要想念家乡了，况且长安也是一个遍地黄金的地方，以今日之威风，必然也少不了他们的好处。

"奉帝迁都长安"的念头在张方心头久久萦绕，众士卒也蠢蠢欲动，然而，不知道顶头上司司马颙做何感想。想至此，张方与众士卒不敢轻举妄动。

这厢，司马颖拥晋惠帝还驾洛阳的消息传到司马颙的耳朵里，司马颙立即召集谋士召开紧急会议，商讨应对良策。

"昔晋文公纳周襄王而诸侯影从，汉高帝为义帝发丧而天下归正。近白天子蒙尘，将军首兴义兵，徒以河间扰乱，未遑远赴，銮舆旋转，建都榛芜，诚因此时奉主上以从人望，大顺也；秉至公以服天下，大略也；迎主上入长安，以致英俊，大功也。四方虽有逆节，其何能焉？若不早定，使英雄生心，后虽为虑，亦已无及。"

谋士李进首先进言，提出挟晋惠帝移驾长安的主意。司马颙点头称奇，然而心中不免有些疑虑，计谋虽妙，却是如何向朝中大臣和手握重兵的将领交代？司马颙的顾虑不是杞人忧天，若是引起群忿，群起而攻之，以他们的实力根本无法招架。若真如此，行这一着险棋实在是得不偿失。

仆射荀藩对李进之言甚是赞同，又见司马颙心有疑虑，便向前进言道："殿下兴义兵以除暴乱，入朝天子，辅翼王室，此王霸之功也。以下诸将人殊志异，未必服从。今留匡弼，事势不便，惟有移驾去长安。然朝廷播越，新还旧京，远近观望，冀得安生，今复移驾，不厌众心。夫行非常之事，乃有非常之功，愿算其多者行之。"

听荀藩这么一说，司马颙大喜，心头顿时开阔起来。既然如此，那就收兵启程，移驾长安。主意已定，司马颙便与亲信商议起迁都之事来，一场密谋悄然展开。

司马颙带领士卒先行入长安，命张方保晋惠帝一行在后。张方率领五千余骑，接晋惠帝与百官入长安，百官见洛阳已经被抢劫一空，粮食短缺，况且又惧怕张方势力，自然欣然应允，晋惠帝却是心不甘情不愿的。

刚刚安顿下来的晋惠帝，早就厌倦了颠沛流离的日子，好不容易寻得一方乐土，又要离开，这晋惠帝哪里肯？冬日的寒风已经吹起，这日，张方带领士卒佩戴宝刀来到宫中，走上大殿，晋惠帝虽痴呆不理事，却也看得出这来着不善。张方却也不转弯抹角，将来意讲明：

"洛阳废弛已久，不可修葺，更兼转运粮米甚难，臣料长安地面城郭宫室、钱粮民物足备，可以幸銮舆。臣排办已定，请陛下登辇。"

　　张方说着就要上前邀晋惠帝上牛车，晋惠帝惧怕，竟然撒腿就跑，跑入后园竹林中藏了起来。张方是个武人，脾气暴躁，哪里有那闲工夫跟晋惠帝玩躲猫猫的游戏，不由分说就命士卒进园将晋惠帝拖了出来。

　　晋惠帝一把鼻涕一把泪，万般无奈被拖上了车，却仍不忘宫中的金银财宝、美女姬妾，"卿宜讨车载宫人宝物同行"。晋惠帝在这竟要求张方安排车辆，将金银财宝与宫人载上同行。

　　这晋惠帝真会找人，张方与部属入洛阳便将洛阳一扫而光，然而，就算他们吃了熊心豹子胆，宫中他们是不敢染指的，这下倒是给他们提供了方便。

　　张方乐得接受这样一份肥差，宫中不少财物成为他们的囊中之物。"分争府藏，割流苏、武帐为马障，魏、晋以来蓄积，扫地无遗。"一番掠夺式的装载之后，一切准备就绪，张方升起一把火，准备将洛阳皇宫宗庙付之一炬，却遭卢志劝谏："董卓无道，焚烧洛阳，怨毒之声，百年犹存，何为袭之！"张方这才罢手。

　　晋惠帝入长安，成都王司马颖、豫章王司马炽随行，此时正值冬日，大雪纷飞，寒冷至极，路途艰难可想而知。晋惠帝以往虽然时时扮演着傀儡的角色，却也是温室里的花朵，哪里受过这样的苦。因路途泥泞颠簸，再加上寒冷难耐，晋惠帝竟一个不小心从车上滚落下来，将右脚摔伤，众人七手八脚才将其抬上牛车，其悲状可见一斑。

　　入长安，司马颙出城迎接，以公府为大殿，理朝政，文武百官均朝贺，并将年号改为永安。在司马颙与张方的淫威下，晋惠帝以司马颙为录尚书事，以张方为司隶，自此司马颙专掌朝政，自为行事。

司马颙掌握朝中大权，便进行了大刀阔斧的人事改革。朝中要职均由亲信任职，以自己为都督中外诸军事，王戎参录朝政，王衍为左仆射，张方为参军录尚书事，同时罢黜司马颖。

为稳定局势，司马颙还采取了一些爱民政策，他下令州郡要蠲除苛政，爱民务本。然而，在这个衰微与离乱的时代，人心惶惶，野心膨胀。这些企图挽救政权崩溃的举措均是徒劳，司马颙期待的好日子并没有如期而至，野心之徒多有跃跃欲试、卷土重来之势。

卷土重来看我的

司马颙将晋惠帝劫持至长安，挟天子以令诸侯，操纵朝政，位高权重。按说应该过得逍遥自在，然而，高处不胜寒，司马颙这一不得人心之举，引起了众士人的不满，反对之声一浪高过一浪，司马颙终日惶惶，头痛不已。

在反对司马颙的声浪中，最有实力者当数东海王司马越。司马越野心勃勃，经过一年的喘息与休养生息之后，实力已经开始复元，却因无法操纵朝政，心有不平，便联络山东各地征讨司马颙，准备东山再起。然而，心有余而力不足，"恨力不及，恐难讨之"。以一己之力难挡司马颙，天下之人，谁可共之？东海王司马越揣测着。

正当司马越一筹不展，心无定数之时，东海中尉刘洽进言："东平王懋现督徐州，兵精粮足，若得徐州，可为成事。"司马越大喜，王洽又推荐一人为使者，前往东平王司马懋处洽谈，此人名王修。

王修，乃是徐州长史，嘴皮子上的功夫极妙，可谓是巧舌如簧。王修领命便去见东平王司马懋，直接开门见山："今东海王欲举义，檄山东之兵讨张方，迎天子还旧都，恨力不及，欲借大王徐州都督诸军，以率义山东……"如此种种，我们暂不管经过如何，总之，东平王司马懋最后一句话："彼既为国为民，吾安敢不从？"王修暗舒一口气，任务完满结束，东平王司马懋慷慨将徐州借给司马越，自任兖州刺史。

晋惠帝永兴二年（305年），司马越集结山东各部，据徐州，以司马颙和张方劫持晋惠帝为由，发布天下檄文讨伐司马颙和张方，以"奉迎天子，还复旧都"。在这冠冕堂皇的理由下，响应者纷至沓来，范阳王司马虓与成都王司马颖的余部公师藩等也自称将军，纷纷响应，举起讨伐的大旗。

范阳王司马虓，才气颇高，素有美誉，有成就大业之心，却因在宗族中排行低而无甚作为。对于司马颙和张方"挟天子以令诸侯"的野心，司马虓甚是以为耻，便想起兵，却苦于势单力薄难成大事。司马虓手下有一长史，名冯嵩，此人计谋颇多，又懂得察言观色，见司马虓蠢蠢欲动却有几分踟蹰，知其心意，便进言："今河间王司马颙使张方劫帝入长安，废成都王颖，久必篡逆。殿下若肯与令兄平昌公起义兵，保驾还洛阳，其功可比周公，勋业必成。"

范阳王司马虓大叹一口气，却又摇摇头，他何尝不想如此，奈何心有余而力不足。冯嵩近前一步，将心中计谋娓娓道来："东海王司马越有英雄之志，可云命世之英，不如推东海王为盟主，聚义起兵，大事可成。"

此番计划正合司马虓心意，于是赶紧召来使臣，前往司马越处商讨合作事宜。

可想而知，司马越正忙碌着征讨事宜，那自然是士卒越多越好。此时又有一股强大的力量注入，焉有不接受的道理，事情进展得非常顺利，扳倒司马颙似乎指日可待。

这日，司马虓大摆筵席，宴请东海王司马越、平昌公司马模、长史冯嵩等将领。席间，几人杀白马祭天，歃血为盟，共推司马越为盟主，以共成大事。礼毕，谋士冯嵩道："今我始聚之兵，乌合之众，难以出战。今见豫州刺史刘乔部下多有精兵，可使人持节招其来降，同起义兵，方可得安。"

司马越招贤纳兵，不出半月，又招得士卒两万余人。眼见势力一日日壮大，司马越日渐春风得意，自称秉承皇帝旨意，任意选调官吏，既得利益者雀跃，利益受损者不免蠢蠢欲动，心有不甘。

司马越私自任命司马虓为豫州刺史，原豫州刺史刘乔改迁为冀州刺史，刘乔不满，便举兵反抗，司马颙支援刘乔。一场大的混战再次打响。同时起兵的还有司马颖的旧部公师藩。

司马颖威风一时，由丞相而成皇太弟，成为名正言顺的接班人。然而，风水轮流转，三个月的风光过后，却如丧家之犬般寄人篱下，皇太弟之名被废不说，就连立足之地也无，真是可怜至极。司马颖余部公师藩等见司马颖暂居司马颙篱下，不得善待，心生怜悯，便自称将军，纠集河北士卒起兵，兵有数万人，攻城略地，声势甚为壮观。

此时的司马颖正被司马颙软禁，不得自由，二人的恩怨可谓不浅。司马颙见公师藩起兵，不禁满头思绪，此时的他左右受敌，主要兵力正与司马越周旋，哪里还有闲暇顾及得了公师藩。

公师藩乃司马颖余部，若是让司马颖将其招降，如此一来，不仅可以免除后顾之忧，更可增加实力，一同对抗司马越。司马颙想及此，心中不免开朗起来，于是命人将司马颖请来，好生安抚，一番嘘寒问暖，又对以前的种种极力忏悔，表现得极为谦恭。

司马颖已多时未受到这样的礼遇，自然非常受用，况且，能够摆脱司马颙的藩篱，何乐而不为呢。司马颖一口应允，顶着都督河北诸军事的帽子，令卢志与千余士卒入河北招降公师藩去了。

司马颙的乐观未免有些早。却说晋惠帝永兴二年（305年）十二月底，司马颖入洛阳，至此便停留不前了。一来兵力不足，无法渡河北上；二来司马越的军队已经开进河南阳武，距离洛阳城不足三百里，势如破竹，根本无法阻挡，河间王司马颙大势已去，无法扭转乾坤。

刘乔与司马越的战争打得不可开交，刘乔这边有司马颙命张方、吕朗等领兵援助，司马越这边有王浚部将祁弘领鲜卑、乌桓骑兵为前驱。两军混战数日，司马越军声势一浪高过一浪，渐渐占得优势，连败刘乔与援军。

司马颙此役可谓倾全力而战，派出支援刘乔的兵力足有十万之多，以张方为大都督，张方以吕朗等入前线支援刘乔，自己则屯兵灞上，在此盘桓多时，却按兵不动。刘乔兵败的消息传来，张方更加不敢前进。

张方领军十万，军队却无纪律可言，多有纵容部下劫掠之举，张方占领洛阳伙同部属将洛阳劫掠一空便可见一斑，致使军队所在地区民不聊生，怨恨四起。这样一支没有纪律的军队，人心离散，毫无凝聚力可言，战斗力可想而知。更有一些部将在目睹了张方的残暴之后，对其失去信心，便领兵转入司马越的旗下。

司马颙军连连战败，消息传到长安，司马颙见如此光景，也不抱回旋的希望，心中萌生了议和的想法，但是，面对司马颙的议和请求，司马越能否接受？

要性命跑大山

三十年河西，三十年河东，风水轮流转。此番正值司马越春风得意之时，当日，振臂一呼，群雄皆揭竿而起，纷纷投奔，足有十万余众，浩浩荡荡，滚滚西行，杀得司马颙畏惧不已，好不快哉。

司马越神气十足，司马颙却是焦头烂额，刘乔兵败，士卒离散叛变，一系列的惨事一股脑儿一拥而上。现下，司马颙也不做其他感想，只寄希望于能与司马越达成和解共识。然而，事情并没有想象中的那么简单，成功与否这主要取决于两个人，一个是对手司马越，另一个是自己人张方。

眼见司马越节节战胜，若能与之罢兵，达成和解，以目前光景，这是最好的结局，但是关乎和解，不知司马越作何感想？司马颙这般想着，心中却也无十分的把握。

司马越起兵时打的幌子是"纠集义旅，奉迎天子，还复旧都"，其缘由乃是司马颙与张方挟持晋惠帝迁都长安。"劫迁车驾"的决策者虽然是司马颙，执行者却是张方，所以，一旦和解，张方就会首当其冲，成为众矢之的，而司马颙却可以将罪责撇得干干净净。

毋庸置疑，对于和解，张方抗拒的态度是非常坚决的，因为和解之后，必然追究他劫掠宫室劫迁车驾之罪，这不只是关乎前途，更是性命攸关的问题。作为自己的心腹，司马颙不得不考虑张方的处境。另外，张方手握重兵，弄不好拥兵自立，司马颙对此是有几分忌惮的，鉴于此，司马颙有些犹豫不决。

如果说司马颙的犹豫让张方尚有一线存活的生机，张方平时的为人就彻底葬送了自己。当刘乔兵败之时，张方正屯兵灞上，盘桓不前，却不知一场针对自己的阴谋正悄无声息地展开。

张方脾气暴躁，又为人残忍，对下属嬉笑怒骂，从无约束，这样暗地里就得罪了许多人，参军毕垣曾受其侮辱而对张方怀恨在心，一心想要报复。毕垣见大势已去，主张退兵和解，再遭张方训斥，毕垣便向司马颙打报告，指出张方在灞上按兵不动，其实是另有打算，乃因司马越兵力强大，胜券在握，便意图叛变。

司马颙对毕垣所说半信半疑，在他心中，张方始终是心腹将领，怎么会做出叛逆之事。毕垣见司马颙心存疑虑，唤来张方的亲信郅辅前来对质。其实，在此之前郅辅已被恐吓，哪里还敢违背毕垣，司马颙问时，郅辅唯唯诺诺，只会点头称是。郅辅的恐惧，似乎更增加了张方叛变的可信度。

事情得到证实，司马颙火冒三丈，对张方的信任立即降到了冰点，恨不得杀之而后快。这时，缪播和缪胤也来插一脚，在旁煽风点火，这二人认为，若得与司马越和解，可以杀张方来换取。

司马颙一听这主意，心中不免一喜，杀张方以求和解，此事胜算颇大。几人一商量，制定了完整的计谋，决定牺牲张方作为议和的筹码。然而，这只不过是他们的一厢情愿而已，对于此事司马越做何感想这才是事情的症结之处。

人的欲望犹如海底深渊，永无止境。喜报接连传来，胜利在即，在这节骨眼上，司马越怎能止步不前？议和所得与剿灭敌人全胜所得相比，根本没有诱惑力。司马越不会为这眼前的利益而放弃长远利益，放长线钓大鱼这才是他的目的。这些暂不提，我们且看司马颙如何擒得张方。

战场的失利让张方十分懊恼，他的心思里没有议和这样的概念，一心只想能在战场上扳回一局。这日，司马颙派人来唤郅辅，张方心生疑虑，郅辅乃自己的亲信，与司马颙素来没有什么交往，此次却来唤他，不知所谓何事。这样的疑虑一闪而过，毕竟有更重要的事情需要他处理。却不知，就是郅辅此去，与司马颙、毕垣商议了计谋，葬送了张方的性命。

这日天色已黑，郅辅战战兢兢，带着肮脏的计谋回到灞上，入得张方军帐，张方不免要询问一番，郅辅将一封书信交予张方，说是司马颙交给他的机密文件，张方不疑有他，走至灯前，取信来读。因一心在信上，张方未曾注意到身旁的郅辅已经把刀举起，待有所察觉，却已经脑袋落地，血溅一地，可怜张方死得不明不白。

郅辅心有余悸，提着张方的头颅径自向司马颙复命去，一路上不免提心吊胆。司马颙同样夜不能寐，一心等着郅辅，又担心事情败露，张方叛乱。正焦躁不安之时，听人来报，郅辅前来复命，司马颙一颗心终于落下了，看来事情进展得非常顺利。司马颙见了张方首级，大喜，当即将郅辅晋升为安定太守。

司马颙心愿了却一桩，和解之事似乎马到成功。司马颙命使者将张方头颅送予司马越，并表达了请和的意愿，然而，事情的发展没有朝着他的意愿而去，任凭使者如何地能言善辩，司马越仍旧没有议和的意愿，使者被扫地出门。司马颙犹如霜打的茄子，彻底蔫了。

一蹶不振的司马颙在百思而无自救方案之时，司马越的大军已经逼近长安。司马越命祁弘领军入长安，司马越的大军中多有忌惮张方者，今见张方已死，便士气大振，争先恐后攻入长安。

司马颙此时却闻张方并无反叛之心，乃是毕垣与张方有隙，联合郅辅一同谋害张方，司马颙悔不当初，斩杀二人。派出的将领一个个惨败，司马颙心灰意冷，自知无法抵抗，在士卒还在激战之时，骑马逃入太行山中。

司马越军与司马颙军激战之时，司马颖正在洛阳观望，见司马越气势汹汹而来，便狼狈而逃，西行到华阴，准备寻机回长安，却听闻司马颙杀张方，意图议和。司马颖如同五雷轰顶，顿时呆住，哪里还敢回长安，只得一路南行，出武关，入新野，渡河北上到朝歌，却被冯嵩逮捕押入邺城，交予范阳王司马虓，幸得司马虓念旧恩，不忍杀之，而是将其囚禁起来。

司马越大获全胜，总揽朝政。晋惠帝永兴三年（306年）六月，司马越带领百官簇拥晋惠帝，东还洛阳，修葺宫殿，庙宇，颁布诏书，改年号为光熙，大赦天下，论功行赏。晋惠帝以东海王司马越为太傅，录尚书事，以范阳王司马虓为司空，命其镇邺城，至此天下暂归平静。

刘渊称王

乱世，是一个解构与重组的时代，在这一过程中，一个偌大而崭新的舞台呈现在世人面前。英雄辈出，各路人马大展神通，每个人都想在这乱世之中成就一番事业，李雄是这样，刘渊也是这样。

刘渊，字元海，匈奴人。刘渊其祖为汉初的冒顿单于，冒顿单于与汉高祖的渊源，史书中多有记载，《晋书·刘元海载记》写道："汉高祖以宗女为公主，以妻冒顿，约为兄弟，故其子孙遂冒姓刘氏。"从这段记载中，我们知道，由于与汉高祖的姻亲关系，冒顿单于的子孙便以刘为其姓氏。

刘渊其祖迁徙中原始于其祖父於扶罗，匈奴内乱，於扶罗遭排挤，恰逢汉室遭遇黄巾起义，於扶罗便率众助汉廷镇压黄巾军，依附东汉王朝，自此留居中原，并在此自立为单于。依附于东汉王朝的於扶罗并不安分，觊觎中原权势，时时为壮大实力，"兴邦复业"而蛰伏着。瞅准董卓之乱这一良机，於扶罗侵占了太原、河东、河内等郡，成为一股不容小觑的势力。

不料，於扶罗壮志未酬身先死，其弟呼厨泉接手其事业，刘渊的父亲刘豹任职左贤王。正当呼厨泉部如日中天快速发展的时候，曹操掌握了汉廷实权，聪慧如曹操，看出呼厨泉单于虽表面恭顺，却也是野心勃勃，恐日后成为大患，便采取了分瓣梅花计，将呼厨泉部分成左右南北中五部，刘豹任左部帅，率军万余。

呼厨泉部有士卒三万余，刘豹所领左部是其中最大的一支，可谓掌握了部族实权。刘渊这时以质子身份留居洛阳，以为人质，虽有宏志，却也不敢轻举妄动，毕竟一切均在中原王朝的严密控制之下。刘豹死后，刘渊继承了左部帅的职务，兵权在握，刘渊的野心一发不可收拾了。

据史书记载，刘渊此人，颇有几分传奇色彩。据称，刘渊其母呼延氏曾入龙门求子，在龙门见一条长有两角的奇异大鱼跃龙门，呼延氏喜不胜收，认为是个吉兆。是夜，呼延氏梦到鱼幻化为人形，左手持一物，似卵，非常好看，但听那人道："此是日精，服之生贵子。"十三个月以后，呼延氏得子，这孩子一出生，左手上就写着"元海"二字，便以这二字为其字，名为刘渊。关于这段传奇的说法，到底是旁人杜撰，抑或是真有其事，我们已经无从查证，权当赏乐。

刘渊自幼生于中原，长于汉地，深受汉文化的熏陶。少年时代就刻苦学习，熟读《诗经》《尚书》《周易》等儒家经典，对"《史》《汉》，诸子，无不综览"，更有名师崔游督导。作为一个匈奴人，刘渊文能成章，武更不在话下。刘渊出生武学世家，对领兵打仗，无师自通，又兼酷爱研习兵书，可谓是文武全才。

成年的刘渊，已是一个体貌伟岸的大男子汉形象，"姿仪魁伟，身长八尺四寸，须长三尺余，当心有赤毫毛三根，长三尺六寸"，这样的记载有几分夸张。

能文能武的刘渊，有着良好的素养，深受器重。在洛阳任质子时，刘渊深受晋文帝赏识。晋文帝曾言："刘元海容仪机鉴，虽由余、日磾无以加也。"言谈之中满是喜悦。然而，晋文帝深切地明白"非我族类，其心必异"这句话的道理，再加上身边大臣的劝诫，晋文帝对刘渊仍心存警惕，刘渊终不敢掉以轻心。

晋武帝时，鲜卑部族在凉州起兵，李憙进言，封刘渊为大将军，意图借匈奴之力平定凉州，"诚能发匈奴五部之众，假元海一将军之号，鼓行而西，可指期而定"，"以匈奴之劲悍，元海之晓兵，奉宣圣威，何不尽之有"。这一提议遭到大臣孔恂的强烈反对，"元海若能平凉州，斩树机能，恐凉州方有难耳。蛟龙得云雨，非复池中物也"。齐王司马攸更是力劝晋武帝"不除刘元海，臣恐并州不得久宁。"刘渊最终未能坐上大将军的位置，但他的才华与霸气却已经通过旁人之口，让我们看得一览无余了。

接掌父亲职务后，刘渊兢兢业业，暗中积蓄着力量，步步为营。太康末年，晋武帝任刘渊为北部都尉。至晋惠帝登位，杨骏辅政时，刘渊领建威将军、五部大都督职务。此时的刘渊越发谦虚，不但轻财好施，更是结交名士，四方之士、五部俊杰之士多有不远千里前来投奔者。一时之间，刘渊名气大震，为他以后的道路一步步铺好了垫脚石。

八王之乱的狂风席卷中原，中原大乱，有不少汉人避乱南迁，汉人势力在中原有所减少。左国城内众匈奴贵族一拍即合，认为"兴邦复业"的时机已经成熟，准备起兵，以坐收渔翁之利。

起兵之事既定，一个有胆略有雄心的领导者是必不可少的，刘渊脱颖而出，成为众人心中的第一人选。

"昔我先人与汉约为兄弟，忧泰同之。自汉亡以来，魏晋代兴，我单于虽有虚号，无复尺土之业，自诸王侯，降同编户。今司马氏骨肉相残，四海鼎沸，兴邦复业，此其时矣。左贤王元海姿器绝人，干宇超世。天若不恢崇单于，终不虚生此人也。"

刘渊就在不知不觉中被赋予了这样一个艰巨而光荣的使命。匈奴贵族刘宣，以呼延攸作为信史，赴邺城，与刘渊共谋大事。刘宣不是简单人物，是刘渊的从祖，也曾任北部都尉、左贤王等要职。

然而，愿望是美好的，道路是曲折的，此时的成都王司马颖坐镇邺城，意图将刘渊收为己用，便上书表刘渊为宁朔将军，监五部军事，以此讨好刘渊。刘渊一时被成都王控制，根本无法脱身，起兵之事更无从谈起。

刘渊以奔丧为由请归，司马颖哪里肯放行。刘渊用尽浑身解数，仍不得归，无奈，只得令呼延攸先行离去，让刘宣密召匈奴五部，做好起兵的打算。后以帮助司马颖赴难的名义如愿以偿回到了左国城。刘渊此次归来，无异于放虎归山，蛟龙入水，终不能再受人控制。

刘渊归来，便被冠以大单于的名号，以离石头为都，在此招募将士，半月之久，便已经聚众五万余人，这年是西晋永兴元年（304年）。这年金秋，马肥人壮，刘渊登上王位，自称汉王，入南郊祭天，迁都于左国城。刘渊建立的匈奴汉国政权成为在中原建立起的第一个少数民族政权，仅此一点，刘渊就足以永载史册。

这下要玩儿完了

从刘渊病死，到其子刘聪杀刘和自立仅仅有三个月的时间。在这三个月的时间里，匈奴汉国政权内部为解决自家事忙得不可开交，便暂时停止了对洛阳城的进攻。

永嘉四年（310年）十月，刘聪调遣四万大军兵分几路进攻洛阳，洛阳城内顿时惊慌，乱作一团。而此时，更让西晋政权雪上加霜的是，羯族人石勒也趁火打劫，加入攻打洛阳的行列，洛阳告急。

掌握西晋政权的仍旧是东海王司马越，担任太傅之职的司马越令人征召天下兵马，入京援助洛阳，此令既出，左等右等，却是杳无音信，哪里有一兵一卒前来支援。其实，事情都在预料之中，此时西晋的管辖范围，仅仅为并州、幽州、陇右与洛阳，而这些地区虽有将领把守，却都远在边疆，况且他们也是自顾不暇，对洛阳，他们也是有心无力。

调兵遣将不得，便有人提议迁都避难。朝臣对此议论纷纷，性命攸关，就算有人迷恋洛阳资财，也不得不考虑迁都之事。时任镇东将军、都督扬州的周馥上书晋怀帝，请迁寿春，晋怀帝也是个贪生怕死之辈，见有出路可保性命，便一口应允。

但是，迁都之事半路杀出了个程咬金，主事太傅司马越赶来，坚决不同意迁都避难之说。因为晋怀帝一旦落入周馥手中，司马越手中的这张王牌就会为他人所用，司马越是坚决不允许的。大敌当前，朝中权臣，想到的仍然是个人利益得失，西晋不亡都难。

周馥与司马越向来不和，周馥对司马越的专权颇有怨言，司马越唯恐他再次唆使朝中君臣迁都避难，徒增阻碍，便将其北调，驻守边疆。周馥这下来了性子，将司马越的命令当成耳边风，坚决不从。司马越哪里容忍得了旁人如此蔑视他，便起了杀心。洛阳城急需将领士卒的时刻，司马越却将人外放，这真是为个人利益昏了头脑。

周馥万万没有想到，在这样的紧急时刻，会遭遇突袭。淮南太守裴硕突然来袭，周馥领兵拼死抵抗，一举将裴硕打败，裴硕败走山东东阿，并向司马睿请兵援助，终因寡不敌众，周馥兵败被杀，一场内部闹剧结束。虽然没有司马越的亲自出马，但朝中尽人皆知，此事是由司马越主导，西晋君臣对司马越的专权行径更加不满了。

不同意迁都，就要想办法挡住洛阳城外的敌军，司马越也在日夜盘算着办法。这日，司马越一身戎装走上大殿，请求亲自领兵讨伐石勒。

洛阳城内士卒已经不多，外面又有匈奴汉国刘聪虎视眈眈，司马越在这个时候却要领兵外出，如此一来，洛阳城就成为一座空城，朝中君臣如何自保。晋怀帝对此颇有异议，但是，他的异议对旁人来说，或许还有作用，一旦到了司马越这里就形同空气，根本就约束不到司马越。

司马越的请求也就是命令，他的一意孤行，让洛阳城陷入一种混乱状态。司马越带走了洛阳城内四万甲兵，可以说这已经是倾其所有了。本想绝地反击的司马越，面临的局面却是"公私罄乏，所在寇乱，州郡携贰，上下崩离，祸结衅深"，真是无望了。

洛阳城内，凄凉一片，宫殿内无人驻守，晋怀帝整日担惊受怕，唯恐刘聪的大军攻入洛阳。晋怀帝将他目前的这种状态的造成归结在司马越的头上，又兼平日里对司马越的所作所为甚为不满，便传出密令，杀司马越，却不幸走漏了风声。

正是在司马越焦头烂额，丧失主见之时，却听闻晋怀帝密令要杀自己，本来就满头思绪，这消息就如晴天霹雳。司马越一时气火攻心，竟然一命呜呼了，这年是永嘉五年（311 年）。

司马越死后，与之同行的襄阳王司马范与司马越亲信太尉王衍恐怕军中大乱，将司马越归西的消息压住，密而不丧，准备暗中将其送到东海葬了。

天下没有不漏风的墙，纸也包不住火。司马越归西的消息终究是泄露了，石勒听说了这一消息，大喜，群龙无首的士卒是最好对付的。

石勒率领一支骑兵，围困西晋士卒，乱箭狂风一般射下，西晋士卒抱头鼠窜，哪里还有反击的余地。在战乱中，司马越的灵柩也被烧掉，可怜司马越风光一时，却落得一个不得善终的下场，真是可悲。刘聪部将王璋恰逢这个时候赶来，与石勒一起，几乎将西晋士卒一网打尽，跟随司马越出来的几位西晋高官均被捕，投降的投降，被杀的被杀，可怜至极。

却说洛阳城内，司马越临出征之前，曾委任何伦掌管洛阳事务。那何伦懂得见机行事，见出征将领均被围困，遭遇失利，恐自身遭遇不测，便举家逃离京城，京城许多达官贵人也纷纷离开洛阳。

连年的战争，洛阳城内破败不堪，百姓无粮可食，逃荒的百姓也纷纷离开洛阳，沦落为流民，百官十有八九跑掉。眼见臣子一个个离开洛阳，晋怀帝再也坐不住了，可是，没有卫士，没有牛车，也没有船只，这让晋怀帝如何走？其实，晋怀帝要走，那自然是方便，但是他舍不得宫中的那些资财，若要走，定是要带上的。

最终，困守孤城的晋怀帝幸得青州都督苟晞的帮助，有了十几只船只，准备带着他库存的财产迁都仓垣。一切准备就绪，金银珠宝也都搬运上了船，晋怀帝动身出发，走出皇城，却遭遇了一伙强盗，真是乱世，打劫皇帝这还真是鲜见，估计是到了山穷水尽之时了。晋怀帝君臣没有侍卫保护，便吓得退回洛阳，终究没有走成。

晋怀帝没有走成，刘聪却已经带领士兵扑面而来，此时担任作战前锋大都督的是卫尉呼延晏，刘聪后来又派刘曜、王弥、石勒前来支援。此时的洛阳已经不堪一击，在支援部队还未到来之前，呼延晏就已经攻破洛阳，紧接着刘曜、王弥、石勒各部纷纷涌入洛阳。

匈奴汉国士卒入了洛阳，便都成了一伙强盗，在将领的纵容下，将洛阳一抢而空，这是洛阳城遭遇的第二次浩劫。

命在旦夕，晋怀帝此时也不在乎他的荣华富贵了，从华林园逃出，准备逃亡长安。但是，一出园便被士卒抓住，成为俘虏。皇帝成为阶下囚，西晋政权穷途末路，名存实亡。

司马氏的皇亲国戚没有逃离京城的，被屠杀殆尽，就连晋惠帝的皇后羊氏也成为刘曜的妻子，当洛阳城被洗劫一空，刘曜便一把火将皇宫烧掉，洛阳城内死者无数。没有了战争，洛阳城重归于平静，匈奴汉国满载而归，将领领兵带着成为俘虏的晋怀帝往平阳而去，徒留一只只寒鸦叫的凄凉。

洛阳既被攻下，西晋气数已尽，苟延残喘，时日不多，刘聪乘胜攻击，将长安视为下一个目标。此时镇守长安的是南阳王司马模，司马模手下有一将领赵染，因与司马模不和，便领兵投奔了刘聪，在赵染的带领下，长安城很快就被攻下，司马模被俘。

此时的西晋可以说是已经没有立锥之地，然而，天不亡司马家，在这关键时刻，司马家另一人物站出来，延续了晋朝的寿命。

峰回路转这一回

在与匈奴汉国的对抗中，晋怀帝成为阶下囚，司马氏几乎被杀光殆尽，据史书记载，为防止司马氏东山再起，石勒仅在宁平城就杀掉了司马氏族中的五十四个王爷，唯有江东司马睿熠熠生辉。司马睿坐镇建康，在王导的辅助下，渐据江东，为日后东晋的建立打下了基础。

司马睿，字景文，据说司马睿出生时，颇有传奇色彩，《晋书·帝纪》记载："有神光之异，一室尽明，所藉藁如始刈。"到司马睿年纪大些，"白豪生于日角之左，隆准龙颜，目有精曜，顾昐炜如也"。我们知道历史上有不少朝代的开创者，都有一些不同寻常之处。关于司马睿的这些记载，不知道是事实还是为其量身定做的传奇故事。

司马睿出身西晋皇族，是司马懿的曾孙，与晋惠帝、晋怀帝乃是同辈。但是，若是以晋武帝这一宗来论，到司马睿这一辈，就与皇室的关系疏远了。司马睿的祖父司马伷是司马懿的庶出子，先后担任过散骑常侍、右将军、监兖州诸军事、兖州刺史、征房将军等职务，官至琅邪王。到司马睿的父亲司马觐这一辈，就没有什么建树了，因为是家中长子，司马觐承袭了他父亲的琅邪王之职。

一辈一辈下来，司马睿与皇室渐行渐远。然而，时势造英雄，八王之乱的自相残杀与匈奴汉国的大举进攻，让司马睿有机会从一个渐行渐远的皇族登上九五之尊，成为东晋政权的开创者。这不得不让人感叹，命运就是如此神奇，掉馅饼的好事随时都有发生，就看你是否做好了准备。

司马睿的父亲司马觐在太熙元年（290年）去世，司马睿便继承了父亲的基业，继承琅邪王之职。这年司马睿十五岁，也恰逢这一年晋武帝司马炎去世，其子司马衷即位，是为晋惠帝。

　　晋惠帝即位后，不理政事，致使朝中争权夺利、结党营私的动乱频繁，朝中大权由诸王轮流掌握。天下纷争，环境险恶，稍有不慎便有杀身之祸。司马睿非常聪明，"每恭俭退让，以免于祸"。就是通过这样恭俭避让的方式，司马睿得以自保。尽管司马睿表现得如此谦卑，仍然有慧眼之人，评价他："琅邪王毛骨非常，殆非人臣之相也。"看来，这司马睿确有不同寻常之处。

　　司马睿在洛阳并无建树，如果说有什么可以值得纪念的，那就是结交了好友王导，此人在司马睿建立东晋政权的过程中，起着至关重要的作用。王导，是琅邪士族，在琅邪颇有名气，后来为司马睿出谋划策，成为司马睿的得力助手。

　　乱世之中，很多时候，自保尚且不能，因为有些祸患你不找他，他却自动找上门来。司马睿洁身自保，却也不免被卷入诸王相争的混乱中来。

　　八王之乱狂风袭来，各王结党，争夺朝廷掌控权，永兴元年成都王司马颖暂占优势，控制朝野，风光一时，晋惠帝以他为都督中外诸军事，又将其封为皇太弟，成为皇位的继承人。所谓高处不胜寒，万人之上的成都王司马颖顿时成为众矢之的，其他诸王便团结起来，一致将矛头指向了司马颖。

　　时任尚书令的司马越颇有实力，成为司马颖的最大对手。司马睿的封地与东海王司马越封地邻近，二人有着不可分割的利益关系。司马越欲领兵征讨司马颖，但又恐后方受到进攻，便将司马睿拉下水，将其任命为平东将军监徐州诸军事，留守后方，自己则领兵征讨司马颖去了，这一年司马睿二十九岁。

然而，司马颖毕竟实力在，两军经过激战以后，司马越兵败。司马颖更加专横，将朝中大臣劫持到自己的封地，以此来控制朝政，而司马睿也未能幸免。

到了邺城，司马颖更加专横跋扈，对他稍有违背，便遭杀害。司马睿的叔父东安王司马繇因为不满司马颖独掌朝政，更对兄长晋惠帝无礼，便好言劝诫，这就引发了司马颖的疑心，因为东安王司马繇跟东海王司马越有些交情，司马颖怀疑他有二心，便将其杀害。司马颖这般心狠手辣，令司马睿心中恐惧不安，唯恐事情牵连到自己，便想逃出邺城，去洛阳。

然而，要逃出邺城谈何容易，邺城全面戒严，达官显贵要出城是要经过司马颖批准的。这夜，司马睿乔装打扮，换上一身普通装束，抱着侥幸心理，打算趁着月黑逃出邺城。然而，正如他所担心的，司马睿策马没有走出多远，就被官兵拦住，幸运的是，司马睿有一个聪明的随从，救了他的命。

司马睿随从宋典骑着马从容不迫奔驰而来，见到战战兢兢的司马睿，笑着道："舍长！官禁贵人，汝亦被拘邪！"拦住司马睿的官兵听罢，便以为司马睿跟皇室没有关系，便将他放了。司马睿逃出邺城，直奔洛阳以后，便携带家眷，离开这是非之地，奔琅邪去了。

诸王相争，权势多变，司马越成为最后的胜利者，所幸司马睿与之站在同一个阵营。然而，政局混乱，利益多变，司马越独掌朝政，专权跋扈，朝中不满的声音此起彼伏，世事日新月异，司马越能站在高峰多久，这真的很难预料。

司马越为了获得更大的实权，竟然冒天下之大不韪，将晋惠帝毒杀，真是阴谋四起，不知道哪一刻灾难就会降临到自己身上，司马睿在这样的环境中能否安然，这也是难以预料的。

司马睿的得力助手兼好友王导审时度势，向司马睿进言，中原地区不是久留之地，灾难时刻会降临，而南下却是一个避难的好计谋。司马睿的亲身经历也告诉他，暴风雨在片刻的安静之后必然到来，离开这是非之地才是长远之策。

司马睿听从了王导的建议，向东海王司马越请命镇守建康，而事前，王导已经想尽办法与东海王王妃裴氏达成意见，让其助司马睿一臂之力。东海王并没有什么利益损失，便一口应允，并任命司马睿为安东将军，司马睿领兵南迁。

到达建康以后，司马睿遇到了难以解决的问题，那就是如何对待江南士族，争取他们的支持。初来乍到，司马睿在江南既无威望也无业绩，来到江东的他备受冷落，这让他意识到在这人生地不熟的地方，不争取江南士族的支持，根本无法站稳脚步。司马睿有向江南士族靠拢之心，却无计谋，便向王导问计，二人这般那般一番，便有了方案。

要让司马睿为人所知，被人尊敬，那就要大摆威风，在气势上压倒江南士族，一枝独秀。这日，司马睿华服出游，身后侍从浩浩荡荡，那局面真可谓排山倒海，引来无数围观者，这样的阵势，江南士族还真是头一回见，不禁对司马睿有了膜拜之情。

司马睿再接再厉，软硬兼施，招贤纳士，笼络人才，当地名门望族顾荣、贺循等均被他收服。后来又平定了孙弼和杜宣的叛乱，最终在当地站稳了脚跟，此地成为司马睿的大本营，以此为基地建立起了东晋。

死了比活着好

永嘉五年（311年），西晋京师被破，刘曜、王弥、石勒相继涌入洛阳，在一番劫掠之后，将司马氏王公贵族基本上杀光殆尽，西晋苟延残喘，距离亡国不远矣。此时位于九五之尊的晋怀帝在想要逃亡长安的路上被捕，成为阶下囚，被禁于端门。

攻陷洛阳以后，刘曜、王弥等引兵入长安，并将晋怀帝与朝中大臣押往平阳，听凭刘聪处置。因为西晋将领的临阵倒戈，长安很快被匈奴汉国攻陷。然而，长安虽被攻陷，经营好长安城却是一个让人伤脑筋的大难题。

长安被攻陷以后，刘聪便任命刘曜为车骑大将军，镇守长安，就是这位颇有能耐的大将军也未能将长安城治理得井井有条。长安城虽破，朝中官员多数投降，但是老百姓不肯归附者不在少数，再加上西晋残余势力的号召与领导，便形成一股股力量，这些武装力量时不时就向匈奴汉国势力发动进攻，这让刘曜不胜骚扰。刘曜终于把持不住，领兵撤出长安，回平阳去了。

匈奴汉国的另一股力量石勒，此时在外辗转作战，表面上虽然隶属于匈奴汉国，与匈奴汉国的关系却是越来越疏远，就连刘渊的葬礼上也没有看见石勒的身影，直至后来，石勒吞并王弥，这让石勒与匈奴汉国的关系越来越紧张。其实这个时候，石勒脱离匈奴汉国欲自立的想法已经不言而喻了。

刘曜退出长安，王弥归附石勒，此时的匈奴汉国在战事上也算是告一段落，格局基本上定下来了，至此，匈奴汉国的统治区也不过是在河东、西河两郡而已，这应该不算大。况且，石勒的实力日益膨胀，江东司马睿也正日益成长壮大，面临这些威胁，匈奴汉国掌权者刘聪却不思进取，竟然一改往日神勇，贪图享乐起来。

这年是西晋建兴元年（313 年），刘聪在宫中大摆筵席，宴请群臣，群臣中还有西晋旧臣，看来，这些西晋旧臣在异国他乡过得还不错。席间，觥筹交错，歌舞群起，却见一僮仆身穿青衣立于一旁，轮番为群臣斟酒，细看之下，不禁一惊，此人非同小可，乃是晋怀帝司马炽。

一朝是九五之尊，一朝却沦为僮仆，这真是让人感叹世事无常，福祸难测。这晋怀帝坐过金銮殿，做过阶下囚，这人生大起大落也算是经历过了，此时却在这里忍受刘聪君臣的羞辱，不免悲从中来，脸有怒色。

却说这晋怀帝刚刚被押解到平阳的时候，还颇受礼遇，刘聪将其封为平阿公，后来又将其晋封为会稽郡公，并与之叙旧，聊家常，还有以下一番对白：

"卿为豫章王时，朕尝与王武子相造，武子示朕于卿，卿言闻其名久矣。以卿所制乐府歌示朕，谓朕曰：'闻君善为辞赋，试为看之。'朕时与武子俱为《盛德颂》，卿称善者久之。又引朕射于皇堂，朕得十二筹，卿与武子俱得九筹，卿赠朕柘弓、银研，卿颇忆否？"

"臣安敢忘之，但恨尔日不早识龙颜。"

"卿家骨肉相残，何其甚也？"

"此殆非人事，皇天之意也。大汉将应乾受历，故为陛下自相驱除。且臣家若能奉武皇之业，九族敦睦，陛下何由得之！"

这段回忆往事的对白，一问一答，但是所处的位置调转了，君臣关系的变化，让刘聪洋洋自得。而晋怀帝司马炽却是战战兢兢，小心翼翼来掩饰心中的不愉快。

所幸，刘聪待晋怀帝还算礼遇，见晋怀帝身边无人，又怕他寂窦，便将自己的妃子小刘贵人送给了他。这会儿，"六刘"在刘聪的后宫最为得宠，而这个小刘贵人乃是其一。这"六刘"乃是太保刘殷的两个女儿和他的四个孙女，当时，这"六刘"同时入宫，刘聪以刘殷的两个女儿为左右贵嫔，以他的四个孙女为贵人，可谓是震撼一时。此时，能够忍痛割爱，将自己宠爱的贵人拱手相让，可见刘聪待晋怀帝还不薄。也正因为刘聪的"宽宏大量"，晋怀帝才能够安然活到今日。

也许是人性反复无常，在今日的宴会上，刘聪一改往日的态度，要求晋怀帝司马炽一身青衣，扮作僮仆，来为在座群臣斟酒。

司马炽昔日是什么身份，哪里受过这样的屈辱，自然心中不悦。然而，人在屋檐下，不得不低头，心中不悦不能发泄，便在脸面上表现了出来。

司马炽缩手缩脚，奴仆一般，在酒宴上穿梭，为群臣斟酒，而匈奴汉国群臣见此，不免要说些犀利话来侮辱晋怀帝，晋怀帝的怒色更加显而易见了。起哄的声音一浪高过一浪，让在座的晋朝旧臣实在看不下去，庾珉、王隽等十几位大臣再也忍不住，悲从中来，不禁掉下眼泪来。

正在兴头上的刘聪见了此情此景，不免扫了兴致，更想起近日来发生的事端，心中便充满了杀意。近日，匈奴汉国军队在作战中屡次被创，吴王司马晏的儿子司马邺在长安被立为皇太子，成为西晋皇室接班人，此事让刘聪甚是气愤。

当年，破洛阳之时，为防止司马氏东山再起，石勒已经尽其可能将司马氏的皇亲国戚杀光。此时却又听闻司马氏再次登上皇位，刘聪不得不心存恨意，斩草除根的想法油然而生。

起先，大怒的刘聪将这些不顺眼的君臣一同赶出了宴席，在这喜庆的日子里，刘聪不想沾染血腥。又几日，刘聪听人来报，庾珉、王隽等人与刘琨秘密接触频繁，似乎有起事的端倪。

虽然没有有力的证据，恐有万一，西晋旧臣与刘琨若是来个里应外合，在平阳城内起事，这样的话，后果将不堪设想。想及此，晋怀帝与那些不安分的西晋旧臣必须要铲除，刘聪立即让人将庾珉、王隽等人斩杀。后来，刘聪又赐予晋怀帝司马炽一杯毒酒，将其毒杀，这年，晋怀帝司马炽年仅三十，正是人生的好时候。

晋怀帝在平阳城半年便遭鸩杀，晋怀帝在才能上应该是超出晋惠帝的，黄门侍郎傅宣见晋怀帝，曾经感慨："今日复见武帝之世矣！"秘书监荀崧也曾经对人说："怀帝天姿清劭，少著英猷，若遭承平，足为守文佳主。而继惠帝扰乱之后，东海专政，无幽厉之衅，而有流亡之祸。"

不管这些夸赞的言辞是出于拍马屁还是肺腑之言，我们不能不感叹，乱世出英雄，生不逢时或许本身就是一种悲剧。

一起来报仇

洛阳失陷以后，晋怀帝司马炽成为俘虏，被押往平阳城，受尽屈辱。国不可一日无主，晋怀帝在平阳受辱，西晋政权虽苟延残喘，却也还有残余势力，那么问题是，谁才是名正言顺的继承人呢？

凡在京师洛阳的司马氏几乎已经被杀光，能有资格成为皇位继承人的凤毛麟角。不过，还真有这么一个人能担此大任，此人乃是司马邺。司马邺，是晋武帝的孙子，其父是吴王司马晏。

司马邺虽是吴王司马晏之子，却自幼被过继给秦王司马柬，后继承司马柬封号，被封为秦王。洛阳沦陷，所幸司马邺逃得快，没有被杀。司马邺逃亡许昌，后来在雍州刺史贾疋的帮助下，顺利潜回长安，召集西晋残余兵力，占据长安，并被封为皇太子，成为王位的合法继承人。

晋怀帝司马炽在平阳城被害的消息传来，司马邺便登上了皇位，将长安定为都城，改年号建兴。司马邺在内忧外患的情形下登上皇位，石勒游击作战，处处为敌。匈奴汉国政权也是虎视眈眈，所以必须征召兵力，以作为防御和作战。

在物资方面，长安城甚为缺乏，刘曜在长安的时候，已经将长安劫掠一空。战乱之时，鲜有赋税可收，真是一个一穷二白的烂摊子。面对这个烂摊子，晋愍帝司马邺企图用军事反击来解决。司马邺的目标是，尽其所能征召西晋残余军队，调动能够调动人马进攻刘聪、石勒，以达到解除长安困境，进而，收复洛阳的目的。

晋愍帝司马邺的目标合情合理，但是战略是否可行就难以保障了。司马邺登基后，便将这一计划提上日程。司马邺下达诏书，声称要"扫除鲸鲵，奉迎梓宫"，并以加封晋爵的方式来拉拢有实力者，琅邪王司马睿、秦州刺史南阳王司马保均在被拉拢范围。这二人被任命为左右丞相，均兼职大都督，负责陕东与陕西军务。

在还没有征召来士卒的情况下，晋愍帝司马邺便下令，兵分三路，进攻匈奴汉国，以司马睿领兵二十万收复洛阳，以司马保领士卒三十万守卫长安城，以幽州王浚与并州刘琨领兵三十万往平阳方向去。晋愍帝司马邺这样的口气真可谓雄心壮志，但是，再大的雄心都是要以实力来说话的。愍帝诏书既出，不知结果如何？

王浚此人，一心做着他的皇帝梦，早就有割据自立的想法。并州刘琨一直靠联姻与鲜卑保持利益关系，才得以有了立足之地。而驻守上邽的南阳王司马保尚可依赖，可是他力量薄弱，根本无法成就大事。琅邪王司马睿在江东尚有些实力，可是这司马睿真的肯受制于西晋政权吗？

这日，司马睿正与王导商讨江东事宜，却接到长安传来的诏书，一股不祥的预感涌上心头，却见那诏书是这样写的：

"朕以冲昧，纂承洪绪，未能枭夷凶逆，奉迎梓宫，枕戈烦冤，肝心抽裂。前得魏浚表，知公率先三军，已据寿春，传檄诸侯，协齐威势，想今渐进，已达洛阳。凉州刺史张轨，乃心王室，连旐万里，已到汧陇，梁州刺史张光，亦遣巴汉之卒，屯在骆谷。秦川骁勇，其会如林，间遣使探悉寇踪，具知平阳虚实。且幽并隆盛，余胡衰破，顾彼犹恃险不服，须我大举，未知公今所到，是以息兵秣马，未便进军。今若已至洛阳，则乘舆亦当出会，共清中原。公宜思弘谋猷，勖济远略，使山陵旋返，四海有赖，故遣殿中都尉刘蜀苏马等，具宣朕意。公茂德昵属，宣隆东夏，恢融六合，非公而谁？但洛都寝庙，不可空旷，公宜镇抚以绥山东。右丞相当入辅弼，追踪周召以隆中兴也。东西悬隔，跂予望之！"

读罢，司马睿良久未说话。作为臣子，他理应出兵，但是江东初步稳定，牵一发而动全身，战乱会让江东陷入困境之中，如此一来，这刚刚稳定下来的局势就难以收拾了。况且，司马睿的居心是据江东而自立，建立江南小朝廷，即使偏于一隅，也比受制于人要来得痛快。另外，江东拥立他的门阀士族也不愿意北伐，打乱平静的生活。

琅邪王司马睿以"方平定江东，未暇北伐"为由拒绝了晋愍帝司马邺的调兵命令，但是，一兵不出，又难辞其咎。就在琅邪王司马睿进退维谷之时，祖逖主动请缨，请求北伐。

"晋室之乱，非上无道而下怨叛也。由藩王争权，自相诛灭，遂使戎狄乘隙，毒流中原。今遗黎既被残酷，人有奋击之志。大王诚能发威命将，使若逖等为之统主，则郡国豪杰必因风向赴，沉溺之士欣于来苏，庶几国耻可雪，愿大王图之。"

面对这一番诚恳的言辞，司马睿便顺水推舟，任命他为奋威将军、豫州刺史，却只予一千人的粮食和三千匹布作为北伐物资，没有士卒，没有铠甲，也没有兵器，祖逖就这样上路了。无奈，祖逖只有自己招募士卒，自己铸造兵器，自己收集粮草，其艰难可想而知。

祖逖出生于北方的一个官僚家庭，祖上世代为官，出生在这样官僚世家，祖逖却没有贵公子的娇气，他仗义疏财，乐善好施，在乡里颇有名望。

因北方战乱频仍，祖逖率领亲邻避难来到江东。江东稳定，是个让人忘却战乱的地方，但是祖逖目睹中原落于匈奴之手，山河破碎，国土四分五裂，立志要北上恢复中原。

抱着这样的信念，祖逖闻鸡起舞，时刻都在为此准备，此次晋愍帝司马邺下诏攻打匈奴汉国，祖逖便毛遂自荐，以实现他的宏图伟志。

祖逖带着招募的士卒北上，行军过程中又招得一批流民，约有士卒两千余人。等到渡江之时，祖逖中流击楫，信誓旦旦地道："祖逖不能清中原而复济者，有如大江。"中流击楫的故事便流传开来。带着这样的坚定决心与信念，祖逖领兵渡过长江，进入河南境内，在雍丘驻扎下来，雍丘在今河南杞县。

在雍丘驻扎下来以后，祖逖便找来工匠铸造兵器，并到各地招募士卒，河南各地的坞主多有归附者，再加上西晋官府士卒，祖逖的势力也逐渐增强。但是，祖逖并不以此谋私利，也不做伤害百姓的事情，战时打仗，闲时便务农种桑，粮草均是自己生产出来的，祖逖又善于体恤民情，因此这支军队备受百姓爱戴。

凭着严明的纪律，领着这支自己招募来的士卒，拿着自己铸造的兵器，祖逖收复了黄河以南的大部分土地。正当祖逖踌躇满志，意图继续北上，完成北伐大业，收复中原的时候，朝廷内部却是矛盾丛生，搞起内乱来了，祖逖终究未能完成他的梦想。

这个地盘归我了

石勒与司马睿对峙葛坡，却因连下三个月大雨，士卒水土不服，瘟疫横生，粮草供应不足而被困。后石勒召开紧急会议，听从张宾建议，领兵北上，准备进攻邺城。

张宾，字孟孙，是今河北高邑县人。此人博古通今，学识渊博，又足智多谋，逢人便言自己的计谋可与张良相媲。只是，生不逢时，没有遇到像汉高祖刘邦这样的伯乐，怀才不遇的张宾时刻都在等待伯乐的出现。

这年，石勒攻取冀州，礼贤下士，笼络人才，重用汉族知识分子，冀州"衣冠人物"皆投入他的旗下。张宾见石勒有成大事的志向，便对人道："吾历观诸将，无如此胡将军者！可与共成大业。"张宾收拾行囊，告别亲友，便提着剑去拜见石勒去了。石勒礼遇待之，张宾也不负所托，"机不虚发，算无遗策"，受到了石勒的重用。

张宾"机不虚发，算无遗策"，所言皆是深思熟虑之后的结果，又兼与石勒志同道合，懂得石勒心中所想，君臣二人形同友人。后来，石勒能够占据中原，张宾的作用不容抹杀。

在北上的途中，仍无粮饷供给，而所过之处，皆是凋零不堪。忍受着饥饿与疾病，士卒士气低落，行军的速度也快不起来，这令石勒头痛不堪。后来，进入河南汲县，才夺得一批军粮，士卒犹如泄了气的气球重新充上了气，顿时振奋了不少。

有了粮草，行军也快了，石勒领兵直入邺城外，但是邺城易守难攻，邺城守卫十分牢固，一时难以攻下，况且长距离的行军之后，士卒疲劳，需要尽早休息。张宾便进言道："邯郸、襄国，赵之旧都，依山凭险，形胜之国，可择此二邑而都之，然后命将四出……王业可图矣。"

石勒体恤民意，见张宾提议可行，便依计行事，出兵襄国，以此为据点扎稳了根基，石勒终于有了自己的根据地，这里成为石勒发家的开始。石勒占据襄国以后，稍作休整，便领兵占领了周边郡县，实力渐渐增强，为后赵的建立打下了根基。

然而，石勒的到来，引起了幽州刺史王浚的不满。这王浚一心想要做皇帝，本打算在此地割据自立，这下凭空来了个石勒，意欲抢夺他的地盘，这王浚当然不允许。

在石勒还没有扎根于此之前，王浚要先下手为强，抢占先机。这样想着，王浚便与其盟友鲜卑段氏，一同进攻在襄国的石勒。

石勒领兵迎战，生擒鲜卑领袖段末杯，王浚大败而归。如何处置段末杯在军中成为一个有争议的问题，有些将领主张将其杀掉，而石勒与张宾则主张将其放还，并与之讲和。

石勒正处于兴起之时，此时不宜与人结怨。鲜卑段氏在辽西也算小有实力，若是这个时候将段末杯杀掉，无异于与鲜卑结怨，这样虽能解一时怨气，却会因小失大，为以后留下祸患，不如放掉他，以实现"必深德我，不复为浚用矣"的目的。

石勒将段末杯礼遇送还，果如石勒所预料，他的怀柔政策发挥了功效，鲜卑段氏与王浚的结盟形同虚设，却更加倾向石勒。如此一来，王浚的势力就大为削弱。

所谓一山不容二虎，石勒与王浚的较量是迟早的事情。但是饿死的骆驼比马大，王浚毕竟掌握了一方军权，没有了鲜卑段氏的帮助，也有不小的军事实力。若是硬碰硬未必能够取胜不说，还会大大消耗自身的实力。

如何驱逐王浚，成为石勒面临的一大难题，石勒召集智囊团，商讨对策，最后得出一个智取的方案，那就是先结好王浚，然后出其不意攻其不备，一举将其拿下。若要结好王浚，却是难事，谋臣张宾道：

"浚名为晋臣，实图自立，但患四海英雄，不肯依附，所以迁延至今。将军威震天下，若卑辞厚礼，与彼交欢，犹惧未信，况如羊陆抗衡，能使彼相信不疑乎？"

在大战一场之后，前去结好王浚。这王浚能在此存活至今，想必也不是个等闲之辈，疑心肯定是会有的，那么如何除去王浚的疑心呢？张宾走至石勒身前，眼中散发出无限的光芒，悠然道："荀息灭虞，勾践沼吴，俱见《春秋左传》。前策具在，奈何不行？"

石勒、张宾默契如此，石勒怎能不明白张宾所言，当即心中大喜，便要依张宾所言办事，并将此事交予张宾全权处理。

张宾知道王浚一心想要做皇帝，只是苦于依附者甚少，才一直推延至今。张宾便投其所好，派使者王子春携带大批奇珍异宝前去拜访王浚，并送上石勒的亲笔文书，文书是这样写的：

"勒本小胡，遭世饥乱，流离屯厄，窜命冀州，窃相保聚，以救性命。今晋祚沦夷，中原无主，殿下州乡贵望，四海所宗，为帝王者，非公其谁？勒所以捐躯起兵，诛讨暴乱者，正欲为殿下驱除尔。伏愿殿下应天顺人，早登皇祚。勒奉戴殿下，如天地父母，殿下察勒微忱，亦当视之如子也。谨此表闻！"

石勒的这份文书，写得甚是诚恳卑微，又将王浚描绘得如此威武强大，这样的迷魂汤，王浚自然很是受用。王浚读罢，不觉已经飘飘然，对石勒的印象也大为改观。见使者王子春谦恭站在一侧，再见带来的那些奇珍异宝，王浚的心情爽到了极点，这些本是属于皇帝的殊荣如今他王浚却在受用，真是一个特大的惊喜。

王浚心花怒放，理智却没有丧失，等欢喜过后，心中不免有了疑惑，便问王子春道："石公亦当世英雄，据有赵魏。今乃向孤称藩，殊为不解。"

这王子春也不是简单人物，甚是能言善辩，早就料想王浚会如此问，腹中早有答案，只见王子春徐徐答道："石将军兵力强盛，诚如圣论，但因殿下中州贵望，威震华夷，石将军自视勿如，所以愿让殿下。况自古到今，胡人为上国名臣，尚有所闻，从未有突然崛起，得为帝王。石将军推功让美，正是明识过人，殿下亦何必多疑呢？"

这王子春话一说，王浚的几个幕僚便顺着王子春的话应承一番，王浚的怀疑便去了大半。原来，这王子春是个社交高手，来到王浚处，便已经将王浚的幕僚贿赂了一番，拿了人家的好处，自然要替人家说好话，也就是耍耍嘴皮子的功夫，这有何不可呢。他们不知，虽是动动嘴的事，后果却很严重。

还有一件事情，让王浚对石勒的好感与信任直线上升，那就是王浚的一个部属游统，因为不得王浚重用，便去投靠了石勒。这石勒若是平时肯定会欣然接受，但是，今日见游统，不免心有一计。

石勒令人将游统杀掉，并将游统首级交给王浚，王浚见石勒如此，便相信了石勒归附的事实。石勒的计划一步步实施着，王浚也一步步走入石勒的陷阱中。

这日，石勒命人送来书信，心中希望王浚能够早登大宝，并乞求来幽州参加王浚的登基大典。对于当皇帝，王浚早就迫不及待了，此时又有石勒的支持与幕僚的煽风点火，便再也忍不住，准备起登基事宜。

这年是建兴二年（314年），初春，万物复苏的时候，王浚的登基大典将要举行，石勒领兵北上，前往幽州参加大典。

王浚摆下盛宴，准备为石勒接风洗尘，幕僚提醒王浚应当做好两手准备，以免石勒有变，王浚听了愤怒难当，手下人便不敢进言了。当石勒的大军一拥而入，王浚才从皇帝梦中清醒过来，但是，为时已晚，石勒已经领兵进入幽州，来到眼前。王浚皇帝没有做成，却做了俘虏，后被杀害。

安宁只是暂时的

石勒占据襄国，并以此为大本营，逐渐向外扩张，夺取了信都。眼见石勒日益强大，鲜卑、乌桓各部纷纷前来投奔。石勒在此逐步稳定，发展生产，征收赋税，设立太学，建立起了正常的统治秩序。

在石勒忙着扩充实力的时候，匈奴汉国刘聪也没有闲着，对于长安城，他仍然是贼心未死，况且，又听闻秦王司马邺在长安继承皇位，似乎有东山再起的征兆，这就更加激发了刘聪的斗志。刘聪以中山王刘曜为将，以降将赵染为前锋，再次攻打长安。

刘曜手握重兵，且才智与武功兼具。刘曜自小父母双亡，是刘渊把他抚养长大，据史书记载，此人"性拓落高亮，与众不群。读书志于广览，不精思章句，善属文，工草隶。雄武过人，铁厚一寸，射而洞之，于时号为神射。尤好兵书，略皆暗诵"。刘曜文武全能，匈奴汉国的江山，他的功劳不容忽视。只是，这一次，这个文武全才却遭遇了重挫。

赵染在前，刘曜领主力浩浩荡荡奔长安而来。晋愍帝自从即位以来，便忙于战争事务，真是心有不甘。晋愍帝令麹允为冠军将军，在黄白城迎战，但是，实力相差悬殊，麹允与赵染大战几个回合，均遭遇失败，便向晋愍帝求救。

麹允，出身凉州世家大族，永嘉之乱之时，麹允任职安夷护军、始平太守。洛阳沦陷不久，南阳王司马模的部属赵染因欲望得不到满足而投奔匈奴，后竟然带着刘曜攻打长安。

在这样里应外合的攻势下，长安很快便沦陷，麹允便与索綝等人领兵投奔了贾疋，贾疋时任安定太守，这几人召集西晋残余，共谋恢复西晋。在他们的号召下，不愿意投降匈奴的州郡均加入他们的行列，统归贾疋领导，一时之间，有众五万。

众人拥戴贾疋为平西将军，领兵前去长安，有了一个统一的号召，一路上又有不少士卒加入，声势更加壮大。而长安城内的百姓也多有不愿意投降匈奴者，便集结起来，共抗匈奴汉国。

刘曜在这样里应外合的攻势下，多次败下阵来，最后，实在不能驾驭长安城，便退兵回了平阳。贾疋收复了长安，不久，秦王司马邺入长安，被立为皇太子。后贾疋夺取雍城，被任命为雍城刺史。麹允一路跟随贾疋，在贾疋死后，继承了雍城刺史的职务。

晋怀帝在平阳被杀后，秦王司马邺便登上皇位，大封有功之臣，麹允因护长安有功，被任命为尚书左仆射、录尚书事。尽管结果不错但当时的战况还是很激烈。

麹允在与匈奴汉国军队大战几个回合以后，皆失败，便退回到黄白城内，筑起高高的壁垒，不肯出来了。赵染领兵督战，奈何易守难攻，根本就攻打不下。赵染本想舍弃黄白城，引兵直接入长安，刘曜却不应允，刘曜憋足了劲要将黄白城拿下。

麴允自知与匈奴汉国军队硬拼不过，便想以守为攻，将黄白城牢牢守住，消耗匈奴汉国有生力量，此法甚是有效，麴允站在城楼之上，对刘曜大喊大叫，骂得甚是难听。刘曜气得抓耳挠腮，却也拿他没有办法，二人对骂一番，刘曜气鼓鼓地败下阵来。

麴允像个缩头乌龟一样不肯出来了，刘曜攻城不下，气愤难当。被惹急了的刘曜激发起了斗志，便命令士卒搭乘云梯入城。这云梯皆是木头所做，麴允便命令守城士卒，将棉被浇上油，将其点燃，火烧云梯。真是你有张良计，我有过墙梯，云梯上的匈奴汉国士卒被烧伤烧死者无数，就在这慌乱之时，城墙之上，万箭齐发，城外顿时乱作一团，死者伤者无数，匈奴汉国士卒皆不敢前来。

不甘心的刘曜又想出了挖地道的主意，刘曜让士卒趁着夜色暗地里挖地道，通过地道入城。然而，麴允早就有所防备，这挖地道的人刚刚一露头，便被城内士卒抓了去，如此一来，匈奴汉国士卒便不敢前进了。

一计不成，再生一计，这黄白城中粮草有限，麴允总不至于一直躲在城中。刘曜便想以断绝城中粮食供给的方式逼麴允出城迎战，此法不费一兵一卒，却是甚为有效。麴允被困于城中，眼见粮草将尽，将被困死于城中。而出城迎战，兵力不足，必败无疑，这便如何是好，无奈的麴允只有向晋愍帝求救。

却说麴允节节失利的消息传来，晋愍帝心中畏惧，恐抵挡不住，长安城被破便指日可待，便又命索綝为征东大将军，领兵前去援助。此时，长安城中兵力不足一半，若是此时敌军来袭，那真是岌岌可危。

然而，事情就是那么不顺心，害怕什么就来什么。对于长安城的这种情况，赵染看得十分清楚，他便对刘曜道："麴允索綝，先后继至，长安必定空虚，若往掩袭，一鼓可下。"听了赵染的建议，刘曜认为此法可行，便分给他五千精锐，让他从小道绕行，直入长安，刘曜则领兵与麴允、索綝周旋以掩人耳目。

一路上没有受到太多的阻挠，在这天夜里，赵染非常顺利地便来到长安城下，诚如他所预料的，长安城并无兵力可挡。此时正值夜里，夜幕笼罩，长安城内漆黑一片，伸手不见五指。

城外战乱响起，侍卫才知匈奴汉国军队来袭，卫士慌忙将酣睡中的晋愍帝唤起，晋愍帝身侧无人，一时之间也拿不定主意，慌张的他急令侍卫往外去打探情形。不消一炷香的时间，侍卫来报，长安城尚且安全，城门还未攻破，此时正派兵支援，然而，长安城中留下来守城的士卒本就不多，这支援的士卒也无处派遣。

晋愍帝以梁肃、竺恢为将出城迎敌，梁肃为前锋，前去挑战，与赵染大战十个回合，大败而归。竺恢上前再战仍旧不敌，大败而归。这二人节节败退，退回城中。

晋愍帝心中不安，一夜未睡，命人燃起烽火，向周围求救，并亲临城门，一同抗敌。城外，赵染见城门守卫森严，一时之间也没有办法入城，便在城外留宿一夜，准备天亮攻城。然而，就在第二日，阿城守将麴鉴率领五千骑气势汹汹而来。

赵染一路行军而来，在长安城下又与守军作战多时，士卒不得休息，疲惫不堪，而麴鉴一到，匈奴汉国军队便是腹背受敌，如此一来，便难以逃脱了。想及此，赵染也不恋战，便领兵撤退。

却说刘曜这边只等麴允弹尽粮绝不是长远之策，毕竟拖延时间太长，必定导致自己粮草供应不足而惑乱军心。刘曜便与部属商讨计谋，引麴允出城迎战。

这日，刘曜在营中大摆筵席，欢声笑语，对酒当歌好不快活，至入夜，三军皆大醉，且看那士卒，皆醉醺醺，席地而睡。这样的情形，若是有敌军前来偷袭，如何能迎战。

麹允、索綝二人正在商讨破敌之计，却听闻匈奴汉国营中的欢声笑语，便令人出去打探，这一打探才知，匈奴汉国将领与士卒正大摆筵席。等声音渐渐隐去，麹允又命人去打探，得知匈奴汉国将士均醉酒而睡。

麹允、索綝二人一商议，便要领兵出城，夜袭刘曜。麹允出城却有一股不祥的预感，刘曜素来谨慎，怎会如此大意，莫非这是他的计谋，有了这样的疑惑，麹允又与索綝商议，先派一支队伍前去探个虚实，若真是如此，便大军入敌营，若是有诈，便可来个内外夹击。

麹允令一支军队入敌营，匈奴汉国士卒，突然从醉酒中醒来，大开杀戒，却不知后面还有麹允、索綝率领的大队人马。结果可想而知，刘曜掉进了自己设置的圈套里。

此役让刘曜颜面尽失，攻城不得，却被杀了个措手不及，懊恼不已的刘曜无奈领兵回平阳，有好几个月不敢轻举妄动，关中暂得安宁。

驾着羊车去投降

刘曜撤兵回平阳城，匈奴汉国暂不敢再犯关中，关中得一时安宁，然而，在这片刻奢侈的安宁过后，一场更大的战乱袭来。西晋王室经历了一次又一次的动乱，根基一次一次被削弱，终于不堪忍受，走向了灭亡。

建兴四年（316年），刘聪以刘曜为大元帅，领兵十万，再次进攻长安。这年蝗灾横生，朝廷无粮可征，长安城可谓凋零至极。刘聪将刘曜送出平阳城门，君臣各自嘱托一番，恋恋不舍地分开。刘曜领兵南下，一路上攻无不克，战无不胜，来到北地，北地太守麹昌战不过，便向晋愍帝求救。

晋愍帝接到北地急报，便令麹允为大都督，分兵三万，前去支援。却说这麹允领兵三万，前往北地，却在途中遇到一群逃难的百姓，打听之下，才知，北地已经沦陷。麹允一听此话，心中不免有些畏惧，刘曜有兵十万，而麹允却只有三万士卒，这样的悬殊，麹允哪里敢前去挑战。

麹允不再前行，掉头回兵。入得长安才知道，中了刘曜的计谋，原来，麹允前往北地支援，刘曜害怕前后受敌，便传出假消息，让麹允信以为真，不敢前行。就在麹允回军的途中，北地的麹昌因孤立无援战死，全军覆没，北地被刘曜占领。

刘曜一旦攻破北地，便紧追麹允，麹允边退边战，被刘曜打得抱头鼠窜，狼狈逃回长安去了。刘曜一路追赶而来，破泾阳，入渭北，西晋将领不肯投降者皆被杀害。刘曜长驱直入，直奔长安。

长安被困，麹允、索綝无计可施，只能退守内城，等待奇迹的发生。晋愍帝向司马保求救，这司马保迟迟不肯发兵，在朝廷一催再催的情况下，才派胡崧出兵，这个胡崧作战英勇，却是个有心计的小人，为了个人利益，罔顾国家利益。

胡崧领兵在灵台大破刘曜，灵台距离长安只有四十里，若是胡崧能够乘胜追击，必然能够解除长安困境。然而，此人与麹允、索綝向来不和，唯恐长安之围解除以后，麹允、索綝二人再次把持朝政。抱着这样的想法，胡崧没有乘胜追击，反倒是驻守不动，观望起来。

这个胡崧真是个糊涂人，在这样的危难时刻仍想着为个人谋取私利，却不知这唇亡齿寒的道理。长安一旦被攻破，单枪匹马的他，如何与匈奴汉国的十万大军相对抗，那时天下也不会有他的立足之地。

救兵不来，而城中的粮草已尽，在这弹尽粮绝的时刻，晋愍帝只能吃麦饼煮成的粥为生，而这已经是最为奢侈的东西了。朝中大臣只能以挖野菜为生，那些百姓就可想而知了。关于长安城的情形，史书是这样描述的："内外断绝，城中饥荒，米斗值金二两，人相食，死者大半，亡逃不可制。"这样的境况，真是惨不忍睹。

面临这些，仍有人想要从中谋取私利。索綝见长安城被攻破指日可待，便想从中捞取利益，便令他的儿子去见刘曜，对刘曜说："今城中之粮犹足支一年，未易克也，若许索綝为车骑将军、开府仪同三司、万户郡公，便献城以降。"

长安城中境况如此，索綝竟然能够教唆他的儿子如此大言不惭地说出这样的话来，西晋有如此臣子，怎能不亡。

刘曜最看不起的就是这样的人，这个人现在如此，他投降以后，难保不会用同样的方法来对付你，毕竟江山易改本性难移。大怒的刘曜说了一段话，一挥手，便将索綝的儿子杀掉了，并将尸体送还索綝，真是大快人心，对待这样的人，理当如此。至于刘曜的这段话，是这样说的：

"帝王行师，所向惟义，孤将兵十五年，未尝以诡计败人，必待他兵穷势竭，然后取之。今索綝所言如此，天下无论何国，若不讲忠义，乱臣贼子，人人得而诛之。如军粮果未尽者，便当勉力固守；如其粮竭兵微，便应早知天命！"

却说晋愍帝整日以吃粥来饱腹，不出几日，却到了连粥都吃不上的地步。这晋愍帝年仅十七岁，不过是刚刚理事的年纪，何时受过这样的委屈与屈辱。更见长安城内凄凉景象，便再也无法忍受这样非人的折磨。

男儿有泪不轻弹，只是未到伤心处，看来，晋愍帝是伤心了，看他哭着对麹允痛诉："今穷厄如此，内无粮草，外无救援，不如忍耻出降，以活士民。"

晋愍帝的这番话，说出了大多数人的心声，多有附和之声。然而，朝中仍有忠义之士，御史中丞冯翊吉朗便是一例。他的想法是："长安内外，尚有兵数万，若势穷力极，祸败必至，便当背城一战，同死社稷，岂可轻弃祖先之业？"

晋愍帝仍然有他的坚持与想法："今守城之兵数日无食，日有饿死之人，虽然有心，也已无力，灞上之兵又观望不进，秦中、江南之兵，朕已不望，死于社稷，是朕事也。然念将士暴离斯酷，今欲因城未陷为羞死之事，庶令黎元免遭屠烂之苦。行矣遣书，朕意已决。"晋愍帝此话一说，既然是为黎民百姓、为将士，哪里还有反对的声音，这样投降的共识便达成了。

在古代，有一套专门的帝王投降仪式，那就是"乘羊车，肉袒，衔璧，舆梓，出东门降"。投降的共识达成以后，晋愍帝亲笔写下了投降文书，令人将其交予刘曜。

这一天，群臣将投降所用礼节备置齐全，晋愍帝乘着羊车，露着胸脯，嘴中含着玉，大开城门，缓缓往刘曜大营而去。身后群臣跟随，皆神色忧郁，这样的场面不能不让人动容。

御史中丞冯翊吉朗性格倔强、有忠义，这么硬朗的一个汉子，竟然也忍不住掩面而泣。情绪稍作稳定，只见他走向晋愍帝，叩首后，便撞向了城门上的石柱，当即头破血流，不久便气绝身亡，却是死不瞑目，眼中尽是哀伤。

朝臣见此景，皆大惊，不免对吉朗所做所为充满了敬佩之情，但是，能够效仿吉朗殉国却是做不到的。

刘曜见晋愍帝来降，欣然接受。晋愍帝连同群臣皆被送往平阳，犹如前任皇帝晋怀帝一样，晋愍帝跪在刘聪面前叩头谢不杀之恩，这样的屈辱在旁人看来已经难以忍受了，就不要说晋愍帝心中作何感想了。作为臣子的麴允见晋愍帝如此，再也隐忍不住，自杀而亡。

建兴四年（316年），刘聪在光极殿会宴群臣，也像对待怀帝那样，命令愍帝穿上青衣，替大家斟酒、洗杯，甚至在自己小便时，命令愍帝替他揭开便桶盖。陪伴晋愍帝同来的晋朝尚书郎辛宾见皇上如此受辱，失声大哭。事后，刘聪担心如留着愍帝，晋人复国之心不灭，就派人杀死了愍帝。

至此，西晋灭亡，这一年是建兴四年（316年）。

晋朝有了新生命

愍帝被害的消息很快就传到了建康，晋王司马睿的文武百官都纷纷上书，请司马睿立即称尊。司马睿遂下令大赦，改建武二年为大兴元年。但是，在朝臣的一片劝进声中，周顗的弟弟、奉朝请周嵩却递入一笺，谏阻登基。周嵩以为现在正值多事之秋，不如秣马厉兵，伺机北伐，将刘聪等人逐出中原之后，再称帝不迟。

这话说得义正辞严，弄得司马睿也下不来台。王导遂进言替司马睿解围，大意就是先使四海有主，再行北伐。司马睿既然得到了王氏的支持，也不做扭捏之态了，便决意登基，即皇帝位。而对于之前大唱反调的周嵩，司马睿就把他打发出建康，让他担任新安太守，离开了政治中心实际上就是遭到了贬职。

司马睿接受百官朝贺之后，却做出了一件十分突兀的事情：司马睿让王导和他共坐御床。御床是只有皇帝才能坐的，王导推辞再三，说道："若太阳下同万物，苍生何由仰照。"《世说新语·宠礼》中记载王导的话说得更加直接："使太阳与万物同晖，臣下何以瞻仰？"如果太阳跟万物一模一样，没有什么区分，那天下苍生要仰照谁呢？司马睿这才罢议。东晋的开国皇帝如此礼遇王导，不敢以臣僚视之，所以当时有人说道："王与马，共天下。"王导为司马氏在江南奠定了帝业，琅邪王氏由此和东晋皇室司马氏，开启了持续百年的门阀政治的格局。

当时除了"王与马，共天下"这句谚语外，还流传着这么一句童谣："五马浮渡江，一马化为龙。"这五马是琅邪王司马睿、西阳王司马羕、南顿王司马宗、汝南王司马祐和彭城王五人。琅邪王司马睿是司马懿的第五子司马伷之子；西阳王司马羕和南顿王司马宗都是司马懿的第四子汝南王司马亮的儿子；而司马祐的父亲司马矩则是汝南王司马亮的长子。

至于这个彭城王是谁，是有些分歧的，当时的彭城王是司马雄，也有人认为童谣中所指的彭城王是司马雄的弟弟司马纮。但是《晋书·彭城穆王权传》记载："子元王植立……遂以忧薨。子康王释立……薨，子雄立，坐奔苏峻伏诛，更以释子纮嗣。""建兴末，元帝承制，以纮继高密王据。及帝即位，拜为散骑侍郎……雄之诛也，纮入继本宗。"很明显，司马纮在南渡之初是由司马睿做主，过继给了高密王司马据。而在多年后的苏峻之乱时，司马雄因为投降叛军而被处死，司马纮这时才得以成为彭城王。

其实永嘉之乱以后，南渡的司马宗室远远不止这五个人，还有梁王司马翘、河间王司马钦、谯王司马承、通吉侯司马勋和司马流。河间王司马钦是司马释的儿子，和司马雄、司马纮是兄弟。当时正值八王之乱，司马释被任命为南中郎将、平南将军，与荆州刺史刘弘同镇荆州。在永兴二年（305年），东海王司马越起兵讨伐河间王司马颙时，刘弘将彭城王司马释逐至宛城。司马释在永嘉三年（309年）死后，其三子司马雄、司马绂、司马钦可能不久就渡江南下了，《晋书·河间王颙传》中记载："建兴中，元帝又以彭城王释子钦为融嗣。"实际上，司马钦的王爵，正是在这时才获得的。

相似的情况也发生在司马翘的身上。因为梁王司马肜没有儿子，晋廷就让琅邪王司马伷的二儿子司马澹，把他的儿子司马禧过继给司马肜为孙子。后来，司马禧与司马澹都被石勒所俘虏。司马睿在江南时，又改立司马羕的儿子司马俚为司马肜的孙子，但是司马俚早死。这时司马禧的儿子司马翘却从北方那里逃了出去，南奔建康，司马睿遂立司马翘为梁王。史称，梁王"自石氏归国得立"。

司马承是司马懿的六弟谯王司马进的孙子，在南渡前，谯王承曾"拜奉车都尉、奉朝请，稍迁广威将军、安夷护军，镇安定。从惠帝还洛阳，拜游击将军。永嘉中，天下渐乱，间行依征南将军山简，会简卒，进至武昌。元帝初镇扬州，承归建康。"河间王颙自元康九年（299年）至光熙元年（306年）一直镇守关中，而谯王承这期间在安定做官，自然是司马颙的属下。司马颙失败后，谯王承就来到了荆州，依附于山涛之子山简。山简死于永嘉六年（312年），谯王承不久之后便东下建康了。

而司马睿能够从数"马"之内脱颖而出，一跃成"龙"，更是因为之前他在江东十年的经营，为晋朝保存了半壁江山。若不是当年八王之乱后，司马越派他镇守江南，他也就没有登基称帝的资本。司马睿在王导诸人的辅佐下，取得了大多数江东世族的肯定，使他在江南逐渐站稳了脚跟。但是不愿意和司马睿合作的世族大有人在，义兴周玘就对南下的司马氏宗室抱有怀疑的态度。

周玘的父亲，就是"除三害"的周处。当年武帝在位时，周处和梁王司马肜一起讨伐秃发树机能，梁王公报私仇，令周处孤军抵御强敌，导致周处战死沙场。或许因为这层关系，周处死后，周玘在西晋屡次不应州郡征召。周玘在江南一带声望极高。之前石冰、陈敏作乱，都是周玘联合江东世族一起讨平。还有一个挟持吴国末代皇帝孙皓的儿子孙充造反的钱璯，也被他用乡里义兵平定。这就是有名的"三定江南"。

周玘每次打完仗，就解散部队，从他这一点来看，似乎只是为了安定江东乡土，不是为了晋室办事。因为周玘掌握着一部分武装力量，司马睿对他也颇为忌惮，不敢重用。周玘郁郁不得志。建兴元年时，周玘为吴兴太守，与琅邪王司马睿的亲信刁协又有矛盾。他自思自己对司马睿既无推戴之功，自己又没有得掌朝政，政权反为北人所垄断，于是想发动吴人叛乱，杀掉诸位当朝执政大臣，改用南方人士。

司马睿发觉周玘的密谋后，也不敢采取公开镇压的办法，便改授周玘为建武将军、南郡司马。紧接着，等他动身准备前往南郡之时，又改任为军咨祭酒，撤掉了周玘的实权，只给了他一个闲官。周玘这时候知道自己的密谋已经泄露，遂忧愤而死。临终前，周玘对儿子周勰说："杀我者诸伧子，能复之，乃吾子也。"伧子是南人对北人的蔑称，可见周玘对于北人执掌政权，而南人不得参与政事这点有多愤恨了。

司马睿和王导明知周玘要造反，但是在他死后，仍然给周玘的谥号为"忠烈"。司马睿和王导希望争端就此收场，但是事情并没有结束。周勰念念不忘父亲的遗言，便令吴兴功曹徐馥诈传自己的叔父、丞相从事中郎周札的命令，起兵讨伐王导、刁协。徐馥家里本来有部曲，加上响应的江东土豪，集结了好几千人。

建兴三年（315年）正月，徐馥杀死吴兴太守袁琇，发动事变。吴国末代皇帝孙皓的族人孙弼也在广德起兵，与他呼应。他们打算拥周札为主，周札这时因病待在义兴，听说这个消息后大惊失色，连忙去告诉义兴太守孔侃。周勰见叔父反对，就没敢再进行一下步。

徐馥集结的本来就是乌合之众，此时他们见情况不妙，便倒戈杀死了徐馥，孙弼也被地方官镇压。事变似乎可以结束了，但是周氏族人周续又在阳羡起兵。建康得讯，司马睿想要发兵讨伐，王导认为少发兵是不能平定这场叛乱的，要是多发兵建康就很空虚。

于是王导派周续的族兄周莚带一百名力士，去阳羡平乱。周莚连夜赶路，到了阳羡见到周续后，只说同去见太守，有要事相商。等到了府里，周莚喝令郡吏吴曾，在座上就把周续杀死。这场因义兴周氏而引起的事变才就此结束。司马睿对周勰也不追究，周勰见所谋未遂，"失志归家，淫侈纵恣，每谓人曰：'人生几时，但当快意耳！'"

司马睿坐稳皇帝位之后，渐渐感觉到王氏的势力过大，"王与马，共天下"的谚语让司马睿觉得很不是滋味。更为重要的是，在长江上游，建康的门户，此时为王导的族兄王敦控制着。司马睿不满内外皆为王氏左右的局面，他试图收回本应属于他的皇权。

王敦动了歪心思

王导、王敦二人，本来一内一外辅佐元帝司马睿，但是毕竟一个家族的势力能够左右朝政，这是皇帝最不愿意看到的。元帝便打算起用原来琅邪王幕府中的两个旧人，刘隗与刁协，分解王导在朝中的政治权力。刁协做过本郡大中正，曾在成都王颖、赵王伦、长沙王乂手下任职。司马睿称帝后，朝制初创，众臣对各种礼仪制度都不熟悉，而刁协因为"久在中朝，谙练旧事，凡所制度，皆禀于协焉，深为当时所称许"，又"性刚悍，与物多忤，每崇上抑下，故为王氏所疾。又使酒放肆，侵毁公卿，见者莫不侧目。然悉力尽心，志在匡救，帝甚信任之"。

刁协能够很好地揣摩到司马睿的心思，知道元帝是要压制王氏，所以才能够为元帝所重用。刘隗在司马睿担任丞相时，被任命为丞相司直。在任期间，护军将军戴渊的士兵因为犯法被建康尉逮捕，却被护军府的将领率兵强行夺回。于是刘隗上疏奏免了戴渊的官。

世子文学王籍之，因为在叔母的丧期时结婚、东阁祭酒颜含在叔父丧期时嫁女、庐江太守梁龛在老婆丧期将尽的时候曾设宴，这些不合时宜的做法都被刘隗所奏。而王敦的哥哥南中郎将王含，曾一次要求他任命参佐和地方守长多达二十多人。刘隗认为一次任命太多不妥，而且这些人的才能、资格与职位又不相符，便向元帝提出了劾奏，这令"王氏深忌疾之"。但是，刘隗的做法为司马睿所欣赏，史称"与尚书令刁协并为元帝所宠"。

元帝重用刁协、刘隗，疏远王导的做法，王导自己也很不满，但是王导生性淡然，又深识谦抑之道，遂默然居守，不和元帝公然翻脸。但是王导的族兄王敦可就不这么好说话了，他据有长江上游，手握强兵，闻知王导被排斥，心中自然愤恨，便上书司马睿直接表达自己的不满。王敦的奏表中让元帝回忆过去曾说过："吾与卿及茂弘，当管、鲍之交"的话，再看看现在，本来我们王氏兄弟和你应该是管仲和鲍叔牙那样的挚友，结果如今却不信任我们。最后，王敦说现在"天下荒弊，人心易动"，暗示可能发动叛乱。

王敦的奏表送来以后，王导为了避免与司马睿的关系闹僵，就没上报给司马睿，而是把奏表重新退回给了王敦。但是，王敦接到后，又派人送了过去，亲自交到了司马睿的手中。王敦的疏奏元帝观看完毕后，心想虽然王敦在疏中口口声声称"臣非敢苟私亲亲，惟欲忠于社稷"，但不臣之心已经显露出来，他把王敦的疏奏又给谯王司马承看了一遍，抱怨说："王敦过去虽有功劳，现在的官职足以酬报他了。可他仍旧不断提出过分的要求，还指点朝政，该拿他怎么办呢？"谯王司马承叹息说道："陛下若不早下手，王敦必为后患。"

王敦这个人虽然豪爽不羁，但是生性残忍，《世说新语》曾记载王敦、王导有一次去石崇家宴饮，石崇派美人劝酒，哪个客人要是没喝酒，石崇就把劝酒的美人给砍了。王导本来不擅饮酒，但是为了不让这些美人冤死，就勉强喝了下去。而王敦想试试石崇是不是舍得杀美人，便死活不肯饮酒。石崇便把给王敦劝酒的美人拉出去杀了，王敦见此还神色不变。王导知道后，叹息说道："处仲若当世，心怀刚忍，非令终也。"司马越当年任命王敦为扬州刺史，其属下潘滔就跟司马越说王敦"蜂目""豺声"，不好驾驭。

王敦能够掌握长江上游的武装力量，这还得从当年司马睿初到建康时说起。永嘉五年（311年），司马睿在建康刚刚立足，江州刺史华轶就以没有看到来自洛阳的诏书为理由，不服从司马睿的命令。这时王敦率兵攻杀华轶，又督率陶侃、周访等人平定了杜弢之乱，稳定了司马睿在长江中游地区的统治。司马睿就表王敦为江州牧。本来的荆州刺史是王敦的族弟王廙，但是因为荆州又起杜曾之乱，王廙一直没有到任。

王敦担心杜曾难制，就跟周访说如果剿灭杜曾，就把荆州刺史一职作为酬劳。周访遂激励自己的下属说："春秋的时候，晋楚城濮之战，楚虽败退，但晋文公以楚国的得臣不死为忧，如今，杜曾不死，也是祸难不已，我当与诸君再接再厉，誓除此贼。"当时长期抵御匈奴刘氏的魏该，因为刘曜的逼迫，单骑逃往南阳，原有部众在投降刘曜以后，不堪忍受压迫，又追随魏该到了新野，于是，周访联络魏该率众继续进击，经过多次战斗，都无法取胜。最后，周访命人沿山开出一条山道，出其不意，攻上山来，一举将杜曾部众击溃，生擒杜曾、第五猗等人。

周访想将杜曾送到武昌王敦那里处置，但是，在女观湖一战中被杜曾杀死的朱轨、赵诱的儿子朱昌和赵胤，哭泣哀求要报仇雪恨，周访无奈，将杜曾就地斩首，朱昌和赵胤将杜曾身上的肉乱刀切下吃掉。而第五猗等人送到武昌以后，周访对王敦说第五猗是晋愍帝所任命的，为杜曾所逼，请求王敦手下留情。但是，王敦不听，还是将第五猗杀了。

荆州恢复平静后，王廙才得以到荆州上任。然而王廙到任以后，却在荆州大肆诛戮陶侃的将佐，弄得人心惶惶。当时，西晋名士皇甫谧的儿子皇甫方回，也在荆州居住，在荆州地区有很大的声望。当时陶侃作荆州刺史的时候，对皇甫方回十分礼遇，每次到皇甫方回的家，离门很远就下车了。王廙到任以后，听说皇甫方回是陶侃所敬之人，为了树立自己的威信，他借口皇甫方回不来晋见自己，找了个借口就将其杀死。

王廙这一系列的举动，"大失荆土之望，人情乖阻"。司马睿也听说了这个事，就把王廙内调为辅国将军，加散骑常侍，晋廷便让周访为荆州刺史。这时候王敦的从事中郎郭舒连忙对王敦说，荆州虽然历经战乱，却是用武之地，不能轻易给了别人，不如自己领荆州刺史才是万全之策。周访现在做梁州刺史已经足够了，如果让他兼领荆州，恐怕就成尾大不掉之势了。

王敦一听郭舒这么说，立即上表元帝，让周访留守梁州，愿自领荆州。元帝便同意了，加王敦为荆州牧。此前王敦已经是侍中、大将军、江州牧了，为了避嫌，王敦上书司马睿称："州牧之号，所不敢当，辄送所假侍中貂蝉。"坚决要求推辞荆州牧的称号。司马睿敦喻一番后，也顺水推舟，听任其担任荆州刺史。自是王敦势力更进一步，长江中上游一带都纳入了他的掌握。

　　周访虽然平素谦逊，从不矜功，但这次王敦竟然出尔反尔，便给王敦写信大骂一通。王敦只能送上玉碗玉镯表示歉意，周访见状大怒，把王敦送来的礼物一并扔到地上，说我周访岂是商贾，我不爱珍宝，王敦竟然拿这些东西来欺我。自此，身在襄阳的周访开始暗中整军，他看出王敦有异志，便对王敦暗加防范。

　　周访自己手下的官吏空缺，就选自己的心腹直接任命，然后才给王敦打声招呼。王敦也知道周访的实力，不敢轻举妄动。无奈周访在平定杜曾之乱一年之后就病逝了。周访生前和陶侃友善，这两家还结为儿女姻亲。周访和陶侃还没有出名的时候，庐江有个会相人的陈训，曾经跟二人说两人都当位至方镇，功名也相差不多。但是陶侃活的时间要长点，周访寿命要短点。

　　周访病死时，年六十一，比陶侃还小一岁，当时这二人都是刺史。朝廷在周访死后，追赠他为征西将军，谥号曰"壮"。周访有两个儿子，大儿子周抚，被司马睿留在建康做官，周访死后，袭爵，改任武昌太守。周抚到武昌后，王敦就把他引入自己的幕府，做自己的从事中郎，自此周抚就成了王敦的爪牙。而周访的次子周光，十一岁的时候去拜见王敦，王敦问他谁能堪当大将？周光说，没有见能超过我的人，王敦听后大笑，便任命周光为宁远将军，浔阳太守。而梁州刺史的空缺就让湘州刺史甘卓继任，兼都督沔北诸军事，镇襄阳。

甘卓还未到襄阳时，王敦已经派遣从事中郎郭舒到了襄阳，去监襄阳军。等甘卓到任后，王敦才召还郭舒。元帝司马睿想征郭舒为右丞，暗中去王敦一臂膀，结果王敦竟然留住郭舒，不让他去建康，王敦叛逆的行迹又显露了一分，元帝也对王氏更加不放心了。

战火就要烧起来了

甘卓既调任为梁州刺史，那以前他所担任的湘州刺史现在就空缺了出来。王敦便上书司马睿，请求调宣城内史沈充为湘州刺史。沈充出于吴兴大族，做过王敦的参军，王敦推荐他来担任湘州刺史，显然是为了进一步培植自己的势力。司马睿就把王敦的奏疏交给司马承看，说这些年给王敦的职位已经够多的了，可是现在他还贪心不足，这如何是好。司马承就告诫元帝，让他早做准备，否则必有后患。

司马睿认为湘州位居建康上游，又处于交州、广州和荆州三地的接合地带，历来都是用武之地，战略地位十分重要，交给外人是不放心的，便想让自己的叔父谯王承亲自去做湘州刺史。司马承当然明白元帝这么做是为了牵制王敦，便答应了下来。不过他提醒元帝，湘州经过杜弢之乱，现在已经非常荒残，恐怕要三年左右的时间，才有出兵平乱的能力。如果这三年中有人谋反，就是我司马承粉身碎骨，恐怕也是没有什么用处的。司马睿也管不了这么多了，毕竟湘州这块地方，如果司马承不去，那就会落在王敦的手里，到时更加棘手。于是便任命司马承为监湘州诸军事、南中郎将、湘州刺史。

当司马承上任路过武昌的时候，他脱下戎装去见王敦。王敦就在酒席上对司马承说："大王雅素佳士，恐非将帅才也。"直指司马承不过是位文士，岂能担任方镇之选。司马承以为王敦是要试探他，就引用东汉班超的名言，从容答道："公未见知耳，铅刀岂不能一割乎！"散席后，王敦对自己的亲信钱凤说此人不知道害怕，就知道学古人的壮语，从这一点就知道他没有什么才能，也就不会有什么作为了。于是，王敦未对司马承阻拦，听任他到湘州上任了。

司马承到了湘州以后，厉行节约很得人心。王敦担心会对自己不利，便假称将要北伐，征召湘州境内所有的船只，司马承明白王敦的用意，但是如果不给，很可能王敦就会利用这点当借口，出兵来打湘州，司马承便只送去了一半船只。当时元帝任命司马承为湘州刺史时，就有人预见到了战争的硝烟，湘州主簿邓骞叹息着说道："湘州的灾难，恐怕又要来到了。"

大兴四年（321年），司马睿采用刁协的建议，下诏将在永嘉之乱时，从中原南迁到江东各郡沦落为大族"僮客"的人免除其僮客身份。所谓僮客，实际上就是家奴。对于这些北来流民依附于世家大族，应詹就曾在奏疏上称："下及工商流寓僮仆不亲农桑而游食者，以十万计。"这不仅致使中央的兵源严重短缺，而且造成了政府税收的大幅锐减。免除这些僮客的身份，就是让这些人恢复百姓的地位。

东晋政府之所以采取这些措施，当然不是为僮客着想，而是要把他们从世族手里抢过来，用他们来为政府服兵役、劳役。《晋书·戴若思传》就说："调扬州百姓家奴万人为兵配之。"另外，此时的王敦身为侍中、大将军、都督荆州、江州、扬州、湘州、交州、广州六州诸军事，势力十分膨胀，司马睿采纳刘隗、刁协的意见，变相征发世族的奴客为兵，也是为了防备王敦他日图谋不轨。

为了配合这条政策，司马睿紧接着颁发了占客之令：大幅度削减一品、二品官员的奴仆田客数量。规定一、二品官可占佃客四十户，每低一品减少五户，而佃客按一定比例向主人交纳实物地租，不负担国家课役，佃客不自立户籍，他们的名数按规定要注入主人的户籍中。这两条政策颁布后，因为严重地侵害了世族的利益，史称"众庶怨望之"。王敦曾派人送信给刘隗，表达了对刁协、刘隗制定的这两条政策的不满，说圣上如此信重阁下，今北方大贼未灭，中原鼎沸，本来是想和你一起勠力王室、共靖海内。如果大家同心，帝业就得以兴隆，现今你制定的这些政策恐怕天下永无宁日了！刘隗就给王敦回了十二个字：鱼相忘于江湖，人相忘于道术。就是说咱俩永远不可能站到同一条战线上，这惹得王敦大怒。

同年七月，元帝拜戴渊为征西将军，都督兖州、豫州、司州、冀州、雍州、并州六州诸军事，假节，司州刺史，加散骑常侍，以散骑常侍王遐为军司，招募军人一千人，调发扬州百姓家奴一万人组成部队，镇守合肥；以刘隗为镇北将军，都督徐州、青州、幽州、平州四州诸军事，青州刺史，镇守淮阴。这两人外任，表面上是为了防备北方的石勒，实际上却是针对王敦。

司马睿对这二人寄予厚望，部队临出发的时候，司马睿亲自到军营里为二人践行，犒劳将士。建康方面，司马睿给王导加侍中、司空、领中书监，实际上却是以虚衔驾空，剥夺了王导以前的实权。御史中丞周嵩就上书，表示："导忠素竭诚，辅成大业，不宜听孤臣之言，惑疑似之说，亏旧往之恩，招将来之祸。"劝元帝不要怀疑王导，应该信任如故。元帝看了周嵩的奏疏，也颇有感悟，王导也就没受到进一步的迫害。

就在这时，为王敦所忌惮的豫州刺史祖逖病死。当初祖逖自行北伐前，河南郡太守赵固、司马越的前部将上官巳、司州刺史李矩、颍川郡太守郭默，经常互相攻杀，祖逖就派出使者进行调解，这四人都表示愿意接受祖逖的统一指挥。

祖逖对他的属下，"其有微功，赏不逾日"，而且他的军队纪律严明，秋毫无犯。祖逖在黄河沿岸屯聚粮草，秣马厉兵，时刻准备"推锋越河，扫清冀朔"。祖逖对于新归附的部众，不论贵贱，都一视同仁。这使祖逖不仅得军心还很得民心。有一次祖逖摆下宴席，与百姓宴饮，一些老人热泪纵横，将祖逖比做再生父母，在座上歌曰："幸哉遗黎免俘虏，三辰既朗遇慈父。玄酒忘劳甘瓠脯，何以咏恩歌且舞。"

面对祖逖，石勒也十分忌惮。他为了结好祖逖，特命幽州官府重新整修祖逖的祖坟，并让两家人专门守护祖逖家的墓园。这两家人不向石勒政府交税，而是以赋税作为祭祀和护墓的费用。石勒还写信给祖逖，请求允许互派使节，进行通商贸易。祖逖知道如果给了石勒回信，很可能就会被人抓住通敌的把柄，于是他就派参军王愉与石勒谈判。这一举措，使豫州的税收超过了田赋的十倍，史称："听互市，收利十倍，于是公私丰赡，士马日滋。"

有一次祖逖的牙门将军童建杀了新蔡郡的太守周密，向北投靠了石勒，石勒为了向祖逖示好，就把童建斩首，将人头送给祖逖，还说自己最痛恨的就是那些叛官和逃将，将军所痛恨的就是石勒所痛恨的。因此，祖逖对于后赵叛逃的人，也没有收容，并下令边境的将领不可随意进攻、掳掠石赵境内的居民，因此，边境一带的居民得到了暂时的休息。祖逖稳定了南北的局势，使石勒不敢南下，元帝司马睿也加封祖逖为镇西将军。

但是大兴四年（321年）七月，戴渊以北伐的名义镇守都督豫州军事，戴渊就成了祖逖的上司。祖逖知道戴渊徒有虚名，势必不能和自己完成北伐大业，心中十分郁闷。同时，祖逖也对司马睿与王敦之间的事情略有耳闻，他眼见内乱将至，规复中原渐成泡影，这一切都让祖逖愤懑不已，以致一病不起。

术士戴洋预测祖逖九月当死。术士陈训也对人说西北当折一员大将。九月，立志北伐、规复中原的祖逖，壮志未酬，病死于雍丘，终年五十六岁。豫州的百姓听说祖逖逝世的消息，无不如丧考妣，痛哭流涕，谯郡、梁国的百姓纷纷自发地为祖逖建立祠堂祭祀。司马睿也下诏追赠祖逖为车骑将军，并以祖逖的同母弟弟祖约为平西将军、豫州刺史，代领祖逖之众。

王敦得祖逖死讯，喜出望外，他本来仅忌惮周访、祖逖二人，现今二人都已病亡，王敦自以为天下无敌，便于永昌元年（322年），以讨伐刘隗为名，在武昌起兵，声称"隗首朝悬，诸军夕退"。

鹿死谁手不一定

王敦起兵前，曾上书朝廷，要求将自己部下在扬州的家属接到荆州。王敦此举分明是为了试探元帝，如果司马睿同意这一要求，自己不仅可以收买人心，而且方便日后起兵时自己的将士没有后顾之忧；如果司马睿拒绝，就可以借此煽动将士的不满，为起兵寻找借口。司马睿在接到了王敦的上书以后，也不知道该怎么办，就召集刘隗、刁协等人紧急磋商，最后认为王敦既然反叛之心已露，不如拒绝王敦的要求，以王敦部下的家属为人质，拖延他的反叛时间。

王敦见朝廷拒绝了自己的上书，就立即与自己的两位亲信钱凤和沈充秘密磋商，决定让沈充在吴兴起兵，骚扰建康东面。吴兴沈氏与义兴周氏都是江南的武力强宗，当时所谓"江东之豪，莫强周、沈"，而沈充家境十分富裕，这也为王敦的起兵奠定了强大的物质基础。《晋书·食货志》记载："晋自中原丧乱，元帝过江，用孙氏旧钱，轻重杂行，大者谓之比轮，中者谓之四文。吴兴沈充又铸小钱，谓之沈郎钱。"沈充能够自己造钱，足以说明他的经济实力了。义兴周氏周访本来和王敦势不两立，但周访死后，王敦就拉拢了他的两个儿子，让他们成为自己的爪牙。

但是在王敦集团的内部，并不是没有反对的声音。王敦的参军熊甫料到王敦将有异图，便从容劝说王敦要远离小人，王敦就问道："小人是谁？"熊甫不答，向王敦告退后就辞官远走了。记室参军郭璞，在大将军掾陈述去世时，郭璞知道王敦将有逆谋，便在吊唁陈述的时候，恸哭失声，边哭边说："嗣祖嗣祖，谁能知道你这不是福气！"嗣祖是陈述的字。除了熊甫和郭璞，还有王敦的长史羊曼和谢鲲，也都敏锐地觉察出王敦的图谋，因此，两人整天喝得人事不省。等王敦将要起兵时，去问谢鲲的意见，谢鲲说："刘隗诚然是祸首，但是城狐社鼠。"意思就是刘隗就像居住在城墙内的狐狸，不能用水去灌，以免城墙塌陷；像祭坛中老鼠，不能用火熏，以免发生火灾，如果出兵的话，要顾及皇帝，投鼠忌器。

就是在王氏家族的内部，也对王敦起兵有异议。豫章太守、广武将军王棱，看到自己的从兄王敦渐渐跋扈，就经常劝说王敦，言语切直，王敦就对他怀恨在心。当初在荆州发动叛乱的王如投降王敦以后，王棱因为喜爱王如骁勇，就收到了自己的帐下。后来，王如匪性难改，经常与王棱的部将斗射角力，王棱见此大怒，曾经杖责王如，王如深以为耻。

王敦听说以后，就让人挑拨王如，劝王如找机会杀掉王棱。王如就在一次酒宴中，借机舞剑助兴，慢慢靠近王棱，王棱发觉情况不妙，连呼左右将王如拉出，可是，还没等卫士缓过神来，王如已上前将王棱杀了。听到消息的王敦，假装十分吃惊，命人追捕王如，杀死了王如灭口。

因为王敦的老巢在武昌，为了解除后顾之忧，早在起兵之前，王敦就已经派人与镇守襄阳的甘卓联络好了，甘卓也答应率军与王敦一起去建康"清君侧"。而在武昌南面的湘州，虽然荒残，王敦也预先将司马承在湘州的船只征调了一半到武昌，但是王敦还是对司马承不放心，就派人说服他。司马承对王敦的使者说道："吾其死矣！地荒民寡，势孤援绝，将何以济！然死得忠义，夫复何求！"一口回绝了王敦。

王敦见司马承态度坚决，就派自己的表弟、南蛮校尉魏乂率两万精兵进攻长沙，牵制司马承。岭南的陶侃虽然有实力，但是因为离建康较远，鞭长莫及，王敦也不在意。一切准备就绪，王敦遂起兵东下，沈充也在吴兴响应王敦。王敦任沈充为大都督、督护东吴诸军事。王敦的哥哥、光禄勋王含听说王敦起兵，就逃出了建康，投奔王敦。

元帝得讯大怒，立即下诏："王敦恃宠生骄，敢肆狂逆，疏言无礼，意在幽囚朕躬。是可忍也，孰不可忍！今亲率六军以诛大逆！"并征召戴渊、刘隗率兵入卫建康，封周处之孙、周札侄儿周筵为冠军将军、都督会稽、吴兴、义兴、晋陵、东阳军事，率水军三千人去吴兴讨伐沈充。

这时候先前依附王敦的甘卓老毛病又犯了，开始首鼠两端。当年陈敏之乱时，甘卓与陈敏是儿女亲家。可在顾荣等人的劝说下，他又背叛了陈敏，导致陈敏被杀。王敦出兵之前，曾经派人和甘卓联络，甘卓本来答应得好好的，等王敦发布了讨伐刘隗的文书，甘卓却派来参军孙双，劝说王敦不要东下。王敦一听甘卓要退，大怒说此行只是去除掉奸臣刘隗，你赶紧回去跟甘卓说，事成之后，我保他做三公！孙双快马回到襄阳转达了王敦的意思，甘卓思来想去，还是举棋不定。有人向甘卓献计说不如先假装同意王敦，等王敦兵到建康的时候，再起兵讨伐他。甘卓就说："我过去在陈敏之乱的时候，就是先追随，后来相图，人们就说我反复无常。如果现今我还这样，那谁还能证明我的本心呢？"

司马承见到甘卓犹豫不决，就派主簿邓骞前往襄阳去游说甘卓。邓骞见到甘卓后，就对他说："刘隗虽然失去人心，但是他不是祸害天下的罪魁祸首。王敦因为一点私人恩怨，就向京师举兵，现在正是忠臣义士尽忠报国之时。你为封疆大吏，如果讨伐叛逆，就可以立下齐桓公、晋文公一样的功业。"

甘卓听后大笑，说齐桓公、晋文公那样的功业，自己的能力是达不到。我再想想该怎么办吧。甘卓的参军李梁向甘卓献策："不如暂时按兵不动，如果王敦成功了，肯定会委以重任；如果朝廷胜利了，必定会让您代替王敦的位置。"同时举出东汉初年，窦融保河西的例子来。邓骞反驳，说东汉光武帝刘秀创业之初，隗嚣、窦融二人割据一方，尚可以从容观望。但是今非昔比，如果王敦取胜，回到武昌，增加石城的守军，断绝来自荆州和湘州的粮草，该怎么办？况且身为人臣，国家有难，坐视不救，难道就会安心吗？

邓骞看甘卓还是满腹狐疑，继续劝说道：您现在既不发动义举，又不接受王敦的指挥，大祸肯定会到来，这一点，不管是聪明人还是傻瓜，都看得出来。如今王敦身边的兵力不过一万多人，留守武昌的不会超过五千，而你现有的部队已经是他的一倍了。况且你是以顺讨逆，留守武昌的王含怎么能是你的对手？王敦部队现在已经顺流而下，没法再逆流而上，进行自救，拿下武昌，易如反掌。武昌一旦拿下，利用他的粮草武器，荆州江州都会平定，再像当年吕蒙攻下关羽的江陵那样，安抚王敦部队的家属，必然使王敦部队土崩瓦解。

就在此时，王敦为了进一步说服甘卓，使他下定决心追随自己，便派遣自己的参军乐道融前往襄阳。结果这个乐道融却有"国士之风"，虽然身为王敦的幕僚，却怀有忠义之心。当乐道融抵达襄阳以后，针对王敦起兵的借口逐一进行了批驳，劝说甘卓不要助逆。在乐道融和邓骞两人的劝说下，甘卓转疑为喜，说道："君言正合我意，我志决了。"于是，甘卓公开发布了讨伐王敦的文告，数王敦的罪状，派遣巴东监军柳纯、南平郡太守夏侯承、宜都郡太守谭该等十余地方官联名声讨王敦，并率领本部人马东下讨伐王敦。甘卓另派参军司马赞、孙双一起携带奏章前往建康报告，又派遣罗英到广州约请广州刺史陶侃，同时进军。

广州刺史陶侃接到了甘卓的书信后，立即命令参军高宝领军北上。武昌的守军听到甘卓即将南下的消息大为惊慌，就是王敦听说后方警报，也觉惊心，立即命令王含固守武昌。当时驻守合肥的征西将军戴渊看到了甘卓的奏章后，立即转呈给元帝司马睿。司马睿大喜过望，立即下诏加封甘卓为镇南大将军，侍中，都督荆州、梁州诸军事，荆州牧，陶侃为广州刺史、平南将军、都督交、广二州军事，兼领江州刺史。似乎一瞬之间，情形得以逆转了。

要玩就玩大的

此时身在建康的王导，又是怎么一副情形呢？王导领着自己的堂弟，中领军王邃、左卫将军王廙、王廙的弟弟王彬、被王敦所害的王棱的弟弟王侃等王氏家属二十多人，每天早上都站在皇宫门外等待处罚。顾和很关心王导，但又怕说错什么话惹来麻烦，就写道："王光禄远避流言，明公蒙尘路次，群下不宁，不审尊体起居何如？"含蓄地表达了对王导的关心。

有天早上，尚书周顗入朝办事，王导在宫门前向他呼喊："伯仁，我一家老小一百余口的性命都交给你了！"结果周顗连看都不看王导一眼，就径直进了宫。周顗进宫以后，竭力在元帝司马睿面前述说王导的忠诚。此时的司马睿也是很犹豫是否彻底与王氏决裂。周顗最终说服了司马睿。周顗在宫中与司马睿喝得酩酊大醉，一摇一晃地走出宫门，而此时的王导一家还在宫门外等待处分，他再度向周顗呼喊，想询问结果。然而，再次出乎王导意料的是，周顗还是不予理睬。

王导看到周顗竟翻脸不认人，暗暗切齿。周顗回到家中，仍然担心元帝对王氏的态度会动摇，于是，他又给司马睿写上奏疏，言辞恳切地说明王导的无辜，请求司马睿在王敦与王导之间划清界限，不要牵连所有的王氏子弟。司马睿这才打消了对王导的疑虑，命人送还王导朝服，并于宫中召见。王导跪地叩首，说："逆臣贼子，何代无之，不意今者竟出臣族！"元帝闻言连忙下座，光着脚走到王导身边，扶起王导，表示绝对相信他的忠诚。永昌元年（322年）四月，元帝下诏，以王导为前锋大都督，以戴渊为车骑将军，共讨王敦。同时，又下令征虏将军周札守建康石头城，以刘隗统军守金城。元帝身穿甲胄，亲自出城巡示诸军，表示御驾亲征的决心。

王敦这边，他所派遣的南蛮校尉魏乂已经逼近了湘州刺史司马承的治所——长沙。当时长沙的城墙修建尚未完工，粮草也十分缺乏，听闻王敦大军将至，人心惶惶。司马承的手下建议不如南逃到零陵郡或者桂阳郡，暂避魏乂的锐气。司马承回答，自己举起义旗，就是要以死报国，怎能苟且偷生，做望风而逃的败将。即使不能成功，也要让天下人知道自己的忠心。

司马承令手下将士绕城修筑堡垒，严密防守。甘卓本来想将司马承派来的邓骞留作参军，与其一起东下，邓骞却以家中尚有老母为由谢绝了，于是，甘卓就派邓骞与参军虞冲一起回到了长沙，让司马承继续坚守，并声称自己将从沔口出兵，断绝王敦的归路，这样，长沙之围自然就解除了。但是，等到魏乂的军队抵达了长沙城下时，依然不见甘卓的援军。司马承就给甘卓回信，说中兴草创艰难，不想恶逆竟然出于宠臣。我司马承贵为宗室，突然承受如此重担，虽然万分艰巨，但是我只想尽我的忠心。如果足下能够立即派兵支援，长沙可能还有救，如果仍然满腹狐疑，那你就到死鱼铺子里去找我吧。末了，司马承写道："书不尽意，绝笔而已。"这八个字显示了当时长沙的危急情况，透露出了司马承对甘卓的失望和谴责。

魏乂带领的是两万精锐甲士，而司马承身边的多为从湘州各郡赶赴的义从，缺乏训练，没有铠甲兵器，城内军粮也不足。春陵令易雄带来了数千义从，与敌人奋战，"士卒死伤者相枕"。司马承的司马虞望，领兵出城交战，也互有杀伤，连战数次，虞望中箭身亡，长沙城内又陷入了混乱。

司马承看到形势已经到了千钧一发的危急关头，遂派遣从事周崎与宜都内史周级的侄儿周该，一同越城向周级求救。结果两人在城外都被魏乂的巡逻兵抓获，魏乂派人问他们究竟是去何处求救，周崎回答谯王让我们去外面求救，让我们俩自己决定，没安排固定的去处。魏乂怎么能相信，便把周该暂且关押下来，对周崎说让他传话，周崎表面上答应，等魏乂率众牵着周崎来到长沙城下时，周崎大声喊道："敦军惨败，甘安南克武昌，可速解长沙之围！"恼羞成怒的魏乂赶忙把周崎拉回军营，将其杀死。又严刑拷打周该，但是一直到把周该打死，周该也没有说出向周级求援的事，周级因此未被牵连。

王敦知道拖得越久对自己就越不利，于是他也不顾后方不稳的情况，下决心率兵东下直攻建康。王敦一开始打算要先进攻驻守在金城的刘隗，王敦的部将杜弘就对王敦建议说，刘隗手下的壮士很多，不容易迅速击败，不如先进攻石头城。周札此人对下属刻薄少恩，部队不愿意为他卖命，如果前去进攻他，肯定能够一举攻下。一旦周札被击败，金城的刘隗自然就退却。

这杜弘是当年杜弢之乱时杜弢的属下，杜弢失败后就投降了王敦。王敦遂采纳了杜弘的建议，任命杜弘为先锋，率领部队前去攻打石头城，两下交兵，周札的部将奋威将军侯礼战死，周札见势不妙，立即打开城门投降了王敦，建康的门户石头城就这样被王敦顺利占领了。王敦军拿下了石头城，建康的西门洞开，攻陷建康只是迟早的事了。

王敦登上石头城，俯瞰着建康，不禁叹息一声。这是王敦与元帝的第一次短兵相接，自己的忤逆行为成为现实，王敦知道这肯定会遭到后世的唾骂。石头城失陷后，元帝立即乱了阵脚，他命令京师的所有部队全部出动，发誓要夺回石头城。于是，各路部队开始向石头城发起进攻，刁协、刘隗、戴渊各自率领部队与王敦军接战，均被打得大败；接着，王导、周颛、郭逸、虞潭等悉数出战，也均遭败绩，建康城能用之兵几乎损失殆尽。太子司马绍听说以后，不禁怒火中烧，想要率领卫士亲自出战。太子中庶子温峤赶忙劝说，司马绍这才停了下来。

刁协、刘隗被王敦打败后，狼狈逃回，与司马睿在太极殿的东殿相见，司马睿见到二人痛哭流涕，劝他们赶紧逃难。二人纷纷表示："臣当守死，不敢有贰。"司马睿命令手下给刘隗与刁协二人准备马匹，让他们各自逃命。刁协年事已高，骑不了马，又素无恩信，招募来的随从走到半道儿，就一哄而散，只剩下刁协一人，走到江乘时，被人所杀，传首王敦。王敦听任刁协的家人将其收葬。司马睿对刁协之死十分痛惜，后来秘密派人将杀死刁协之人捕杀；刘隗则逃到了淮阴防地，遭到了北中郎将、兖州刺史刘遐的袭击，刘隗无奈之下只得带领家属、亲随二百多人向北投奔石勒，石勒就任命他为从事中郎、太子太傅。

元帝司马睿在与王敦的对决中彻底失败了。刁协伏诛，刘隗北走，王敦本该入宫面君才对。但王敦"拥兵不朝，任士卒劫掠，宫省奔散"，元帝身边只有安东上将军刘超率领部下宿卫宫中，和两位侍中陪伴着左右。

刘超是琅邪的旧臣，对司马睿忠心耿耿，他本来在服父丧中，因为王敦之变，司马睿特意下诏让刘超赶到建康。司马睿看到京畿之地，王敦和他的属下为所欲为，既愤怒又无奈地对左右说他王敦想得到皇位，何不早说，何苦这样残害百姓。元帝脱掉戎装，身着朝服，派人向王敦传话："公若不忘本朝，则天下尚可共安；如其不然，朕当归琅邪以避贤路。"司马睿俨然做好了离开皇帝位的准备，立国仅六年的东晋政权就这样拱手让人了吗？

臣子很跋扈，皇帝很无奈

元帝司马睿既然已经表达了可以退位的意思，王敦这时候完全可以乘势幽禁废掉司马睿，但是他并没有这么做。王敦没有搭理司马睿，司马睿也很无奈，只得命公卿百官齐去石头城拜见王敦。王敦与众臣见礼已毕，居于上座，就戏问前日的手下败将戴渊道："前日之战，有余力乎？"戴渊坦言："岂敢有余，但力不足耳！"王敦又问："吾今此举，天下以为如何？"戴渊不卑不亢，语带讥讽地回答道："见形者谓之逆，体诚者谓之忠。"王敦笑道："卿可谓能言之人。"

（《晋书·戴若思传》）

戴渊此人，是吴地的数世强宗。"有风仪，性闲爽，少好游侠，不拘细行。"当年陆机带着数船行李去洛阳，戴渊与同行的人看见了，就有意前去抢劫："戴渊登岸，据胡床，指麾同旅，皆得其宜"。陆机在船上望见，知戴渊非一般人，对戴渊说道："卿才气如此，怎会做此盗贼之事！"戴渊闻言感悟，遂与陆机成为挚交。

问完戴渊，王敦又转头向周颛埋怨道："伯仁，卿负我！"周颛依旧一脸不在乎："公戎车犯顺，下官亲帅六军，不能成功，使王师奔败，以此负公！"这话说得王敦也无从回答。周颛"少有重名，神彩秀彻"，而且好饮酒，在西晋时，能日饮一石，过江后，日日沉醉，略无醒日，时人称周颛为"三日仆射"。有一次，周颛与一位刚从北方逃难来的老友对饮，两人喝掉二石酒，竟把对方活活喝死。初到江南时，王导曾与周颛豪饮，王导乘醉倚枕在他的腿上，指着他的肚子，戏问这里面有什么呢，周颛就豪语道："此中空洞无物，然足容卿辈数百人！"

王敦见到王导，埋怨王导道："过去你不听我的话，非要立这司马睿做皇帝，你看看，咱们王家差点遭到灭门之祸！"元帝随后下诏任命王敦为丞相、都督中外诸军事、录尚书事、江州牧，封武昌郡公。司马睿知道王敦历来对太常荀崧十分敬重，所以就派荀崧去石头城拜见王敦。

王敦这时候估计余怒未消，不给元帝丝毫的面子，"并让不受"。司马睿一看王敦不受封官，内心不安，他在广室殿召见周颛，问道："大事渐息，二宫无恙，诸人平安，王敦无事否？"周颛说一切太平，但做臣子的安危，就不好说了。当时，护军长史郝嘏曾劝周颛避避王敦的风头，周颛慨然答道："吾备位大臣，朝廷丧败，宁可复草间求活，外投胡、越邪！"我周颛是朝廷大臣，朝廷失败，我怎可在荒草中求活，外逃依附于胡越呢？

王敦在这场政治角逐中大获全胜，虽然没有废黜元帝，刁协和刘隗却是死的死、逃的逃，但是对于这些在建康的朝中大臣，王敦还是很不放心的，毕竟这些人当中大多是司马睿的羽翼。王敦的参军吕猗，曾经做过尚书郎，戴渊当时为尚书，对此人非常厌恶，因而吕猗一直怀恨在心。吕猗就趁机对王敦进言："周颛、戴渊，这两个人都有很高的名声，足以蛊惑大众。如果不除掉此二人，还让他们执政的话，恐怕日后还要再次起兵，留下后患。"

王敦本来就对这二人颇为忌惮，不过，这二人一个为南人之望，一个是北人领袖，处理起来确实比较棘手。于是，王敦就先找到王导，试探着询问道："戴渊和周颛是南北之望，如果让他们做三公应该可以吧？"王导不答。王敦接着问："尚书令、尚书仆射之类总可以了吧？"王导依然沉默不语。王敦最后说道："如果这也不行的话，那就只有杀掉他们了。"王导还是没有吱声。于是王敦就派遣部将邓岳、缪坦前往逮捕戴渊和周颛。周颛死前大声疾呼："贼臣王敦，颠覆朝廷，枉杀忠良，神明有知，快诛杀此奸贼！"至死仍面不改色。后来王导检阅旧日文书时，方才看到周颛昔日救己的奏疏，王导拿着这些奏疏流涕道："我虽不杀伯仁，伯仁由我而杀，幽冥中负此良友。"

周颛和戴渊的被杀在当时引起了不小的波澜。王敦进驻石头城时曾经跟谢鲲说打算任命周颛为尚书令、戴渊为尚书仆射。在王敦逮捕周、戴二人的当天，王敦问谢鲲近来人心怎么样，此时谢鲲还不知道周、戴二人已经被王敦逮捕，他趁机建言说，如果能重任周颛和戴渊，谣言自然会平息。王敦一听，怒骂道，这俩人已经抓起来了。谢鲲素来敬重周颛，听了这话，不知所措。王敦的参军王峤也苦谏王敦，王敦大怒，要杀了王峤，一时间没人敢站出来为王峤说话。直到谢鲲求情王敦才罢议。

司马睿派去慰劳王敦的王彬，是王敦的堂弟，王彬一向与周顗关系很好，他到石头城以后，先去城外吊唁周顗，恸哭之后才进城去见王敦。王敦看到王彬这幅情形感到奇怪，就问出了什么事，王彬就说因周顗之死而伤心，接着王彬又责备王敦说兄长你起兵冒犯陛下，杀害贤良大臣，图谋不轨，将要给我们整个家族带来灾祸！

王敦闻言大怒，大喊要杀掉王彬，当时，王导也在座，生怕王敦盛怒之下真的杀掉王彬，赶忙起来解劝，让王彬给王敦认个错、赔个礼。王彬说自从我患了脚病以后，见到天子我都不想下跪，更不用说现在了。况且，我说这话，还有什么好道歉的！王敦冷冷地说道你跪下来脚痛总比脖子痛要好些！

镇守襄阳的甘卓本来在乐道融和邓骞的劝谏下，率兵东下，他的军队一直前进到睹口。但是就在这时候，甘卓命令大军停留在睹口，等待各军会合以后，再一同出击，可是，来自荆州各地的部队有远有近，一时间无法全部到齐，所以，甘卓就在睹口整整停留了几十天之久。这时候王敦已经攻破石头，进驻建康了。

睹口距离沔口不远，王敦的老巢武昌感到的压力也越来越大。王敦让参军甘卬前去劝说甘卓。甘卬是甘卓的侄子，见到甘卓后转达了王敦的意思。甘卓又一次动摇了。乐道融苦苦相劝，请求甘卓趁机攻下武昌，甘卓就是不听，乐道融不久就忧愤而死。

甘卓的数万大军驻扎在武昌附近，这一点让王敦仍然不放心。等王敦完全控制了建康后，就派人从皇宫中取出用来解斗的"驺虞幡"，命令甘卓退兵。甘卓已经听到了周顗与戴渊被害的消息，向甘卬哭着说道自己所忧虑的，正是今日之事。过去每次得到朝中人士的书信，都关注胡人的进犯，不想朝中竟然出现了内乱。好在皇上和太子无恙，自己驻守在王敦的上游，他也不敢恣意危害朝廷。自己如果直接占领了武昌，王敦走投无路，肯定会劫持天子。不如暂时回到襄阳，再作打算。当即就命令回师襄阳。击败王敦的最后一点希望也由此破灭了。

当个皇帝很憋屈

回到襄阳后的甘卓，情绪越来越暴躁，有人劝谏，他就勃然大怒，想要杀掉那个人。有一次甘卓照镜子的时候，突然之间看不见自己的脑袋了，这让甘卓很害怕。主簿何无忌、功曹荣建，还有甘卓的家人都劝说甘卓要加强戒备，以免遭到王敦的暗算，但是甘卓还是不肯听劝，反而解散军士，让他们从事农业生产。

襄阳太守周虑为了讨好王敦，趁着甘卓熟睡之际，对甘卓的护卫亲兵谎称湖中鱼很多，让大家都去捕鱼，然后，率众把甘卓杀死在卧室的床上，将首级传给了王敦，并将甘卓的三个儿子悉数处死。王敦攻下石头城后不足一个月，甘卓就被杀了。甘卓死后，王敦任命自己的亲信、原梁州刺史周访的长子周抚都督沔北诸军事，接替了甘卓的位置。

这时候，湘州刺史司马承仍然率领部众在长沙苦苦支持。继司马虞望战死之后，衡阳太守刘翼也战死了。王敦见司马承不肯屈服，就让朝中的大臣给司马承和长沙城中的其他将领写信，告知建康已经陷落，以瓦解长沙守军的军心。果然，在坚守了近百日之后，长沙军民苦等甘卓援军不得，又得知建康陷落的消息后，都感到没有了希望，士气逐渐低落。很快，长沙城就被魏乂大军攻破。魏乂将司马承打入囚车，送往武昌。

司马承身边的人都四散奔逃，只有主簿桓雄、西曹韩阶、从事武延扮成奴仆，愿意跟随着囚车陪护司马承。与司马承一起被俘的还有春陵令易雄、司马承的长史虞悝。虞悝就是前次战死沙场的虞望的兄长。虞望曾杀死王敦的姐夫湘东太守郑澹，因此，虞悝自知难逃一死。当要被魏义处死的时候，虞悝慨然答道："人生都有一死，全家能成为忠义之鬼，死而无憾！"

被魏义所杀的还有司马承的主簿桓雄。魏义看到桓雄进退有礼，觉得此人绝非奴仆，就把桓雄诛杀。而王敦怕再生意外，就让王廙派人把司马承杀死在送往武昌的途中。司马承死时年五十九岁。韩阶和武延将司马承的尸首收敛好，一直护送到建康，埋葬完毕才回到长沙。只有春陵令易雄被送到了武昌，王敦派人将司马承起兵时，易雄书写的檄文拿给易雄，并责备易雄。

王敦当时没有杀掉易雄，而是把他放了。亲朋好友都向易雄道贺，易雄却笑着说昨晚梦见自己坐着车子，车子旁边挂着肉。有肉必有筋，筋就是斤。车旁有斤，那就是个斩字。恐怕自己也将不免了。果然不久之后，王敦就派人将易雄杀掉了。

司马承被杀以后，湘州刺史的位子就空了下来，本来元帝司马睿下诏让陶侃接任，但是王敦不同意。陶侃在王敦之乱中，被司马睿任命为江州刺史，并派高宝出兵，然而，高宝所部直到长沙陷落也没能抵达长沙。王敦知道陶侃有武略，不是司马承这些人可比，于是坚决不能让他在自己的掌控范围内横插一刀。在王敦的要求下，朝廷只好让陶侃继续做他的广州刺史，王敦为了安抚他，给他加了一个散骑常侍的虚衔。

陶侃也知王敦现在势力强盛，遂按兵养晦，徐做计较。而湘州刺史的位置王敦就任命给了南蛮校尉魏乂。魏乂拿下长沙以后，到处派人寻找邓骞的下落，邓骞的家人都为此感到担心，邓骞却主动去见魏乂，魏乂任命邓骞为湘州别驾，没过多久邓骞就托疾引归。

　　王敦内外事宜都处置完毕，更加跋扈，他最宠信的沈充和钱凤也鸡犬升天，凡有得罪沈、钱的官员，必死无疑，这二人"大起营府，侵人田宅，发掘古墓，剽掠市道"，使得士庶怨恨，皆望其早败为幸。

　　王敦之乱的影响非常大，可以说在一定程度上左右了东晋的政治走向。司马睿企图打压门阀、恢复皇权的努力，付之东流，皇权不振、门阀政治成了东晋一朝的政治特色。而这场内乱也让东晋丧失了短期内进行北伐的基础，让偏安江东逐渐成为现实。"荆扬之争"也逐渐成为门阀世族对抗司马皇权的手段。荆州作为扬州的上游，又是北伐的出发点，重兵多集结在此。后世的世族经常效仿王敦先掌握荆州的权力，进而与东晋朝廷分庭抗礼的做法。

　　元帝司马睿内迫叛臣，外逼强寇，这时候虽然名为江左天子，实际上号令不出国门。面对跋扈的王敦，元帝无可奈何，遂致忧愤成疾，卧床不起。司马睿在弥留之际召入王导，嘱授遗诏，让他辅佐太子司马绍即位。不久之后，司马睿就病死了。元帝在位五年，年四十七岁，《晋书·元帝纪》说他"恭俭之德虽充，雄武之量不足"，也是确评。

　　司马睿逝世后，朝臣们先要给他议定庙号。王敦仍对死去的司马睿耿耿于怀，不愿意给予司马睿很高的庙号，就派人对大臣们说祖和宗的称号，就先免了吧。据《晋书·李矩传》的记载，当时匈奴刘汉经历靳准之乱时，司马睿曾经派遣太常韩胤去迎接晋怀帝、晋愍帝的棺材，但是，"未至而准已为石勒、刘曜所没"。可知实际上虽有奉迎之举，但并没有迎接回来，王敦所说就是指这件事。

太常荀崧认为根据礼法规定，祖是有功，宗是有德。元帝开启中兴，功过汉宣帝，因此，应上尊号为中宗。王敦本来对荀崧很敬重，打算加封其为司空，这时候一看荀崧对司马睿这态度，王敦很恼火，但木已成舟，又不好再说什么，只能听任荀崧的了。而加封荀崧司空的事，王敦也就没再提。

元帝的长子司马绍即皇帝位，是为明帝，当时司马绍年仅二十四岁。司马绍被立为太子还是经过一定曲折的。司马睿还是为琅邪王的时候，纳妃虞孟母，没有生下儿子，而司马睿一个地位低下的宫人荀氏却为司马睿生下了司马绍和司马裒。兄弟二人都由虞孟母抚养。除了这两个兄弟以外，司马睿的石婕好为司马睿生下了司马冲，王才人生下了司马晞，郑夫人生下了司马焕和后来的简文帝司马昱。

司马绍在年少的时候，的确深得司马睿的喜爱。有一次司马绍坐在司马睿的膝前，正巧长安来了使者，司马睿随口问司马绍太阳与长安哪个距离远？司马绍回答长安近。因为没有听说过人们从太阳那儿来。第二天，司马睿与大臣饮宴，估计是为了显示自己儿子的才能，司马睿当众又问了司马绍同样的问题，这次司马绍却回答太阳近。听到与昨天截然相反的回答，司马睿不禁大惊失色，忙问怎么和昨天说得不一样，司马绍回答："举目则见日，不见长安。"抬起头就能看到太阳，却看不到长安，所以说太阳近。

但是过了几年，司马绍却逐渐失去了司马睿的宠爱。在司马睿登基之初，要立太子的时候，就曾经在司马绍与他的同母弟弟司马裒之间抉择。当时司马睿更偏向司马裒，只是在王导的反复劝说之下，才勉强立了司马绍做太子。不过，即便是在司马绍被立为太子以后，其地位也不稳固。

据《世说新语》记载，司马睿登基以后，宠爱郑夫人，因而十分宠爱自己小儿子司马昱，打算废掉司马绍另立司马昱为太子。以周颛和王导为首的朝廷大臣都以为废长立少是错误的决定，况且司马绍聪明睿智，应该立为太子。而刁协却迎合司马睿的意思。司马睿本来想直接下诏改立太子，但是又担心周颛和王导反对。于是元帝就以商议军国大事为由，将王导、周颛、刁协等重臣招入宫中。

当王导、周颛刚进宫门的时候，却有宦官传话说让二人先到东厢暂且休息。原来司马睿想趁着二位滞留宫中之机，让刁协出宫传达诏书。周颛还不明白，正准备回身走下台阶，王导却猜透司马睿打的什么算盘，他一把推开传达命令的宦官，直接走到司马睿的御床前质问司马睿，司马睿心里有鬼，被问得哑口无言，只得从怀中取出写好的诏书，狠狠地掷到一旁，自此，司马睿才不再提另立储君的事了。周颛叹息着称赞王导说自己经常说比王导能力强，经过今天这件事以后，才知道自己不如王导。

而这历经曲折，方才继承大统之位的年轻君主，刚一即位，就面临着强臣王敦在自己肘腋之间的情形，他该如何解决司马氏和王氏之间的矛盾呢？他能否夺回本该属于司马氏的皇权，完成父亲的遗愿呢？还是任由王敦在自己头上为所欲为，成为下一个元帝？

野心家也有怕的时候

明帝司马绍登基后，改元太宁。接着，司马绍就特许王敦奏事不名、入朝不趋、剑履上殿。就是说王敦上表奏事的时候，不用署名，入朝见皇帝的时候不用快步小跑，上殿的时候不用解下佩剑，也不用脱下木屐。明帝还加给王敦黄钺、班剑，这些都是皇家仪仗，只有皇帝才能享有的待遇。难道司马绍刚即帝位就向王敦缴械投降，也要步汉献帝、齐王芳的后尘了吗？

实际上，明帝这么做是为了稳住王敦，毕竟自己刚刚上位，羽翼未丰，如果公然和王敦对抗，当然是没有任何胜算的。王敦一看明帝不但没有对己不利，还给予了自己这么多特权，于是，王敦于这年四月出建康，移镇姑熟。

王敦虽然出都了，但实际上并没有放松对中央政府的控制。王敦以前的老巢是武昌，现在改为姑熟，姑熟距离建康，比武昌跟建康更近。而且王敦自领任扬州牧。扬州牧以前是王导，王敦虽然把王导由司空提升为司徒，却剥夺了他扬州牧的官衔。可见经过上次的叛乱，王敦已经不是很信任王导了。王敦移镇姑熟没多久，又坐不住了，离开了建康始终是不太放心，于是他又"讽朝廷征己"，想试探试探，结果明帝亲自写了封诏书让王敦入京，王敦这时候感到进退两难了。

为了对付王敦，明帝首先拉拢的是流民帅郗鉴。郗鉴是高平金乡人，汉献帝时御史大夫郗虑玄孙。洛阳沦陷时，郗鉴并没有南渡江南，而是和宗族乡党千余家保据邹山，司马睿委任他为兖州刺史。后来石勒逐渐南侵，郗鉴于永昌元年（322 年）退保合肥。纪瞻就表荐郗鉴，司马睿任命他为尚书，入居建康。

经过王敦之乱，东晋中央政府的兵力状况是十分困难的，握有强兵的大多是诸如王敦这样的强藩。除王敦外，有实力的地方官还有陶侃、祖约等人。但是陶侃被王敦压在广州，不能参与到荆州和扬州的事态。祖逖死后，他弟弟祖约统领着祖逖的军队，屯驻于寿春。祖逖历来和王敦不和，《世说新语·豪爽》就记载："王大将军始欲下都处分树置，先遣参军告朝廷，讽旨时贤。祖车骑尚未镇寿春，瞋目厉声语使人曰:'卿语阿黑，何敢不逊！催摄面去！须臾不尔，我将三千兵槊脚令上！'王闻之而止。"

阿黑是王敦的小名，祖逖的意思，如果王敦敢有对朝廷不利的举动，那我就带着手下和你大战一场。可惜这时候祖逖已死，而他弟弟祖约和他的志趣完全不同，这路兵马司马绍也是依靠不上的。所以，司马绍就将目光投向了郗鉴，因为郗鉴手下的那些流民已经形成一股不可忽视的军事力量，正好可以拿来为自己所用。于是司马绍拜郗鉴为安西将军、兖州刺史，都督扬州江西诸军事、假节，出屯合肥。

王敦当然不愿司马绍在自己身边安排一个钉子，于是他上书给司马绍，要求改任郗鉴为尚书令，征还京师。郗鉴从合肥返回建康时，路过姑熟，就与王敦相见，随便聊聊。结果话不投机，王敦大怒之下竟将郗鉴扣留下来。王敦的亲信钱凤建议王敦不如借机杀掉郗鉴，可王敦说，郗鉴是儒雅之士，又很有名望，不能就这么杀死了事。于是没过多久，王敦就把郗鉴放回了建康。

从王敦肯放郗鉴回建康这件事来看，似乎当时是无意于颠覆东晋政权的。

郗鉴重回建康后，"与帝谋灭敦"。但是郗鉴和司马绍讨论如何剿灭王敦的计谋，史籍中却无记载。但是可以肯定的是，司马绍是想借助郗鉴流民帅的身份招揽流民和其他流民帅。十一月，王敦就让自己的兄长，征南大将军王含为征东大将军、都督扬州江西诸军事，接替了郗鉴的位置。王敦又将从弟王舒从廷尉调任为荆州刺史、鹰扬将军、领护南蛮校尉，监荆州沔南诸军事，接替王含的职务，任命从弟王彬为江州刺史、前将军。

此时的王氏，掌控着荆州、江州、扬州、徐州、江西，王敦的爪牙沈充占据着三吴地区。王敦对王彬透露了要兵向建康的打算。王彬苦苦相劝，王敦见和己意不合，就想让左右逮捕王彬。王彬愤怒地说前时你害了兄长，现在还要杀弟弟吗？王敦以前曾把王棱杀了，所以王彬才这么说。王敦一听这话也觉不忍心，就打发王彬做豫章太守。

王敦自己没有孩子，恰巧王舒的二儿子王允之，十岁左右，非常聪明，王敦很喜欢这孩子。有一次晚上陪侍王敦宴饮，王允之也喝了点，就先进屋睡了。王敦当时还与钱凤等人在谋划废立大事，这些都被王允之听到了。王允之担心王敦多疑，就用手指抠喉咙，吐出了很多，弄得脸和衣服上一塌糊涂，还伪作鼾声，假装睡觉。钱凤等人走后，王敦果然进屋用蜡烛照视，发现王允之身边十分污秽，又喊了几声，王允之只是翻了个身接着睡觉。

王敦以为王允之真的睡着了，才放下心来，自己回去安寝。当时王舒刚刚拜为廷尉，王允之就跟王敦请假，请求回建康看望父亲，王敦答应了。回到了建康，王允之就把王敦的阴谋告诉了王舒，王舒和王导连忙一起将这一情报报告给了明帝司马绍。

王敦还以为自己的逆谋没有泄露，紧接着他又把矛头对准了义兴周氏。会稽内史周札在王敦之乱中，开石头城迎降王敦，为王敦顺利攻入建康立下了大功。王敦后来任命周札为光禄勋，很快又转为尚书，迁右将军、会稽内史。周札长兄周靖之子周懋被封为晋陵太守、清流亭侯，周懋弟周莚为征虏将军、吴兴内史，周莚弟周赞为大将军从事中郎、武康县侯，周赞弟周缙为太子文学、都乡侯，周札次兄周玘子周勰为临淮太守、吴程公。当时周氏一门五侯，贵盛无比。周莚的母亲去世时，前来送葬的人多达千人。这反为王敦所忌。恰好这时候王敦生了病，钱凤也劝王敦早除周氏，王敦深以为然。

周颧的弟弟周嵩被王敦引为从事中郎，每次想到兄长无辜遭殃，心里面常常愤愤不平。王敦没有子嗣，曾把王含的儿子王应过继给自己，还让他统领军队。周嵩是王应的嫂父，他私下对王敦切齿，就说王应年少难主军事。王敦听说周嵩到处这么跟别人说，就更加对周氏不放心了。

　　当时有一个叫李脱的道士，自称已经八百多岁了，号称为李八百。从中原一直到建康，有很多信徒。他有个弟子李弘，自称应谶当王。于是王敦终于找到了一个灭周氏的借口，就让庐江太守李恒上表建康，告发周札等人与李脱图谋不轨。朝廷接到此表，派人逮捕了李脱等人，枭首示众。王敦也在营中将周莚、周嵩杀死，又命令参军贺鸾通知沈充，率兵前往会稽袭杀周札。周札本人贪财好利，沈充的军队兵临城下时，周札的武器库中有大量的精甲利刃。但是，周札舍不得发给士兵们用，只给了一些破弊的军械，士卒怎么可能为他所用呢。周札带领着数百人出城拒敌，结果士卒都四散逃跑，周札也被沈充所杀。至此，江南的强宗义兴周氏，被王敦屠灭殆尽了。

徐图缓进除王敦

　　王敦尽灭周氏之后，他又开始物色丹阳尹的人选。丹阳这个地方在汉末三国的时候就已经为人所重视，曹、孙、刘三家初期都和丹阳兵有关。丹阳人多劲悍，后来的北府兵就都是丹阳人。而且丹阳距离建康很近，对于这样一个重要的地区，王敦不能不考虑再三。

　　王敦一开始想让"中兴三明"之一的诸葛恢来担任。"中兴三明"分别是颍川荀闿、陈留蔡谟和琅邪诸葛恢。这三人都表字道明，所以合称为与"中兴三明"，当时有句谚语：京都三明各有名，蔡氏儒雅荀葛清。诸葛恢的姑姑是元帝司马睿的祖母，而他的祖父，就是在魏国甘露年间，于寿春发动叛乱，为司马昭所杀的诸葛诞。

诸葛诞死后，他的儿子诸葛靓逃奔到吴国，吴国被灭后回到了琅邪。这么看来，诸葛恢似乎和司马氏是世仇，而且诸葛恢与王导关系也很好，两人也经常开玩笑。王氏和诸葛氏都是琅邪的名门望族，有一次王导对诸葛恢说："人们提到咱们两家的时候，都说王葛，没人说葛王的。"潜台词就是，王家在诸葛家前面。诸葛恢回答道："人们也都不说马驴，而说驴马，难道说驴比马强？"

这话让王导哑口无言。后来王导拜为司空的时候，指着司空的官帽对诸葛恢说将来你也会带着这顶帽子。暗示诸葛恢也有能力成为三公。既然诸葛恢有能力，和王氏关系很好，但和司马氏有些隔阂，这些因素汇集在一起，使王敦觉得诸葛恢就是丹阳尹的不二人选。但是诸葛恢不愿意在王敦和司马绍之间摇摆，他就借口长期有病而不理政事，结果没过多久就被罢免了。

诸葛恢既然不愿意担当此任，王敦又想找温峤。温峤字太真，是刘琨的外甥。刘琨死后，温峤被拜为散骑侍郎，准备南下建康当官。但是他母亲崔氏坚决不同意，死活不让温峤南下。温峤只得"绝裾而去"。后来崔氏病死，温峤想北归给母亲举行葬礼，但是有诏不许，这让温峤很是郁闷。自此之后，晋廷每次给温峤加官晋爵时，都在诏书中都特别说明这点。

《世说新语·任诞》记载，温峤丧妻后，从姑刘氏家有一个女儿，长得漂亮而且又还很聪慧。温峤的从姑就让温峤给女儿寻觅一个好女婿。偏偏温峤有意自己迎娶，就试探着问从姑好女婿不好找，如果像自己这样的怎么样？从姑就说乱世流离，能马虎过过日子，老来有个依靠就行了，哪敢指望找个像你这样的。过了几天温峤就说已经有了人选，门第不错，名气和职务和自己差不多，并且送了玉镜台作为订物。从姑见状大喜，就同意了这门亲事。等到结婚那天，行完了婚礼，温峤的小妹用手分开盖头，从姑这才知道女婿原来是自己人。温峤送出的那个玉镜台，是当年温峤做刘琨长史的时候，北征刘聪时所缴获的战利品。

温峤南渡之后，与王导"深自陈结"，王导也"厚相酬纳"，两人关系很融洽。王导素有"江左管夷吾"之称，被视为江左的管仲。这话就是当年温峤见了王导后给予他的。温峤"风仪秀整，美于谈论，见者皆爱悦之"。他与明帝司马绍为"布衣之交"，与司马绍的内兄庾亮也关系很好。

温峤地位不高的时候好赌，经常与在扬州、淮河之间做生意的赌博，还老是输。有一次，温峤下了很大的赌注，结果还是输了，对方就不让他走。恰巧庾亮也在附近，温峤无奈之下就让庾亮拿钱去赎他。

对于温峤，明帝司马绍和王敦都想把他招揽到自己的麾下。明帝即位以后，就任命温峤为侍中、中书令。王敦怎么可能让温峤这么容易就跟着司马绍了，就找个借口把温峤从明帝身边调离，让他做自己的左司马。温峤到了王敦那里与王敦虚与委蛇，假意为王敦出谋划策，而且厚结钱凤。每次温峤和同僚谈及钱凤时，都称"钱世仪精神满腹"。钱凤被温峤这样的大名士赞扬，当然非常高兴了，就和温峤成了莫逆之交。

丹阳尹这一空缺，温峤立即向王敦建议说丹阳尹责任重大，丹阳又地扼咽喉，应该派遣己方的得力人物去任此职。免得到时晚了一步让朝廷派去了人，到时后悔。王敦就问何人能补此缺，温峤就推荐了钱凤。钱凤作为王敦的谋主，温峤料定王敦是不会让他走的，一旦钱凤走了，王敦身边就没有可以商量的人了。果然钱凤来了后立即推辞，情愿让温峤去当。王敦遂上表推荐温峤做了丹阳尹，让他监视明帝的一举一动。

温峤本来就是想自己做丹阳尹，好进一步和明帝商量如何对付王敦，这下自己的计策成功了，就马上向王敦告辞，前去赴任。王敦就设酒宴，为温峤饯行。当时钱凤也在席上，温峤担心钱凤头脑清醒以后会提醒王敦，派人把自己追回。于是，温峤在酒席上边喝酒边想对策。忽然灵光一现，觅得一计，就假装喝醉了，起身走到钱凤跟前给钱凤斟酒，并且让钱凤速饮。还没等钱凤举杯，温峤就用手版把钱凤的头巾敲掉，作色说道："钱凤何人？温太真行酒，还敢不速饮吗？"弄得钱凤很没面子。

王敦见温峤已经喝醉了，连忙出面劝解，才让二人没有再争执下去。酒席散了以后，温峤和王敦告别，涕泗横流，已经出大营了又回去，如此好几次，才上马离开。温峤走后，钱凤对王敦说，温峤和庾亮有旧交，而且心在朝廷，他要是到了丹阳未必靠得住。王敦冷笑，说太真昨天喝醉了，是稍微不客气了点，但是你怎么能因此就污蔑人家呢？钱凤碰了一鼻子灰，什么话也不说就退出去了。

温峤顺利回到朝廷后，就把王敦的阴谋报告给了晋明帝，并且和庾亮一起商量讨伐王敦的计划。王敦得到这消息后，勃然大怒，就立即给王导写了一封信，大致是说温峤胆敢负他所望，我一定派人生擒了他，亲自拔了他的舌头。王导此时已经不愿意和王敦站在同一条战线上了，就置之不理。

温峤和郗鉴都已经向明帝司马绍汇报了王敦方面的情况，明帝又问了光禄勋应詹的意见，应詹也赞同出兵讨伐王敦，明帝乃决意兴师。但是王敦的军事情况如何，还没有详细的资料，明帝就想亲自去王敦那里一窥，验明虚实。于是就骑了巴滇骏马，微服出了建康，随身只有一二人，去察看王敦军的营垒。

王敦当时正在睡觉，猛然惊醒，帐外侦察人员进来汇报说有几个人前来窥营，其中一人非常英武，恐怕不是什么寻常的人。王敦不禁从床上跳了起来，说这定是黄须鲜卑奴来探虚实，赶紧派人去追，不要使他们逃跑。这黄须鲜卑奴就是指的明帝司马绍，他的生母荀氏是代郡人，司马绍外表就和鲜卑族人差不多，胡须的颜色微黄，所以王敦称他为黄须奴。

王敦的追兵从营中出来时，明帝已经往回走了，为了制造自己早已远去的假象，明帝就把水浇在马粪上，让马粪湿冷。路旁正巧有个老妪卖饼，明帝买了几枚，还把七宝鞭赠给了老妪，对她说如果后面有骑兵追来，就把这个鞭子展示给他们看。说完就走了。过了一会儿，王敦的追兵赶到这里，问及老妪，老妪就把七宝鞭拿了出来，说人已远去，恐怕难以追及了。王敦的这些追兵只顾把玩七宝鞭，又见马粪已冷，都无心追击，就打道回府了。

明帝安然回到建康后，立即召开会议，并加王导为大都督，领扬州刺史；丹阳尹温峤为中垒将军，和右将军卞敦共守石头城；光禄勋应詹为护军将军，都督前锋及朱雀桥南诸军事；尚书令郗鉴行卫将军，都督从驾诸军事；中书监庾亮，领左卫将军；尚书卞壶，行中军将军。又下诏征徐州刺史王邃、豫州刺史祖约、兖州刺史刘遐、临淮太守苏峻、广陵太守陶瞻等人，立即率军入卫建康。

明帝的军事安排妥当后，准备下诏列出王敦的罪行，好师出有名。这时候王导听说王敦已经得病，就建议诈称王敦已死，嫁罪给钱凤、沈充等人，使将士不生畏惧之心。王导就率领着王氏子弟在建康为王敦举哀。这些消息传到姑熟，惹得王敦十分恼怒，结果弄得病上加病，以致不能支持了。

乱成一锅粥了

王敦见自己身体一日不如一日，他就叫来自己的记室参军郭璞来为自己算上一卦。郭璞在当时是有名的算命大师，他在建康的时候，曾经给一家人寻找墓地。恰巧明帝司马绍也微服去墓地相看。明帝也略通相术，看完了之后就对那家的人说，郭璞怎么能让你家的墓地葬在了龙角？这是阴宅之法，这种葬法只会让家族遭到灭族之灾。这家人说郭璞当时说这不是葬在龙角，而是葬在龙耳上，而且三年之内必能招来天子。明帝一听会招来天子，大惊失色，失口问是不是说这里要出天子？那人就回答是要招到天子的询问罢了。听到这话明帝才放心了下来，对郭璞的术数也暗暗称奇。

郭璞在并州的时候，曾对卜栩说过自己祸在江南，经常说："杀我者山宗。"当时大家都不理解郭璞说这话是什么意思。郭璞与桓彝关系很好，两人之间十分随便，有些时候，郭璞正和他的爱妻爱妾在一起，桓彝也是登门便入，毫不顾忌。郭璞就跟桓彝说你什么时候来都可以，但是你要记住，你来的时候，到我们家哪里找我都行，就是不可以到厕所去找，如果你不听我的咱俩都会有灾难。结果有一次桓彝喝醉了，就去找郭璞。正好桓彝要上厕所。等桓彝推开厕所门时，只见郭璞浑身一丝不挂，披头散发，嘴里嗍着一口刀，在那里作法事。郭璞一看桓彝进来了，大惊失色，十分懊恼。

之前温峤和庾亮私下也曾让郭璞占卜王敦的生死。郭璞算完后沉默不语。二人又让其算算自己的吉凶，郭璞算完告诉二人都是吉象。温峤和庾亮等郭璞走了之后，一致认为郭璞不回答王敦的卦象，一定是王敦命不久矣。而他又说我们二人卦象是大吉，看来我们和朝廷联合讨伐王敦的事情一定能成功了。

这时候王敦也让郭璞为自己的寿命和进兵建康的事来算上一卦。郭璞本来就不太同意王敦起兵，算完之后直截了当地说不能成功。王敦本来就怀疑郭璞和温峤、庾亮等人关系密切，这时候又见郭璞说自己出兵是凶卦，心中愠怒，坚信郭璞是受温峤、庾亮之托阻挠自己进兵的。王敦强忍着怒火，又让郭璞给他算算寿命，郭璞回答如果起兵东征建康，必定祸不久远。如果兵回武昌，肯定寿不可测。王敦一听郭璞这么说，大怒，又冷冷地问道："汝寿命几何？"郭璞自知不免，答道："命尽今日日中。"王敦立即命人收斩郭璞，绑赴南岗行刑。

　　郭璞出了王敦的府邸，就问身边的役吏要去哪里受刑，役吏说是南岗头。郭璞说自己肯定要死在两棵并生的柏树之下。等到了南岗，果然有两棵柏树并立。郭璞又说这树上应该有一个大雀巢。役吏找了半天也没有，郭璞就让他仔细找找。果然在枝上有一个雀巢，因为被树叶挡上了，所以一开始没有找到。以前元帝时，郭璞有一次在越城遇到一个人，那人叫了声郭璞的姓名，郭璞就把自己随身带的衣服赠给了那个人。那人坚持不受，郭璞就说尽管拿着，不必多谦，将来自有分晓。而此时，正是那人行刑。郭璞死时年四十九岁。

　　行刑之人因为感念郭璞旧恩，就替郭璞买了棺材，埋葬在南岗。后来郭璞的儿子郭骜为临贺太守，才得改葬。郭璞曾注释过《周易》《山海经》《楚辞》《穆天子传》《尔雅》等古籍，大概有几十万字，都流传后世。郭璞的词赋也被誉为"中兴之冠"。王敦之乱平定后，明帝司马绍为了纪念郭璞，就在玄武湖边建了郭璞的衣冠冢，名为"郭公墩"，并且追赠郭璞为弘农太守。

　　郭璞死后，王敦似乎清醒了点，当时钱凤见王敦病笃，就问王敦王应能不能承继大事。王敦就说："非常之事，非常人所能为。王应年少，岂堪大事！我死之后，莫若释兵散众，归身朝廷，保全门户，上计也；退还武昌，收兵自守，贡献不废，中计也；及吾尚存，悉众而下，万一侥幸，下计也。"

结果钱凤却认为王敦的下计其实是上策，于是又怂恿王敦起兵。王敦遂命令钱凤、邓岳、周抚率领三万部队，向建康进发。这时王敦的哥哥王含跟王敦说这是家事，自己当亲自率兵。于是王敦就任命王含为元帅，统领这支部队。临出发时，钱凤问如果起事成功了，天子该如何处置？王敦瞑目答道，司马绍还没有进行郊祭大典，如何能称作天子？只要保护好东海王司马冲和裴妃就好，其余的不用有什么顾虑。

王含等人率领水路五万人马，很快就到了江宁西岸。镇守石头城的温峤就率领本部兵马移军到水北，并且将石头城通往建康的朱雀桥烧毁，以切断叛军攻进城内的要道。王含的军队不得通过，只能在桥南列营。司马绍本来想亲自率兵征讨，结果听说桥梁被烧毁了，大怒之下把温峤召回来问怎么回事。温峤说如今宿卫寡弱，征召的援军还没有到达。如果被叛军突入，危及社稷，宗庙尚恐不保，陛下何惜一桥呢。明帝这才消了气。

此时王导又给王含写信，劝令退兵。信中大意是近来听说王敦病情加重，还有传言说王敦已经病逝了。钱凤率军反叛，朝中上下都对他都十分痛恨。而且我得到驻屯于淮阴的征北将军王邃的书信，说刘遐、苏峻、陶瞻都对朝廷的前景深怀忧虑，坚定了保卫建康的决心。况且这次起兵和上次的情况迥然不同，当年刘隗、刁协佞臣在朝，人心不宁，所以朝中有些人是支持的。而如今情况大变。王敦屯兵于湖以后，逐渐失去了人心，将死之时，还将大事委任王应。王应年纪小又缺乏威望，怎么能是丞相之选。自古以来也没有小孩做宰相的。况且禅代之事，岂是人臣所为。先帝中兴，人怀感恩，今上聪明，德施朝野。反叛的举动都是钱凤一人的主意，至于邓岳、周抚等人，朝廷将要委以重任，完全可以放心。所谓"宁忠臣而死，不无赖而生"，不如就此杀掉钱凤，然后归顺朝廷。

王含得了王导的书信也不作答复，王导等了几日不见回信，就又和明帝商量战守事宜。有人说王含、钱凤率领大军前来，台城小而且不是很坚固。现在敌人立足未稳，不如御驾亲征，到前线督战，挫败叛军的锐气，方可制胜。明帝也跃跃欲试，但是这时候郗鉴站出来劝明帝切勿冒险。

灭了你不用再怀疑

郗鉴力谏明帝不可以身犯险，郗鉴说现在叛军兵力多，势不可当，只能以智取胜，不能和他硬拼。而且王含等人号令不一、军纪不整，只知道四处掠夺。吏民有鉴于当年王敦为乱的前车之鉴，都一心守着建康，何忧叛军不为我们讨平。现在贼寇凭恃他们的蛮力，寄希望于一战。如果咱们能坚壁相持，旷日持久，他们的士气就会衰落，而我们就会士气大振，一战就可以剿灭叛军了。如果现在就想着和叛军决一死战，战场瞬息万变，万一有个差池，纵使有申包胥那样忠义的人一同助我等讨伐叛军，也没有什么用了。所以请陛下万万不可孤注一掷。明帝一听郗鉴的分析，便命令各处守军坚壁自守，不可轻易出战。

王含、钱凤等人屡次出兵挑战，不得交锋，以为明帝是怯懦了，慢慢就松懈了下来。郗鉴瞧准时机，招募了壮士千人，命令段匹磾的弟弟将军段秀、中军司马曹浑、左卫参军陈嵩、钟寅等人于夜间渡水，掩其不备，突入进王含的军营。王含等人仓皇迎战，前锋将领何康被段秀所杀，斩首千余级，王含等人只得退却。

而身在姑熟的王敦，听说王含等人的败状，破口大骂。他对身边的参军吕宝说自己得去前线督战了。结果王敦刚要起身，头又一阵眩晕，又倒在了床上，不省人事。王敦知道自己时日无多了，就对自己的舅舅羊鉴和养子王应说自己死后，王应立即继承爵位，先设立朝廷百官，然后办理丧事。没过多久，王敦就病死了，时年五十九岁。王应秘不发丧，将王敦的尸体用席子包裹，外面涂上石蜡，埋在听事堂里，而王应自己与亲信诸葛瑶等人只是纵酒淫乐。

王含、钱凤那边还不知道王敦已死，初战失利后，"凤等至京师，屯于水南。帝亲率六军以御凤，频战破之"。晋廷的形势一片大好。可就在此时，吴兴的沈充率领三吴叛军先于朝廷的援军抵达了建康。之前司马绍曾派吴兴人沈桢去劝说沈充，让他弃暗投明，并且许以司空这样的高官。沈充却摇首拒绝。言毕，沈充就提兵直奔建康，率万余人与王含汇合。沈充出兵前，对自己的妻子说若不在车子后面竖上豹尾旗，此行再不还家。豹尾旗意指成为大将。沈充这带来的一万多人的援军，陡然之间，让之前接连战败的叛军恢复了元气。

沈充的司马顾飏建议：今日举大事，偏被天子先扼守住了我军的咽喉，军锋受挫，士气低落，相持日久，肯定要失败。不如破坏堤防，将玄武湖的水放出来，水淹建康。我们乘着水势，纵舟进攻，这就是不战而屈人之兵的上策。如果这计不行，也可以凭借我军刚到的锐气，与王含的西路军一起，分为十路，同时进攻，我众敌寡，所向无前，尚不失为中策。如果为了转祸为福，把失败变成成功，可以假装召钱凤前来商量军情，杀掉他投降，这就是下策了。沈充犹豫了半天，始终不作回答。顾飏见沈充满腹狐疑，料定他不会有什么作为，注定会失败，便偷偷逃回了吴兴。

会稽四大家族之一的虞氏虞潭，听说沈充叛军北上建康，当即招合宗族和郡中大姓，共一万多人，自称明威将军，率军推进到上虞。明帝封虞潭为冠军将军，兼会稽内史。虞潭受命以后，前来的义众更多，遂派遣长史孔坦领前锋渡过浙江，紧追沈充身后。虞潭则屯军西陵，作为后继。沈充被杀以后，虞潭被征拜为尚书，补右卫将军，加散骑常侍。

兖州刺史刘遐、临淮太守苏峻等人也率领一万多精兵，抵达建康。明帝司马绍十分高兴，当天深夜就召见二人，表示慰问，并犒赏将士。钱凤见建康来了援军，便与沈充商议要利用刘遐、苏峻部队远来疲惫、立足未稳之际，对台城发起总攻。于是沈充和钱凤便率军从竹格渚渡过了秦淮，护军将军应詹率领建威将军赵胤等人抵抗，初战失利，退入台城，沈充、钱凤部队一直进抵台城南门宣阳门外。

当时叛军正在清理城外的栅栏工事，准备组织攻城之战之时，刘遐和苏峻的军队抄其后路。苏峻亲率其将韩晃与刘遐一起横截叛军，应詹与赵胤等又从城中杀出，大败沈充、钱凤的军队，斩首数千级。王含得知沈充和钱凤大败，赶紧烧毁大营，趁夜逃亡，沈充也烧营而退。

司马绍见叛军都已退走，就回到了建康皇宫，宣布大赦，王敦的党羽不在赦免之列。明帝命温峤都督刘遐部继续追击王含、钱凤，任命庾亮为都督东征诸军事，假节，都督苏峻部追击沈充。苏峻请求吴郡四大家族之一的陆氏、吏部郎陆迈一起随军东征。

流民军毕竟是由流民组成的，军纪很是问题。刘遐所部随丹阳尹温峤渡过秦淮以后，刘遐看到南塘之地富庶，便放兵掳掠。温峤见此，便对刘遐说天道助顺，因此王含才被剿灭，你可不能因乱为乱。

刘遐赶紧解释道歉。《世说新语·规箴》记载，苏峻的流民军将到吴郡的时候，苏峻密令左右在苏州城的西门放火示威。陆迈知道苏峻的用意，就说吴郡刚刚太平不久，必将又有变乱。如果要制造混乱，那就从我们陆家开始。苏峻一听，这才停了下来。

与此同时，豫州刺史祖约也率兵驱逐了王敦任命的淮南太守任台，明帝加封祖约为镇西将军，使屯寿阳，驻守北境。宣城内史钟雅本为王敦所任，但心系朝廷，明帝加封他为广武将军，率众屯在青弋。周玘起兵帮助钱凤，钟雅退据泾县，收合士庶，将周玘叛军剿灭，又拜为尚书左丞。前吴郡太守张茂，在王敦第一次叛乱之时被沈充所杀，张茂之妻陆氏便散尽家财，招合张茂的旧部，跟随苏峻军一起进攻沈充，后来沈充败亡，陆氏亲自到建康上书，陈述丈夫的忠义，朝廷追封张茂为太仆。

浔阳太守周光，是周访的幼子、周抚的弟弟。王敦举兵时，周抚率两千人马随钱凤出战，而周光也率一千多人为后继。周光抵达于湖以后，去拜见王敦。当时王敦已死，王应推脱父亲病重，不愿见客。周光就疑惑起来，自忖自己风尘仆仆远来至此，却见不到王敦，想必已经死了吧？于是，他赶紧去见兄长周抚，开口就说王敦已死，兄长难道还要继续与钱凤一块做贼吗？周抚和身边的众人闻言都瞠目结舌。就在当天晚上，前线就传来了沈充、钱凤的败讯。周光遂率兵追击，将钱凤斩首，送到朝廷自赎罪愆。

周抚与邓岳准备一起逃亡，周光虽然给兄长准备了船只和盘缠，但暗中想等邓岳来到之后，逮捕邓岳立功，周光就把这个计划告诉了周抚。周抚闻言大怒。这时，邓岳到了，周抚连忙跑出去，对邓岳大喊让他快走！邓岳返身逃走。周抚取了盘缠，追上邓岳，两人一起投奔到西阳的蛮族头领向蜀。之前邓岳为西阳太守时，曾密谋讨伐这些蛮族，因此，邓岳、周抚到来后，蛮族的人都想杀掉二人。向蕴却说邓府君走投无路，才投奔到我这里，我岂能忍心杀掉他们。于是，两人避难在蛮中。后来朝廷下诏赦免王敦一党，邓岳和周抚才从蛮中出来，到朝廷请罪。朝廷下诏将二人禁锢。在王导的斡旋下，两人才被招为王导的从事中郎，重新做官。

沈充败归吴兴后，慌不择路，绕道奔窜，以致走错了路，误入自己的旧将周儒的家里。当时晋廷悬赏能够捉拿到沈充的封三千户侯。周儒将沈充骗到内宅，笑着对沈充说："我今日得封三千户侯了。"沈充才知道被周儒所骗，就求他放了自己。周儒哪听得沈充这些话，就把沈充杀掉，将首级送到建康请赏。沈充的儿子沈劲，本来也是要被诛杀的，他被同乡的钱举藏匿得免。后来，沈劲将周儒一家诛杀。沈劲因父亲死于不义，一直发誓要立功朝廷，报效国家，一雪家族前耻，后在与慕容恪许昌之战中被俘，不降而被慕容恪所杀。

王含失败后，就逃回了姑熟，想带着王应投奔荆州刺史王舒。王应说不如投奔江州刺史王彬。王含就说王敦生前和王彬关系不怎么样，为何还要投奔他？王应答道正是因为这样，才要投奔江州的。王彬在王敦强盛的时候，尚且不肯阿附，见识高出常人一等。如今王彬见到我们衰败了，必定心生怜悯，定然不会加害，怎能意外行事呢？

王含不从，于是二人载一扁舟，一起西上投奔王舒。荆州刺史王舒听说两人前来，遣兵出迎，等二人入城后，立即将二人拿下，绑住手脚，投入江中淹死。而江州刺史王彬本来已经提前秘密准备了接应的小船，静待王含父子。但是等了很久，王含、王应二人都没有来，王彬料知二人不是跑了就是被杀了，对此深为遗憾。至此王敦的叛党被悉数平定。

打扫屋子要北伐

王敦第二次叛乱平定后，有人觉得王敦滔天作逆，有无君之心，应该效仿春秋时齐景公戮崔杼之尸的例子，刨棺戮尸。于是有司挖开了王敦的坟墓，发掘出王敦的尸首，将王敦的衣冠焚毁，把王敦尸体拉出，让他跪在地上，然后枭首示众，还将王敦和沈充的头颅悬挂在朱雀桥南。尚书令郗鉴听说这件事后，就对明帝司马绍说：前朝诛杀杨骏等逆贼，都是先加官刑，然后听令私家下葬，所谓"王诛加于上，私义行于下"。王敦既然已经伏诛王法，不妨顾全私义，允许王家埋葬，也可以借此展示皇恩浩荡。于是明帝就让人把王敦的首级取下，并让王敦家将王敦的尸首重新埋葬。

对于王敦以前的幕府僚佐，明帝一开始是准备"纲纪除名，参佐禁锢"。纲纪是指综理府事的官员，也就是高级属员。将曾经在王敦手下任职的人全部排斥在朝廷之外，终身禁锢，这一举措，显然打击面过大。因为当时有些人是迫于王敦的淫威而进入王敦的幕府的，他们内心中并不一定愿意与朝廷为敌。所以温峤就上书明帝，就说王敦刚愎不仁，忍行杀戮，亲任小人，疏远君子，朝廷拿他没办法，骨肉亲戚也不能说服他。

在当时的情况下，人人自危。当时是贤人君子都无计可施、韬光养晦的时候。况且在王敦图谋不轨之日，拘录士人，这些人都是没有办法才去的，比如，陆玩、羊曼、刘胤、蔡谟、郭璞等人就曾经说过当年进入王敦幕府后，内心有多痛苦。如果一些人是本心凶悖，那杀了也是罪有应得，如果是被迫进入奸党，则应从宽处理。像陆玩等人忠心耿耿，众所周知，如今却要受到叛党一般的处罚，实在是辜负了这些人的忠心。

郗鉴也劝明帝不要打击太广，但是对被迫成为王敦下属的官员要严厉谴责。因为古代的圣王都重视对臣下的教化，所以古时候对因忠义而死最为推崇。只有昏君才对那些变节之人特意施恩，进行宽恕。虽然大多数都是被王敦所逼迫，但是身居逆乱之朝，却进不能制止他叛逆的阴谋，退又不能脱身远逃，失去了起码的操守，这是要以大义来谴责的。明帝最终听从了温峤、郗鉴的意见。郗鉴又上书称钱凤的母亲已经八十岁了，应该免除处罚，明帝也同意了。

太宁三年（325 年）二月，明帝令朝廷大臣商议追赠被王敦所杀的谯王司马承、甘卓、戴渊、周𫖮、虞望、郭璞、王澄等人的官爵，给这些人平反昭雪。经过商议，明帝下诏追赠谯王司马承为车骑将军，谥号为闵；追赠甘卓为骠骑将军，谥号为敬；追赠戴渊为右光禄大夫、仪同三司，谥号为简；追赠周𫖮为左光禄大夫、仪同三司，谥号为康，祭祀以少牢；追赠虞悝为襄阳太守、虞望为荥阳太守，祭祀以少牢；追赠郭璞为弘农太守。王澄的旧将、佐著作郎桓稚上书，要求追赠王澄。朝廷研究后，便追赠王澄为荆州刺史，谥号为宪。而对于周札和刁协的追赠问题却有了分歧。

周札在王敦第一次叛乱的时候，曾开石头城城门以迎王敦，完全是站在了朝廷的对立面。就给不给周札追赠的问题，王导与郗鉴和卞敦还有一番争论，王导主张给周札追赠，而郗鉴和卞敦都坚决不同意。王导还搬出春秋时，齐桓公即位前，召忽死，管仲不死，又举出西汉刘邦死后，吕后执政，吕后封吕氏为王，周勃、陈平听从吕后的行为，而王陵廷争，坚决不让吕后封吕氏子弟为王的例子，来说明虽然行为不同，但双方都是忠于朝廷的道理。

明帝或许是为了照顾王导的面子，就听从了王导的意见，追赠周札为卫尉，遣使者祠以少牢。至于刁协，明帝虽然没有像他以前给王敦的诏书中，认定刁协为佞臣，但是因为刁协在关键时刻出逃，也就不予追赠。

叛党都已剿灭，明帝论功行赏，封司徒王导为始兴郡公，邑三千户，赐绢九千匹；丹阳尹温峤为建宁县公，尚书卞壶为建兴县公，中书监庾亮为永昌县公，北中郎将刘遐为泉陵县公，奋武将军苏峻为邵陵县公，邑各一千八百户，绢各五千四百匹；尚书令郗鉴为高平县侯，护军将军应詹为观阳县侯，邑各千六百户，绢各四千八百匹；建威将军赵胤为湘南县侯，右将军卞敦为益阳县侯，邑各千六百户，绢各三千二百匹。十月，又加司徒王导为太保、领司徒，太宰、西阳王司马羕领太尉，应詹为使持节、平南将军、都督江州诸军事、江州刺史，刘遐为散骑常侍、监淮北诸军事、北中郎将、徐州刺史、假节，代王邃镇淮阴，庾亮为护军将军。

经历了王敦的两次叛乱，明帝对王氏自然有了戒备之心。虽然当时有人称王彬和安成太守王籍之等是敦之亲族，皆当除名，王导也在其中，明帝也下诏，称司徒王导以大义灭亲，犹将百世宽恕，何况王彬等人是王导的近亲。但是实际上，王导逐渐在朝中让出了一部分政权，庾亮取代王导，为明帝信任。《太平御览》卷五九三引裴启的《语林》记载的一件事充分说明了这点："明帝函封诏与庾公，信误致与王公。王公开诏，末云：'勿使冶城公知。'导既视，表答曰：'伏读明诏，似不在臣，臣开臣闭，无有见者。'明帝甚愧，数日不能见王公。"

冶城公指的就是王导。明帝写给庾亮的信，却误送给了王导，信的末尾还特别注明，别让王导知道了。王导看后的心情可想而知。不过王导也清楚，王敦的叛乱使王氏逐渐失去了在朝中的威信，对于明帝疏远自己这点，倒也看得开，遂上表回答说这诏书好像不是给我王导下的，我只能看了又封好，我也什么都没看见。这让明帝有点尴尬了。

《世说新语·尤悔》记载，当时明帝召见王导和温峤二人，并且询问西晋兴亡的原因，王导就详细叙述了司马懿创业之初，诛杀名族，拉帮结派，以及司马昭末年诛杀高贵乡公的故事。明帝听到这里，趴在床上捂着脸说道："真像公所说，国祚如何能长久！"王导抢在温峤之前说，也许是不想让温峤说出其西晋之所以亡国，是因为空谈误国、诸王争权、大族骄恣这些原因。而且，王导或许也是在暗示明帝不要像宣帝司马懿那样心狠手辣、诛杀大族。

后来，明帝下诏恢复过去施行的诛杀三族的刑法，惟不及曹魏初年，族诛包括全家男女，西晋惠帝年间，曾有不及妇人之议，到永嘉元年，司马越表除三族之刑，但是并没有完全禁绝。司马睿为丞相时，"朝廷草创，议断不循法律，人立异议，高下无状"，司马睿即位后，曾经讨论过恢复肉刑，在王敦的反对下才没有施行。此时，晋明帝恢复了三族之刑，也是鉴于王敦再叛的教训，加重对谋反罪行的惩罚。虽然温峤曾提出反对，但明帝并没有采纳。

随后，明帝又对王氏在朝中的职务进行了调整。其实这种调整在太宁二年十月就已经开始了。明帝将王导进位为太保的同时，罢免了王导从弟王邃的职务，改任刘遐为监淮北诸军事、北中郎将、徐州刺史，镇守淮阴；征召王彬为没有实权的光禄勋，又转为度支尚书，任命应詹为使持节、都督江州诸军事、平南将军、江州刺史，彻底将王彬和王邃的军权夺了回来。

对于荆州刺史王舒，就有点棘手了，毕竟王舒将王含、王应沉于江中，是对朝廷有功的。明帝便先封王舒为都督荆州诸军事、平西将军、假节。本来临近荆州的江州刺史是王彬，明帝已经改派应詹为江州刺史了，这当然是有防备王舒的意思。太宁三年（325年）五月，司马绍任命征南大将军陶侃为征西大将军、荆州刺史、都督荆州、湘州、雍州、梁州四州诸军事，直接就把王舒从荆州拿下，改任王舒为安南将军、都督广州诸军事、广州刺史。此时应詹在江州，陶侃在荆州，即使王舒再生叛心也难有作为了。王舒自己也不大乐意去广州，就称自己有病，推托不愿去岭南上任。王导也在明帝面前做思想工作，于是明帝就改任王舒为湘州刺史、都督湘州诸军事，而让原来的湘州刺史刘颙去了广州。

此时的东晋可谓百废待兴，明帝也正要有所作为的时候，太宁三年（325年）八月，明帝却染了重疾。没过多久，明帝就病逝了，年仅二十七岁，在位不到三年。这时候的东晋王朝也才仅仅建立了八年。明帝在遗诏中说："自古有死，贤圣所同，寿夭穷达，归于一概，亦何足特痛哉！"对于英年早逝，明帝坦然面对，"大耻未雪，百姓涂炭，所以有慨耳"。

在明帝之世，未能北伐规复中原，晋朝仍偏安江左，明帝对此甚为遗憾。明帝还遵从晋朝自宣帝司马懿以来立下的规矩，施行薄葬，"敛以时服"，"务从简约"。接着，又将五岁的幼子托孤，要求众臣不分内外，齐心协力，辅佐幼主，"百辟卿士，其总己以听于冢宰"。即朝廷的最终决定权由太宰、西阳王司马羕负责。司马绍托孤时，将庾亮引到自己的御床之上，以示尊崇，又让自己的儿子、未来的皇帝司马衍，要对司马羕给予特殊的待遇，即依照西晋初年，武帝司马炎拜安平献王司马孚的规矩，在大殿之上设置专门的床帐，皇帝亲自迎拜。明帝的这一安排，是考虑到幼主继位，庾亮权力很大，而由皇室元老司马羕加以掣肘，平衡一下权力。但在明帝去世不久，东晋的政权就又回到了"祭由司马，政在世族"的轨道了。

做大事要有谋略

司马衍即位后，是为成帝。就在成帝举行即位大典的时候，司徒王导却借口生病请假。这是因为在明帝的遗诏中，王导没有得到顾命大臣的位置，这让王导内心十分不爽，所以就借故没有去。尚书令卞壶得知后，厉声说：王公这种做法难道能被人称为是社稷之臣吗？大行皇帝的灵柩还停在朝堂之上，皇太子还没有继位，这是臣子该称病请假的时候吗？王导一听这话，赶紧坐车去参加成帝的即位大典了。

按照明帝的遗诏，司马羕本该成为顾命大臣之首，但是庾亮并不想让司马羕站在自己的头上，因为庾亮与司马羕的弟弟南顿王司马宗的关系不好。庾亮，字元规，《世说新语》称其"风仪伟长，不轻举止"，相貌出众，而且很注意自己的行为举止，以至当时的人们都以为他有点作秀的意味。后来，人们看到他的长子庾彬也是如此以后，才知道原来庾亮天性就是如此。

明帝曾经问谢鲲和周颛，觉得庾亮怎么样。谢鲲的回答是："端委庙堂，使百僚准则，臣不如亮；一丘一壑，自谓过之。"而周颛的回答几乎与谢鲲一模一样："萧条方外，亮不如臣；从容廊庙，臣不如亮。"两人都认为，庾亮在政治方面均高过自己。

明帝病重时，其舅虞胤为右卫将军，与左卫将军南顿王司马宗同掌禁卫军权。这两人的私人关系也不错，庾亮就对二人有所猜忌。王导也是出于公心，与庾亮一起向明帝提醒，怕司马宗会与虞胤在明帝死后拥立司马宗的哥哥西阳王司马羕为帝。明帝不信，反而更加信任虞胤、司马宗。而且，有一次庾亮半夜想入见明帝，被南顿王司马宗呵止，说皇家宫廷大门岂是像你们庾家自己的家门一样想进就进的。

明帝弥留之际，庾亮说为了防备日后司马宗、司马羕和虞胤三人有逆谋，希望明帝马上处理他们。明帝不纳，反而让人把时任太宰的司马羕、太保王导、尚书令卞壸、车骑将军郗鉴、丹阳尹温峤以及庾亮等人叫在一起，共受遗诏辅政。

于是，庾亮就和王导一起上表，称天子年纪还小，皇太后庾文君应该依照汉朝邓太后临朝承制的故事，请求皇太后庾文君临朝听政。庾文君经过四次假意的推让，"不得已"就接受了群臣的劝进，临朝听政。接着，庾太后就置明帝的遗诏于不顾，任命王导为录尚书事，即"录公"，让王导成为东晋政权中的最终决策者，并与中书令庾亮两人辅佐朝政，直接把司马羕等人架空了。为了安抚司马羕一党，庾太后加封司马宗为骠骑将军，进汝南王司马祐为卫将军，虞胤为大宗正。转瞬之间，司马羕就从首席顾命大臣的位置上被庾亮拉了下来。

庾亮削弱了司马羕一派的权力后，并没有停止在政治上对司马羕的攻击。晋成帝咸和元年（326年）十月，御史中丞钟雅先上书，称南顿王司马宗企图谋反。得到钟雅的奏疏以后，庾亮立即命令右卫将军赵胤派兵前去捉拿，司马宗领兵拒战，被赵胤所杀。接着，被庾氏所控制的东晋朝廷贬司马宗一家为马氏，司马宗的三个儿子，司马绰、司马超、司马演都废为百姓。

庾太后又下诏，免去太宰西阳王司马羕的职位，降封为弋阳县王，大宗正虞胤也贬为桂阳太守，秩中二千石，后来还多次被调到琅邪、卢陵做太守，以示惩罚。司马羕和司马宗的侄子汝南王司马祐，在事变前几天就去世了，受到此事的牵连，司马祐的儿子司马统也被废黜。

司马宗的亲信卞阐逃奔投靠苏峻，而此时的苏峻也对庾亮擅自废黜司马羕感到不满。此时，庾亮命令苏峻将卞阐送归朝廷处理，但苏峻将其藏匿，拒不交出。这让庾亮耿耿于怀，也为后来更大的叛乱埋下了伏笔。

司马宗被杀、司马羕被废，年仅六岁的成帝司马衍并不知情。

司马衍好长时间没看到司马宗露面，有一天，就问庾亮道："平常那个白头老爷爷怎么不见了，现在在哪里？"庾亮就称南顿王司马宗已经因谋反被杀。司马衍听说后，就哭道："舅舅你说人家谋反，就杀掉了人家，如果别人说你谋反，那又该怎么办呢？"庾亮一听成帝这么说，也觉变色。一旁的庾太后就拿着一把牙尺，照着成帝的头上打了一下，斥责道："孩儿怎么能说这样的话呢？"司马衍不敢说了，只能愣愣地看着庾太后和庾亮。

庾亮既已迅速从司马羕手中夺回了执政大权，接下来他要处理的就是已经成为气候的流民帅势力了。明帝时基于巩固皇权、对付王敦的需要，曾经拉拢过诸如苏峻、祖约这些流民帅。而王敦之乱平定后，明帝英年早逝，流民帅像失去了靠山一样，地位十分尴尬。流民帅面前只有两条出路，要么像郗鉴那样暂时放下手中的军权，到建康任职，并在与门阀世族的交往中不断磨合，逐渐合流，成为新兴的世族；要么据守一方，拥兵自重。而苏峻这个流民帅，还与司马宗等人有些联系。更为重要的是，明帝生前因为重用苏峻，而将他安置在了建康附近的历阳。这无疑让庾亮感到如坐针毡。

除了建康附近的苏峻，对于庾亮来说，让他们担心的还有荆州的陶侃和寿春的祖约。陶侃和祖约二人，陶侃在两晋之交屡立战功，祖约凭恃兄长祖逖的声望在寿春站住了脚跟，他们目前都是坐拥强兵。但是明帝去世前，二人都没有被任命为顾命大臣，这让二人对此耿耿于怀，而且都怀疑是庾亮暗中改了诏书，把他们拒之于顾命大臣的门外，他们对庾亮也是有不满的。陶侃倒还罢了，祖约却直接向晋廷伸手要权，请求朝廷授予宰相级别的开府仪同三司，庾亮怎么可能会答应，这更令祖约不满。

不过，这两个人毕竟距离建康稍远，朝廷尚需要他们驻守边境，应对外侮。此时，北方的石勒势力已经延伸到了豫州大部。就在成帝继位的当年四月，石勒进攻汝南，生擒汝南内史祖济。十一月，也就是在庾亮刚刚诛杀司马宗后，石勒部将石聪南下，进攻退守寿阳的祖约。

祖约接二连三地上书朝廷，请求发兵相救。但是，庾亮就是不发兵。不过，这次石聪南下并没有攻破寿春，他继续南下到逡遒，并一直进抵到长江北岸的阜陵，杀死、俘虏五千多人。建康大为震动。庾太后下诏以司徒王导为大司马、假黄钺、都督中外诸军事，率军驻守江宁。最终，还是历阳的苏峻派将军韩晃领兵出击，才击退了石聪。

石聪退却以后，朝廷大臣们商议在阜陵附近的涂水上建设大坝，让河水泛滥，以阻止后赵以后可能的南下进攻。因为祖约的驻地寿春在此以北地区，祖约闻讯以后，怒道这显然是要置自己于不顾。后来庾太后专门派出侍中蔡谟，到祖约的军中进行安抚，祖约见到蔡谟以后，"瞋目攘袂，非毁朝政"。

对于陶侃，庾亮也需要他在荆州应对来自北方的压力。此时，刘曜和石勒都瞄准了荆州与豫州的交界地区——南阳。南阳是北方势力向荆州渗透的跳板，又是南方北上和西进的基点。如果让北方占领了南阳，将直接威胁到襄阳。咸和元年（326年）十月，刘曜就派遣黄秀等将进攻东晋顺阳的治所郦，顺阳太守魏该无力抵抗，率众南撤到了襄阳。此时，庾亮更需要陶侃镇守荆州了。

庾亮深知，现在主幼臣强，北有强敌，东晋政权依然是不稳定的，他希望能实现江左政权的中兴。但是，攘外必须安内，错综复杂的朝廷政局已经让庾亮很棘手了，而以苏峻、祖约为首的流民帅，现在也不听朝廷的号令，这让庾亮感觉必须迅速处理这些异己势力，只有这样才能重新树立起朝廷的威信。

一波未平一波又起

咸和二年（327年）年初，庾亮打算把在历阳的苏峻征召到建康任职，变相解除苏峻的军权。庾亮就去问王导的意见，王导认为苏峻猜忌刻薄，内心险恶，肯定不会奉诏来建康。王导又引用《左传》里的一句话："谚曰：'高下在心，川泽纳污，山薮藏疾，瑾瑜匿瑕。'国君含垢，天之道也。"意思就是劝庾亮不如忍耐一下，包容下苏峻。但是在庾亮看来，苏峻"拥兵近甸，为逋逃薮"，终究是个祸患。"为逋逃薮"，指的就是苏峻藏纳见逼于庾亮的司马宗室诸王。

庾亮见王导不太同意，就又去征求卞壶的意见。庾亮说："苏峻狼子野心，终必为乱。今日征之，纵不顺命，为祸尚浅。若复经年，为恶滋蔓，不可复制。此是晁错劝汉景帝早削七国事也。"卞壶也不同意这时候就和苏峻翻脸。他认为苏峻手握强兵，而且就在建康近畿，一旦有变，很容易出现意外。这件事还是应该经过深思熟虑，不可仓促。

卞壶苦劝庾亮不要轻易行事，庾亮不听。卞壶无奈之下只好给温峤写信，说庾亮征召苏峻的主意已定，这无疑会激发苏峻的叛乱，到时一定会率领流民攻击建康。王导也是不同意庾亮。和庾亮争论了半天，也仍然改变不了他的看法，只恨当初没把温峤留在朝中，如果温峤也在朝中，三个人一起劝谏，庾亮肯定会听从。温峤得了信，就接二连三地给庾亮写信劝说。但是，此时的庾亮已经完全听不进任何意见了。

庾亮试图征召苏峻进建康之举，"举朝以为不可"，看来不单单是王导、温峤、卞壶三个人反对了。这消息很快也传到了苏峻的耳中。苏峻就派遣司马何仍前往建康，向庾亮表明自己的态度，说如果有北伐的命令，不管远近，都义无反顾地从命；至于去建康做官的事，恕难从命。庾亮一看苏峻不肯放弃手中的军权，于是就让庾太后以朝廷的名义发了封嘉奖苏峻的诏书，直接加封苏峻为大司农，加散骑常侍，位特进，进建康就职，让苏峻的弟弟苏逸代领苏峻的军队。

王导似乎预见了即将到来的危机，他请求朝廷任命王舒为抚军将军、会稽内史。会稽，因为远处滨海，开发较晚，是江南士族力量比较薄弱的地方。所以南渡的世族就避开江南士族势力强盛的三吴地区，会稽就成了南渡世族的后院。现在王导也知道如果一旦建康再出现事变，会稽就是避难所了。但是王舒没明白王导的意思，他上书称会稽与自己的父亲王会的名字一样，不能去那里上任。

王导就说虽然字同，但是发音不同，不算违反礼仪。王舒认为虽然发音不同，但字是一个，还是要求给自己换一个地方。王导无奈之下，就和朝臣商议，把会稽的"会"，改为"郐"，王舒也只得去上任了。卞壶的司马任台也预感到叛乱将要到来，就建议卞壶多准备一些良马，以备不时之需。卞壶却说以顺讨逆，没有不成功的。就算退一万步讲，如果失败，要马又有什么用呢。

庾亮、王导为了防备苏峻的反叛，就以左卫将军褚翜为侍中，典征讨军事，以庾亮弟弟庾怿为左卫将军，以赵胤为右卫将军，加封北中郎将郭默为后将军，兼屯骑校尉，率部保卫建康。提拔卞壶的堂兄卞敦为湘州刺史，和江州刺史温峤一起防备陶侃。郗鉴屯驻京口，庾亮之弟庾冰为吴国内史，控制三吴地区。任命江东大族吴郡顾氏顾众为义兴太守，加扬威将军；虞潭任命为吴兴太守，加辅国将军，并使虞潭都督三吴、晋陵、宣城、义兴五郡军事。这一次的布置似乎已经很完备了。

自从接到朝廷征召自己入京的诏书以后，苏峻也屡次上书朝廷："明帝曾亲自握着我的手，让我北讨胡虏。现今中原还没有规复，我请求给我一个青州地区的边缘郡县，让我为国家效鹰犬之用。"苏峻引用西汉霍去病的"匈奴未灭，无以家为"的话，来表明自己报效国家的决心。结果庾亮依然拒绝了苏峻的请求。

苏峻现在还不敢公然和朝廷为敌，他见庾亮拒绝了外镇的请求，还是做着到建康就任的准备工作。但是建康朝中局势险恶，吉凶难料，所以苏峻还是犹豫不决。苏峻的参军任让就劝他小心为妙。苏峻的下属，阜陵县令匡术也劝苏峻起兵反抗。苏峻想了想自己现在的处境，就决意不听建康的命令了。

庾亮见苏峻已有反叛之心，就派出使者劝说，但是苏峻主意已定。苏峻遂派遣将军徐会北上寿阳，结好祖约，以共同讨伐庾亮。豫州刺史祖约本来就对明帝托孤时，自己没能当上顾命大臣这件事耿耿于怀。祖约的侄子祖智和祖衍也都赞成举兵，祖约就决定联合苏峻。谯国内史桓宣是祖智的下属，曾辅佐祖逖，他对祖智说："如今强胡未灭，应当齐心协力北伐，现在却要与苏峻一起谋反。使君如果想要建立功业，何不与朝廷一起讨伐苏峻，威名自举。"祖智不听。桓宣又派儿子桓戎告诉祖约，让自己去寿春与他见面，祖约知道桓宣是要来劝谏的，便不同意。桓宣大怒之下就脱离了祖约的编制。

祖约与苏峻连兵后，遂派遣祖逖的儿子、沛国内史祖涣，女婿许柳率兵与苏峻会合。许柳的姐姐是祖逖的妻子，苦苦劝说许柳不要和祖约为逆，但是许柳就是不听。有了祖约相助，苏峻不仅没有了后患，而且又平添了军力，这让苏峻自信爆棚，改变了原来拥兵自守的策略，改为向建康发起了进攻。

庚亮得知苏峻、祖约叛乱后，便以成帝的名义，下诏命尚书令卞壶兼任右卫将军，郐稽内史王舒为代理扬州刺史、吴兴郡太守、都督三吴诸郡军事。尚书左丞孔坦与司徒司马陶回向王导建议，趁现在苏峻的军队还没有到来，朝廷的部队应该固守当利渡口，使苏峻的军队不能渡过长江。我们兵多，就可以一战击溃叛军了。如果苏峻不南下，我们可以主动兵临历阳城下。如果我们不先发制人，一味退守，等苏峻到了建康城下，我们必定会人心动摇，到时就难以抵抗了。

王导很同意二人的意见，就跟庚亮商量。庚亮却认为，如果率军抵达历阳，一旦苏峻采取围魏救赵、避实击虚的方法，率军直扑建康，建康一座空城是守不了的。因此，庚亮把孔坦、陶回的建议全部否定了，王导对此只能付诸一叹。

苏峻的脑袋热了

咸和二年（327年）十二月，苏峻命令麾下韩晃、张健等作为先锋，率军渡过长江，占领了长江南岸的姑熟，掠夺了那里的粮草，接着又杀向姑熟南边的于湖，杀掉了于湖县令陶馥，并进行了惨绝人寰的屠城。

义阳王司马望的曾孙、章武王司马休，彭城王司马释的儿子司马雄，就在苏峻的前锋部队过长江后的第二天，从建康叛逃到了苏峻军中。庚亮眼睁睁地看着苏峻不费吹灰之力，兵不血刃地渡过了长江，这时候庚亮才后悔没有听从孔坦、陶回之计。

苏峻公然反叛，成帝遂下诏授予护军将军庚亮节钺，封他为都督征讨诸军事，庚亮以右卫将军赵胤为冠军将军、历阳太守，与左将军司马流一起率军阻止苏峻的前锋部队。另以前射声校尉刘超为左卫将军，派遣弟弟庾翼率数百人驻守在石头城。

温峤听说苏峻反叛的消息后，就写信给庾亮，允许自己率兵保卫建康。庾亮给温峤回信说："我担心西陲过于历阳，足下不能过雷池一步。"这就是不越雷池成语的由来。雷池的位置，有两种说法：一说是在安徽望江县，另一说是在湖北黄梅县和安徽宿松县共有的龙感湖。西陲暗指荆州，可见庾亮对于当时镇守荆州的陶侃也是不放心的。郗鉴也请求出兵勤王，但是，庾亮以防备北方为由，同样拒绝了郗鉴的请求。郗鉴无奈之下，就让司马刘矩率领三千人去支援建康。三吴地区也有义兵要前去支援，但均被庾亮拒绝。似乎在庾亮看来，他手中的部队应付苏峻绰绰有余。

咸和三年（328年）一月，苏峻和祖约的联军主力共计两万多人，从历阳的西南，长江西岸的横江渡口渡过长江，在对面的牛渚登上了长江东岸。牛渚历来为兵家必争之地，但庾亮竟没有在这里设防。苏峻、祖约主力部队顺利渡过牛渚，致使建康的局势更加危急。苏峻部队在牛渚的东北陵口安营扎寨，晋廷的军队数次挑战，连战连败。前方战败的消息，不断传到建康，弄得建康城内人心大乱，城内的大小官员纷纷将自己的家眷、财物往三吴地区转移。

陶回再次向庾亮建议在陆路设伏兵，可一战而擒之。结果庾亮依然没有听从。不出陶回所料，苏峻在陵口仅仅停留了两天，就率军趁夜，由陆路北上，从丹阳经秣陵县直扑建康东面。当时苏峻的军队因为在深夜行军，结果迷失了道路。他们抓到一位当地人作为向导，才勉强抵达建康。当庾亮知道苏峻的军队情况后，才后悔没有听从陶回的意见。

咸和三年（328年）二月，苏峻的主力部队抵达了建康城东北的覆舟山。苏峻屯军覆舟山，直接威胁到了建康东北面。成帝遂下诏任命卞壶为都督大桁东诸军事、假节，又加领军将军、给事中，率兵去防御苏峻、祖约。卞壶率领侍中钟雅、后将军郭默、冠军将军赵胤等与苏峻、祖约联军在西陵交战，结果卞壶大败，死伤数千人。苏峻趁势进攻，卞壶只得率军抵抗。当时卞壶的背上还长着疮，伤口刚刚愈合，他看到晋军渐渐支持不住，遂亲领兵与叛军交战，力战而死，时年四十八岁。卞壶的两个儿子卞眕和卞盱也同时战死。卞壶的夫人裴氏扶着父子三人的尸体痛哭道："父为忠臣，子为孝子，夫何恨乎！"

苏峻突入台城后，庾亮没办法，只得硬着头皮亲自出战，率兵士在宣阳门列阵。"未及成列，士众皆弃甲而走"。庾亮见此，也不敢在建康城多待了，庾亮就带着庾怿、庾条、庾翼逃往寻阳，依附温峤去了。苏峻率领士兵冲入建康台城，王导急忙奔入内宫，抱着成帝登上太极前殿，共登御床，以身体护卫成帝。苏峻为泄愤，就放纵士兵在建康四处抢夺，"裸剥士女，皆以坏席苦草自障，无草者坐地以土自覆，哀号之声，震动内外"。"时官府有布二十万匹，金银五千斤，钱亿万，绢数万匹，他物称是"。苏峻命军士全部搜抢一空。

苏峻完全控制建康后，"称诏大赦"，唯庾亮兄弟不在原宥之例。因为王导德高望重，苏峻没有难为他，而是让他原官入朝，位在苏峻本人之上。苏峻封自己为骠骑将军、录尚书事，加封祖约为侍中、太尉、尚书令，许柳为丹阳尹，祖涣为骁骑将军，还恢复了西阳王司马羕的位号，进位太宰，录尚书事。

庾亮从建康逃走后，"率左右十余人乘小船西奔，乱兵相剥掠，射，误中舵工，应弦而倒，举船上咸失色分散。亮不动容，徐曰：'此手那可使着贼！'众乃安"（《世说新语·雅量》）。庾亮到了浔阳后，温峤把自己在江州的部队分出一部分给了庾亮。温峤、庾亮二人都感到苏峻兵强势大，不能轻举妄动。温峤的堂弟温充建议联合荆州的陶侃，推他为盟主，再进行东征。温峤听后表示同意，但庾亮因为之前有心防备陶侃，对于这事心里没底，但事已至此，也只有联合陶侃这一条出路了。

于是温峤就给陶侃写信，请求陶侃一起出兵讨伐苏峻，并派都护王愆期去说服陶侃。但是陶侃对当年明帝没把自己命为顾命大臣耿耿于怀，还怀疑是庾亮篡改了明帝的遗诏。陶侃就还给温峤回信，说："吾疆场外将，不敢越局。"就是说我陶侃只是一个效命疆场的外臣，不敢越界去管朝廷的事。温峤给陶侃反复写信，劝说多次，王愆期也跑了数趟，陶侃仍然拒绝出兵。温峤见陶侃不愿意南下平叛，就准备自己带兵去讨伐苏峻，并且写信给陶侃说了自己的想法。温峤的参军毛宝知道后，连忙劝阻温峤说，平叛之事，必须与陶侃一道才会成功，赶紧把原信追回，修改原来的书信，就说一定等着和他一起东下。如果追不上那封书信，就重新写一封送过去。温峤也觉有道理，赶忙派人将原来的书信追回，另外写了一封送上。在温峤的一再恳求下，陶侃终于答应出兵，并派都护龚登率军东下。宣城内史桓彝也率军西进至泾县，江夏相周抚也率军前来。

温峤见时机成熟，就发布讨伐苏峻、祖约的檄文，称现在后将军郭默、冠军将军赵胤、奋武将军龚保、江州都护王愆期、西阳太守邓岳、鄱阳内史纪睦、浔阳太守褚诞、宣城内史桓彝、江夏相周抚，这些人都已经集结起来，准备讨伐苏峻、祖约。而苏峻、祖约的叛军不过数千人，郭默在建康时就已经杀了千人，不足畏惧。如能斩杀苏峻、祖约者，赏布万匹，封五等侯。此时，郗鉴也设立祭祀道场，杀白马，三军宣誓，讨伐苏峻、祖约，并派遣参军夏侯长等人和温峤联系。

然而陶侃在这时命令已经东下的都护龚登率军返回。因为陶侃本想杀掉庾亮，这样可以暂时安抚住苏峻。得知陶侃中途反悔的消息以后，温峤十分着急，就再次劝说陶侃，说现在军队只能增加，不能减少，我们已经决定下月中旬一起东下，檄文已经发出，远近都知道了，只等你陶侃军队的到来。但现在你却召回了军队，成败关键在你此举。

温峤又向陶侃分析情形，说如果江州被苏峻拿下，苏峻在此任用自己的人，荆州就外有胡虏的进攻，内有苏峻的威逼，将来的日子也不好过。温峤还用陶侃的儿子陶瞻在建康被苏峻所杀一事，去刺激陶侃。接到温峤的书信后，陶侃的妻子龚氏也一再劝说陶侃要为儿子报仇，于是，陶侃这才下定了东下的决心，当下穿上戎装，登上战船，日夜兼程，即使半路上遇到陶瞻的丧船，陶侃仍然没有停留，一直赶到了浔阳。

咸和三年（328年）五月，陶侃的军队到了浔阳。陶侃到后，他还是想要杀掉庾亮，以稳住苏峻。《世说新语·假谲》记载："陶公自上流来，赴苏峻之难，令诛庾公。谓必戮庾，可以谢峻。庾欲奔窜，则不可；欲会，恐见执，进退无计。温公劝庾诣陶，曰：'卿但遥拜，必无它。我为卿保之。'庾从温言诣陶。至，便拜。陶自起止之，曰：'庾元规何缘拜陶士衡？'毕，又降就下坐。陶又自要起同坐。坐定，庾乃引咎责躬，深相逊谢。陶不觉释然。"

幸亏庾亮能及时在陶侃面前认错，态度谦逊，这才使陶侃对庾亮有了改观。《世说新语·俭啬》还记载："苏峻之乱，庾太尉南奔见陶公。陶公雅相赏重。陶性俭吝。及食，啖薤，庾因留白。陶问：'用此何为？'庾云：'故可种。'于是大叹庾非唯风流，兼有治实。"陶侃和庾亮之间逐渐消去了隔阂。于是，陶侃、庾亮、温峤三人合力，"戎卒四万，旌旗七百余里，钲鼓之声，震于远近"。大军顺流直下，直至石头城。

水波暂时平了

桓彝接到温峤的檄文后，就进屯泾县。结果苏峻派军屯驻于湖，准备进攻桓彝。当时扬州所属的州县大部分投降了苏峻，桓彝的长史裨惠就建议桓彝，不如假装投降苏峻，暂时缓解眼前的危机。桓彝就说自己受国家重恩，怎能忍垢蒙羞投降叛军。他派遣将军俞纵率兵驻守泾县东北的险要兰石。苏峻派遣将军韩晃领兵进攻，俞纵抵挡不住，手下劝说俞纵撤退，俞纵回答说："我受桓侯厚恩，当以死报答。我不能辜负桓侯，就像桓侯不负国家一样。"遂力战而死。

兰石被韩晃占领。韩晃进围泾县，传话说桓彝如果投降，一定会受到优待。就连桓彝的将士大多也劝其暂时投降，以图将来。但是桓彝慷慨陈词，坚决不降，终因寡不敌众，城破罹难。

苏峻这边，听从参军贾宁的建议，从于湖退军，集中主力部队固守建康西边的石头城，而且苏峻将八岁的成帝司马衍也扣押在石头城内，司徒王导苦苦劝阻，苏峻不从。为了确保建康的粮食供应，苏峻十分担心三吴地区的局势。苏峻遂又派遣张健、管商、弘徽等人东下晋陵，任命侍中蔡谟担任吴国内史，令尚书张闿持节都督江东的军队，派前陵江将军张悊在吴郡征召军队。结果王导秘密与张闿联络，以太后的诏书，令三吴起兵。张闿出了建康之后，又被陶侃封为征虏将军，让他与振威将军陶回统领丹阳的义军。张闿抵达晋陵后，将其中大部分军粮都运给了郗鉴部队。

陶侃、庾亮、温峤的联军已经抵达建康南面的茄子浦。温峤鉴于己方长于水战、苏峻部队善于陆战的特点，下令擅自上岸者，格杀勿论。恰巧这时苏峻给驻守寿春的祖约送去一万斛粮食，运粮队走到此地，祖约派遣他的司马桓抚率兵接应。温峤的部将毛宝就对部下说："《兵法》有云：'将在外军令有所不从。'此时怎可不上岸杀敌呢？"他的部队当时仅有一千多人，但依然率军偷袭这支苏峻的运粮部队，苏峻的运粮队没有丝毫戒备，毛宝就将这一万斛粮食全部夺取。温峤遂上书荐毛宝为庐江太守。此时，司空郗鉴与平北将军魏该也都各自领兵与陶侃大军会合。

与此同时，三吴地区也起兵响应陶侃诸人。苏峻攻陷建康后，义兴太守顾众就回到了自己的老家吴郡，并成功劝说了在吴郡给苏峻征兵的前陵江将军张悊，让他用征召来的部队去反戈一击。顾众又派遣郎中徐机向吴国内史蔡谟汇报，说已经秘密集合了家兵，准备随时举义，并且与张悊也约定好了。蔡谟就任命顾众为吴国督护、扬威将军，任命顾众的堂弟、护军将军参军顾飏为威远将军、前锋督护。王导堂弟、会稽太守王舒也向所属县下发檄文，共同讨伐苏峻。

前吴国内史、庾亮的弟弟庾冰见王舒起兵，就找到王舒，王舒任命庾冰为奋武将军，御史中丞谢藻为龙骧将军、监前锋征讨军事，率众一万，前往讨伐苏峻，自己率军驻扎在会稽的西江，作为庾冰、谢藻的后援。

不久，陶侃率水军进至蔡洲，屯于石头城西岸的查浦，温峤屯军于沙门浦。苏峻登上烽火楼，远远看到联军势盛，始有惧色。庾亮立功心切，就派督护王彰进攻苏峻，结果大败而还。庾亮惭愧万分，就把自己的符节送交到陶侃那里。陶侃就派人转告庾亮说："古人三败，君侯始二。当今事急，不宜数尔。"

当时联军抵达石头城时，都想立即与苏峻决战，陶侃就说："贼众方盛，难与争锋，当以岁月，智计破之。"众人不听，结果"屡战无功"。但也不是没有好消息，祖约的侄子祖涣被毛宝击溃，合肥被晋军攻占。祖约诸将又与石赵通谋，石勒派遣石聪、石堪率军渡过淮水，进攻寿春。祖约不敌，就放弃寿春，逃奔历阳。

祖约的败讯传到历阳时，苏峻心腹路永感觉苗头不对，就劝苏峻尽诛王导等大臣。但是苏峻一直敬重王导，遂不从路永之言。路永见苏峻不用自己的计谋，料定苏峻将要败亡，暗中想脱离苏峻。王导听到消息后，立即派人诱使路永，路永遂带着两个儿子奔逃出石头城，跑到庾亮驻军的白石。

联军和苏峻交战数次，晋军多败。从石头城逃出的朝臣也认为："苏峻狡猾有胆略，其徒骁勇，所向无敌。"温峤怒骂道："诸君真是怯懦，怎么反夸贼人英勇？"温峤遂亲自带兵与苏峻交战，"及累战不胜，峤亦惮之"。而这时候，温峤军的军粮很快就要吃光了，温峤不得不向陶侃借粮。陶侃对温峤等人轻易出兵不听自己号令深感愤怒，就没答应借粮，并想撤兵再作打算。毛宝遂去劝说陶侃，并率兵烧毁了苏峻在句容等地的军粮。

陶侃怒气渐消，重新布置兵力，并分了五万石粮食给温峤军队。当时苏峻的另一部分军队正猛攻大业，陶侃本想派兵救援大业，长史殷羡进谏道，兵士不习步战，如果救大业而不胜，大势就去了。不如急攻石头城，大业之围就会自解。陶侃听从了殷羡的建议，亲率大军进攻石头城。

温峤和冠威将军赵胤得知陶侃逼近石头城后，就率步兵一万多人与苏峻交战，苏峻只率八千人出战迎击，苏峻的儿子苏硕与叛军勇将匡孝两人只率数十骑，冲散了赵胤的军队，晋军再次大败。苏峻看到自己的儿子和大将有如此表现，也惹得自己兴起，对左右说道：匡孝能破贼，难道我的本事不如他吗？说完他就自己一人冲入晋军阵中，身后只有数骑亲兵跟随，结果这时候晋军阵中数人朝着苏峻投出利矛，苏峻当场毙命。晋将一拥而上，斩下了苏峻的首级。

苏峻先前派出攻掠的诸将，闻苏峻战死，也都纷纷回撤。赵胤遂率军猛攻龟缩于历阳的祖约，祖约就率家族及亲信数百人北逃，投降了石勒。

石头城内听到苏峻战死的消息，侍中钟雅、右卫将军刘超准备趁乱带着成帝逃出石头城，投靠庾亮。结果事泄，苏逸就派任让捕杀了钟雅、刘超。咸和四年（329年）三月，联军猛攻石头城。苏峻死后，叛军也没有了之前的战斗力，溃不成军，石头城被联军攻破。成帝被送到了温峤的船上，"群臣见帝，顿首号泣请罪"。苏峻之子苏硕在逃跑途中被晋军杀死，大将韩晃被晋军包围在山上。韩晃身边的人都不敢下山，"晃独出，带两囊箭，却据胡床，弯弓射之，杀伤甚众。箭尽，乃斩之"。

逃奔石勒的祖约也没有好下场。因为祖约背叛晋廷，"勒薄其为人，不见者久之"。后石勒在谋士程遐进言下答应见祖约一面。祖约对石勒不大放心，临到要和石勒相见的那天，就假称自己患病，躲在家里不出来。石勒就派程遐率士卒把祖约全族强行带到了邺城。"约知祸及，大饮至醉"，想要醉死，这样就看不到宗族惨死的情形了，但是石勒的士卒直接把他拉到了刑场。祖氏宗族一百多人，全被斩首，其中也有祖逖的儿子。嫡子都被杀死，唯独一个庶子祖道重，当时年仅十岁，被人救出，藏在寺庙中得活。二十多年后，石赵灭国后，祖道重才逃回东晋。

由于建康的宫殿在交战中大多被烧毁，成帝与群臣就在原先的建平园里的小房子处理政事。西阳王司马羕因为"附贼"，他和两个儿子都被斩首示众。苏峻的司马任让与陶侃是多年的朋友，陶侃"为其请死"。成帝因为任让之前杀了刘超和钟雅，就对大臣说：这个人不可赦免。任让也被拉出斩首。

叛贼既已平定，成帝论功行赏，加封陶侃为侍中、太尉，封长沙郡公；郗鉴为侍中、司空、南昌县公；温峤为骠骑将军、始安郡公；卞壶及死难诸臣都追赠官位，给予谥号。而致使苏峻叛乱的庾亮则上书诉罪，"欲阖门投窜山海"，准备带着宗族外出建康，去当老百姓，结果，当然被"优诏"拦阻，仍封为豫州刺史，出镇芜湖，江左得以恢复平静。

新的大哥上台

东晋王朝终究是一个偏安政权，一直没有什么大的作为，你又能指望这些平常养尊处优惯了的亲王大夫们有什么好的作为呢？因为其逃不开自己身为一个豪强士族阶级政权的性质。这种性质就决定了东晋王朝的整个架构就是一个用牛拉动的破车，累得牛直叫唤，叫的声音比马大多了，但就是没有马跑得快。

东晋的军事事业和北伐大计也确确实实就是如此始终像一个累得叫唤的老牛，声音大，但是始终是不见成效。另外，有时候所谓的北伐也往往就只是为了向朝廷邀功，并不是真心想进行北伐。庸才加上并不是真心实意让东晋的北伐战争一次次的失败，一次次成为他人眼中的笑柄。庾亮的北伐也同样是这样的一个例子。

前文中叙述庾亮心中一直有个愿望，他一直希望能够带领东晋王朝重新回到北方，回到中原。于是咸康五年（339年），他也确实为这一梦想做出了相当大的努力。当时北方的情况发生了相当大的变化。一代传奇的从奴隶成为帝王的后赵皇帝石勒去世，无疑让庾亮看到了收复北方领土重建华夏的梦想有机会实现。于是庾亮请求解任豫州刺史而改授给征虏将军毛宝，毛宝于是以监扬州江西诸军事、豫州刺史的身份与西阳太守樊峻领一万精兵守邾城。庾亮又派军进攻占据蜀地的成汉，捕成汉荆州刺史李闳和巴郡太守黄植；庾亮及后上书北伐，求领十万兵众进据石城，作为诸军的声援。

这时候庾亮可谓到达了自己的全盛时期，并且在朝中又得到了王导的支持。但是可以看到，这些所谓的功绩并不是通过北伐得来的。庾亮一个人正在兴头上看不出自己究竟有多少斤两，但不代表别人看不出来。这些门阀士族别的不会，要说给一把热火上马上浇上一盆冷水，那可是比谁都拿手。在朝中商议庾亮的提议的时候，郗鉴以物资不够而反对大规模军事行动，而太常蔡谟也认为后赵兵强而且后赵主石虎是优秀将领，认为庾亮不足以对付石虎，建议当时应该据有长江天险防御，反对北伐。应该说这些意见尤其是第二个意见是相当中肯的，因为后边的情况恰恰说明了石虎并不比石勒差。于是移镇石城的计划被下诏阻止。

尽管东晋并没有冒失地进行军事行动，但是他们的一举一动石虎可是看在了眼里，刚刚登基正愁没有谁来给自己树立功绩，东晋的这帮老牛就自己送上门来。于是庾亮的北伐计划非但没能实行反而招致了石虎的主动攻击。庾亮苦心经营的邾城也就此陷落，这样的结果是庾亮根本不可能想到的。

庾亮就是庾亮，他仅仅是依靠着自己外戚的身份从而可以干预朝政，但是他又确实没有雄才大略。从导致苏峻之乱再到这次北伐的失败处处都体现了庾亮的志大才疏。终究只是一介书生，对于政治和军事实在是不太清楚怎么操作。虽然庾亮是士门望族，但是恰恰东晋王朝不缺的就是士门望族，所以这就造就了一个矛盾，既希望体现自己的地位，又没有真正的才干，所以做的事情通常只能够导致自身评价的降低。而这次北伐彻底地将庾亮给送到了鬼门关。

从庾亮得知邾城被攻陷之后，就一蹶不振，史书上记载他"忧慨发疾"。想必是这次战败对他的内心产生了极大的冲击。而这种时候帮助东晋王朝在江东地区建立基础的王导又去世。失去了这样一个曾经支持过他的人物，想必庾亮内心也是十分悲哀的。在这种心理条件下庾亮的状态越来越不好，在咸康六年（340年）去世，享年五十二岁，追赠太尉，谥文康。

庾亮去世之后，接替他的是他的弟弟庾翼，庾家的羽翼直到这一刻也还算是丰满。庾翼曾经帮助过他的哥哥进行那场无疾而终的北伐战争。当时正值庾亮打算北伐，便加封庾翼为辅国将军，并转任南蛮校尉、假节领南郡太守，镇守江陵。当时江陵可是边防重镇。

本来在三国时期江陵就处在一个兵家必争之地的位置，现在南北分裂，原先的中央枢纽城市一下子变成了东晋的边防重镇，这实在是莫大的讽刺。重镇邾城被后赵军攻陷后，便围困原本庾亮想移镇的石城。这时候庾翼充分发挥了自己的才干，显示出庾家还是有人的。他屡设奇兵，偷偷将粮食军需送入石城支援城内。兵马未至，粮草先行这条铁律在这一刻便又发挥了自己的作用，有了粮饷也就有了希望，这大大增强了守城将士们的战斗意志，后来一直采取坚守的战略一直等到竟陵太守李阳拒击后赵军，为石城解围。庾翼因为这次出色的表现，完美地协助了石城固守不失因此被加封为都亭侯。

庾亮逝世后，庾翼便接替庾亮获授都督江荆司雍梁益六州诸军事、安西将军、荆州刺史，假节，镇守武昌。庾翼与庾亮有着本质上的差别，这差别就是一个有才一个无才。庾翼在接手重任之后便十分注重当地的政治建设，让当地的士兵得到了充分的训练，军纪严明并且在地方上也抓紧了管理，仅仅用了数年的时间就让官府和地方的人民都获得了充分的发展，生活过得富足殷实，当时所有当地的人们都对庾翼大加称赞。

各地的百姓听说这里有这样好的一位地方官员，于是纷纷前往武昌，一时间大有天下归心的架势。而且在这些归心投奔的人当中不光有东晋自己的百姓，甚至连北方后赵黄河以南领地的人民都有归附之心。这在东晋王朝是十分罕见的事情。其中最大的一个案例是在建元元年（343年），后赵汝南太守戴开率数千人请降，这可谓不战而屈人之兵、用仁义感化敌人的最好例子。

在形势一片大好的情况之下，庾翼也像自己的兄长一样动起了北伐的心思。庾翼以平灭成汉和后赵为己任。更派使者联结前燕和前凉预备一起出兵。

建元二年（344年），东晋康帝以及庾翼的又一位兄长庾冰先后逝世，这又给了庾翼继续扩大权势的机会。于是庾翼回镇夏口并接管庾冰的部众。不久之后朝廷便下诏庾翼再督江州并加领豫州刺史，庾翼便开始修缮兵器军备，储备粮食，准备开始他的北伐征程。

本来一切都已经准备停当，就等着一声令下就可以出兵北方收复失地，谁想到天妒英才，或者说老天根本就不想让庾家能够在历史当中有太大的作为。庾翼在永和元年（345年）患上了十分严重的背疽，这病来得十分突然也十分急促，在庾翼病重的时候，只能向朝廷上表乞求次子庾爰之行辅国将军、荆州刺史，代替自己的职位；又表司马朱焘为南蛮校尉，以一千人守巴陵。希望借此来保全庾家已经取得的权势，在做完了这些准备工作之后。七月庚午日，庾翼逝世，享年仅四十一岁。朝廷追赠车骑将军，谥肃侯。

庾冰、庾翼的相继逝世，再加上之前庾亮的去世，对庾家来讲可谓晴天霹雳，因为这些去世的人物恰恰都正值中年，正是有所作为的时候。他们一旦去世，庾家就处在了青黄不接的状态之中，这是作为世家大族最忌讳的事情。

本来士族之所以可以成为士族就是因为他们能够有众多的子嗣来继承他们一辈辈所传承下来的事业。一旦没有人能够继续巩固这些已经得到手的职位，那么这个士族就只能是被称为没落的士族了。事实情况就是如此，经过这接连的去世之后，曾经声名显赫的庾家从此便沉寂在了历史的长河之中。

但是，一个士族的没落往往就意味着另外一个士族的崛起。这是在东晋王朝政治当中最常见的士族更替。由于荆州是东晋重镇，关于庾翼的继承人选在朝臣中引起争论，有人认为诸庾在荆州人情所归，应依庾翼所请，以庾爰之镇守荆州。但时任宰辅的侍中何充认为"荆楚国之西门，户口百万，北带强胡，西邻劲蜀，经略险阻，周旋万里。得贤则中原可定，势弱则社稷同忧……桓温英略过人，有文武识度，西夏之任，无出温者"。

丹阳尹刘恢认为桓温确有奇才，但亦有野心，"不可使居形胜之地，其位号宜常抑之"。因此他劝会稽王司马昱自己出镇荆州，又请以自己为军司，司马昱不听。于是桓温出任安西将军，持节，都督荆、司、雍、益、梁、宁六州诸军事，领护南蛮校尉、荆州刺史。从此，荆楚这一重要地区的管辖权就落到了桓温手里，一代名将终于出山。

枭雄来了

前文提过，庾家的这笔遗产对于东晋王朝来讲是相当重要的。荆襄之地是作为东晋的门户而存在，如果这个地方出了什么差错，那么对东晋来讲是灭顶之灾。所以对于谁能接替庾翼，在这个问题上有过多次的争论，直到最后群臣统一了意见，让桓温出马统领荆楚地区。那么这个桓温到底是何人呢？

东晋王朝始终是一个建立在士族门阀地主权力之上的朝廷，因此在用人方面才能先放在一边，门第一定是极端重要的。这与在三国时代"唯才是举"的用人策略有着很大不同，这也就决定了桓温既然能够接替庾家的基业，那么他自己的家世也一定不一般。

这个桓温家世十分显贵，他的父亲桓彝是当年的宣城内史。父亲为官清正，并且有才干，将一个宣城地区治理得井井有条，因此，桓家也就能够在这一地区立足。桓温也因此过了一段让世人都十分羡慕的生活。但是，桓温的父亲毕竟是个清官，家境相对于其他官员来说还是相当清贫的。尽管这样，桓温身上还是有一些世家子弟固有的习气，到了一定的年纪势必表现出一定的叛逆来，对于桓温来说这种叛逆的表现就是好赌。《世说新语》中曾经记载了这样的一个故事：少年桓温很喜欢赌博，可有一次手气不佳，输了很多钱，桓温家里虽然是做官的，但是家境实在是十分清贫，何况这种事情又不是什么光荣的事情，他又怎么敢去跟自己的父亲要。但是桓温聪明，自然想到在陈郡有个人叫做袁耽，是个乡里都远近闻名的好赌之人，桓温便想去求助。这个袁耽也同样是那时的名士之一。桓温去找他时，他正在居丧期间，如果不帮助桓温也是理所应当。但是桓温实在是想出出这口恶气，于是就抱着试试看的想法去找他。

袁耽果然就是袁耽，一提到赌就什么事情都忘得一干二净，径直随着桓温去找那个债主去了。那债主根本就不知道自己已经见了真神了还轻蔑地对袁耽说："汝故当不办作袁彦道邪？"结果，几盘下来，袁耽充分发挥了他在这方面的"才干"一下子从十万钱赢到百万，债主丝毫没有招架之力。桓温见已赚够，翻了盘，就开始欢呼雀跃，旁若无人，心中不平之气一扫而空。袁耽则把筹码潇洒一抛，神气地从怀里掏出丧帽，砸到债主身上，昂头道："汝竟识袁彦道不？"说罢与桓温拂袖狂笑而去，债主叫苦连连。

就这样，桓温几乎是无忧无虑地度过了自己的少年时代。尽管父亲的收入并不多，但好歹也是一方父母官，桓温自己的日子过得也就不算太差。但是，世间的事情总是让人捉摸不透，尤其是在这种乱世什么事情都有可能发生，一下子让桓温知道了人在世上生活的艰辛。

苏峻之乱爆发之后，桓温的父亲作为当地的首要官员自然要进行讨伐，在讨伐的过程当中，桓温的父亲被叛徒出卖，被叛军杀死。这对于桓温来讲无异于一个晴天霹雳，从此以后，桓温成了一个在仇恨中生活的少年，无时无刻不在想着为自己的父亲报仇雪恨，这是桓温成长中的一个相当重要的转折点，如果没有发生这么大的变故，恐怕桓温也不能够成长为后来的那个人物。而恰恰这苏峻之乱就是庾家的庾亮所引起来的，所以在这之后桓温接替庾家也算是冥冥之中自有上天注定。

为父报仇，这是一件说来十分简单，但是要做起来十分艰难的事情，更何况桓温在那时候才仅仅十几岁。但是桓温毕竟不是一般人，他连报仇都有着周密的计划，首先他对自己的仇人展开了十分缜密的调查，在经过了许多细致的调查之后，桓温得知，泾县令江播就曾经参与了杀害桓彝的行动。可是东晋王朝昏庸腐朽，为官做人毫无礼义廉耻只看门第，这个江播在平叛之后竟然得到了朝廷的赦免。桓温自然不能就这样放过他，所以他几次请求官府严惩江播，但是都杳无音讯。这样的遭遇让桓温明白，自己的命运必须由自己来主宰，不能够寄托在他人身上，一怒之下，他决定自己行动，对江播展开行动。

这对桓温来说实在是有点难度的，弄不好就会把自己的命也丢了。桓温自己当然也清楚这样的情况，并没有像一般的人一样径直去报仇。这时候桓温开始了"卧薪尝胆"的过程，决定先苦练武功，再寻找机会。他白天拼命练武，刀枪剑戟斧钺钩叉无一不练，晚上就枕着兵器睡觉，天一微微亮就起身继续练习，如此这般过了三年。简直就像电影当中的情节一样。可是世事难料，上天又一次戏弄了桓温，江播病死了。一下子，桓温失去了那个最大的敌人、那个最大的目标，这就相当于此前的三年桓温所做出的一切努力都没用了。

这对桓温来讲是一个不小的打击。于是桓温便把自己的满腔怒火都倾泻到了仇人的孩子身上。他拿上兵器，以自己前来吊丧作为理由，就这样进入到了江家灵堂当中。在一片白色之中突然生出了几片血色，那是江播三个儿子倒在血泊之中的样子。冤冤相报何时了，桓温在这一刻已经不是当初那个有着快乐童年的孩子了。

杀人偿命是天经地义的事情。这在今天看来不管你是有什么理由，总之只要是杀了人就是非法的。但是在东晋王朝这样的事情是不会受到任何惩罚的，尤其是为父报仇而杀人，反而会广受称赞，因为这体现了至孝的品格和高尚的人格，因此在一夜之间，桓温在全国出了名，成了全国百姓口中所议论的大英雄。

这件事后来也传到了晋成帝的耳中，成帝便接见了桓温。成帝与桓温相谈甚欢，便有了招婿之心，便把自己的公主赐予桓温，两人喜结良缘，桓温也就摇身一变成了驸马。

这就是桓温的发家史，充满了辛酸，但好歹最后有了一个好的结果。正是驸马的这个身份，让桓温有机会列入了庾家后继人的争夺之中，并在最终取得了胜利。

虽然自己有着十分尊贵的身份，而且有着极大的地方权力，但是毕竟自己不过是一个空降来的官员，荆楚地区一直是由庾家经营的。桓温如果拿不出真正能够镇住当地官员的东西，恐怕也没办法做到令行禁止，很容易就被当地的地方势力所架空。所以，桓温亟须建立自己在当地的权威，慢慢地机会已经出在桓温眼前。

当时在南方，除了东晋政权之外，在原先的蜀汉地区也有一支割据势力，就是李雄所建立的成汉政权，又被称作"后蜀"政权。由于蜀地独特的地理环境，这一地区很容易独立出去。而李家本身也是中原八王之战时期进入中原地区的氐族人。这一地区相对于其他的少数民族政权相对较弱，并且距东晋较近，更何况东晋如果能够拥有巴蜀地区，这一地区独特的战略地位和丰富的自然资源很容易被利用，并被投入北伐大业中。所以这里便成为桓温为自己建功立业的目标。

对于征蜀之事，朝廷当中有着不同意见，除了少部分人表示赞同之外，更多的人认为蜀地艰阻险远，而桓温人马少，且孤军深入，不宜强攻。但是，将在外君命有所不受，就在朝廷为了这样的一个出兵计划而争吵不休的时候，桓温早就命令自己的部队开拔向着蜀地直接扑去。

当时成汉的掌权者已经是李势，他仗着蜀道险阻，不做战备。桓温长驱深入，至永和三年（347 年）二月，已经在离成都不远的平原地区上大耀军威了。李势这时候如梦方醒，急命叔父李福、堂兄李权、将军昝坚等领兵迎敌。桓温留参军孙盛和周楚在彭模守住军需，自己则率领步兵直接进攻成都。蜀将李福进攻彭模，被孙盛击退。

桓温遇到了李势的堂兄李权，大显军威，三战三胜。经过一番鏖战，蜀军军心大乱，败逃回成都。这时候，成汉政权已经是风雨飘摇了，但是李势还是要做一些"无谓的抵抗"，不得已亲自率众出战。他刚刚出城门不远，就在笮桥与桓温大军相互接触上了，一场大战又一次开始。

成汉政权的军队虽然在整体实力上赶不上晋军，但李势统率的毕竟是护卫自己的御林军，相当于整支作战力量当中的"特种部队"，这些士兵基本是世世代代保卫李家的亲信，因此英勇善战，在晋军面前很是抵抗了一阵子。这让桓温在征蜀作战当中第一次吃到了苦头，也差点在这里丧了命。桓温的参军龚护在这场激战中阵亡。桓温便上阵亲自督战，这时候不知道从什么方向忽然射来一箭，差点儿射中他脑门。幸好桓温眼明手快，没有受伤。如果这一箭射中，那么被载入史册的注定不是桓温而是这个射箭之人了。

桓温毕竟没真正地经历过这样的场面，所以这冷不防的一箭让他知道绝对不可以再对成汉的军队粗心大意。"因噎废食"恐怕就是这样一个道理，原本桓温渴望着速胜争功，可现在他发现，事情远远不像他所想的那么容易，于是便勒马不敢前进了，一看到自己的统帅不敢向前，其他的将领和军士也就不敢向前了。

恒温命令鼓手鸣金收兵。但是老天就是成心跟桓温过不去，连这么简单的一件事情也出了差错，而且这差错恐怕桓温自己都得哭笑不得。鼓手可能也是因为太紧张所以误击进军鼓。这是天意让桓温继续进行他未完成的战斗。于是将军袁乔就拔剑奋勇冲上去，众人也都拼死力战。这就是"塞翁失马，焉知非福"。想不到经过这通本来失误的进军鼓一逼，将士们的士气一下子就被激发了出来，个个都变得有如神助。李势看到这样的情况自知不能招架，只得退回成都城。成汉各军立即溃败。

桓温乘势进攻成都，在四面放火烧城门。看到大势已去，成汉的大臣们纷纷劝李势投降。这李势也是平常享荣华富贵惯了，不敢想象自己被晋军杀掉的惨状，不得已派散骑常侍王幼送去降书。桓温在得到降书后，便同意李势归降，而且不加罪责。李势前来投降，随行的还有李福、李权等十余人。桓温以礼相待，派人送他们到建康，仍任命蜀国官员就任原职。又过了一两年，才最终平定了蜀地。

李势到了建康后被封为归义侯。李氏占据蜀地称王共有六世，四十六年。李势在建康则待了十二年才去世。桓温的这次出击，可以说是他的处子秀，一路打到成都，灭了成汉，不仅使之并入东晋，而且赢得了老百姓的极力拥戴。万事顺利，桓温此战立了大功，顺理成章被升为征西大将军，并由"男爵"变成"公爵"。一代枭雄从此开始了他真正不平凡的一生。

我就是要北伐

晋永和五年（349年），石虎病死。由于桓温曾经取得了在西蜀征伐当中的胜利，所以一时间名声大噪。他开始琢磨着怎么才能进一步体现自己的实力。北伐永远是桓温的第一目标。石虎的死讯无疑给桓温打了一针强心剂。于是，桓温开始为即将到来的北伐进行准备。

他从自己的驻地江陵出发，在安陆（今湖北安陆）屯兵备战，并且派遣诸将经营北方，与此同时向朝廷上书请求北伐。由于东晋王朝的政权性质，自然不能够允许这样一个新立军功的人再次立大功，并且东晋的士族们已经习惯了江南安静的生活，实在不想为了什么北伐给自己找麻烦。与其把钱投给得不偿失的北伐，还不如给自己多买几头牛来得实在。所以面对桓温的上书，朝廷并不加以理睬。

但是，石虎去世毕竟是一个天赐的良机，朝廷不能让自己的人民在后边戳脊梁骨，于是在这年七月，以征北大将军褚裒为征讨大都督，督徐、兖、青、扬、豫五州诸军事，命其北伐后赵。这充分体现出了朝廷"反正就是不能让桓温北伐"的精神。这对于桓温来讲，是一件非常懊恼的事情。

桓温北伐之举虽然多次被搁置。但是他心中还是不能忘怀这个理想，之后，桓温又屡次上表要求北伐，但是朝廷一直认为他想北伐一定是为了自己的私利因此都未曾批准。这在历史上，是一个非常正常不过的现象，许多重要决定，或者是能够改变历史进程的大事，就这样在臣下与朝廷的不断磨合之中给磨没了。但好在桓温不是一般人，既然朝廷愿意跟他磨，那么也就只好继续磨下去。

于是，时间一直到了永和七年（351年），桓温为了求一次北伐的机会足足地求了两年的时间。在这年年底的时候，桓温再次拜表辄行，并且做出了一定的行动，他亲率大军四五万自江陵顺流而下，一直到了武昌（今湖北鄂城）而止。这样的行为非但没有得到朝廷的鼓励，反而让那些平常习惯平静生活的士大夫们局促不安，他们以为桓温是前来逼宫的。于是，这次类似于兵谏的行为还是失败了。而这失败的原因跟一个人不无关系，这个人就是殷浩。

褚裒北伐失败之后，晋廷又欲以殷浩北伐。殷浩，字深源，从他之后的经历来看他完全配得上这"深源"二字。史书上说他是"弱冠有美名，尤善玄言"，是位谈吐不凡的大清谈家。其实说白了就是要嘴皮子的。晋朝的时候，这种人很多，大多是饱读诗书的书生，其实并没有什么真本事，只不过有着一张好嘴皮子，加上一个不知道成天在想什么的脑子。

这些所谓的清谈家经常会谈论一些跟社会实际联系十分不紧密的东西。正是因为高高在上、有清澈的感觉所以才被称为"清谈"，这样的人物当然是不能够去打仗的。在任何朝代都是如此，但是他偏偏就在这病入膏肓的东晋出现了，于是这种"人才"非但没有被世人嘲笑，反而获得了一定的名声，更得到了当时官场的青睐。

但是既然是清谈家，就要有一些清谈家的架子才对。他在年轻的时候一直称疾不做官，当时的名流人士却嗟叹："深源不出，奈苍生何！"（谢安不出，大家也说："安石不出，奈苍生何！"）简直就是当时南阳卧龙岗的卧龙翻版，架子上是够了，才能上差得可不是一星半点。但就是这样的举动，才能够引起当时统治者的注意。

史书上记载会稽王司马昱"哀求"了多次，才能有这个面子把殷浩请出来做官，而且一做就是扬州刺史这样的大官。其实，早在庾翼还在世的时候，他就曾对人讲过："（殷浩）此辈应束之高阁，候天下太平，然后议其任耳。"这番话真实地说出了这种人的用途，安定的时候放着摆摆可以，但是在战场上就不要拿出来吓唬人了，哪怕你拿出来也只是给他人当笑柄而已。

眼看着中原闹了个一团糟，志大才疏的殷浩一下子发现了这个可以让自己成名立万的机会。更是由于不着四六的司马昱支持，他很想一显身手，博他个青史流芳，便兴冲冲提兵北伐。这时候恰巧赶上桓温带着士兵到了武昌。当时殷浩有着一大串的名头，他为中军将军、假节，都督扬、豫、徐、兖、青五州诸军事。这样的官职简直是一名东晋的军事大员，但是正是这样的军事大员。刚刚听到消息说桓温陈兵而下，一下子就变得十分狂躁，他以为是桓温来造反了，早知道还不如不当这个破官，自己在家胡思乱想多好，现在简直是要把自己的命给搭上，于是马上提出辞职想马上回老家清谈去。结果这个奇葩经过了吏部尚书王彪的百般安慰之后，才战战兢兢的继续留在这个位置上。

与此同时，会稽王司马昱也写信给桓温，极力劝阻他的军事计划。他对桓温说北伐尚非其时，应先"思宁国而后图外"，这意思就是说好好管理好国内的事情，不要再想着出去的事情了，那些事情跟你没关系。并且又"好心"地劝桓温说行此"异常之举"，容易引起非议，希望桓温深思熟虑。

桓温毕竟在名义上是东晋的臣子，王爷的话自然他是要听的。

桓温虽然手握重兵但是还不敢公开对抗朝廷，见信后便马上率军还镇，并且马上上书解释说，此次率军东来，是要北伐扫灭赵、魏（冉魏），历年多次上疏要求北伐都是想为国家"靖乱"，恢复中原，自己并无私心。朝廷还忠实地实行了"巴掌和甜枣"的战略，想给桓温太尉的官职，但是桓温本来就没计较自己能当多大官，于是便请辞回去了。

殷浩终于赢得了本应该属于桓温的北伐机会。永和八年（352年），殷浩自寿春率晋军北伐。史书上对这朵奇葩出征的时候是这样描述的，"将发，坠马，时咸恶之"。这也就是说出发时飞跨上战马，殷浩就摔了个大马趴，军中上下皆以为是不吉之兆。这跟封建迷信已经没有什么关系了，一个连马都骑得有困难的人怎么能够指望他北伐成功？这样的事情放在哪一个朝代都是不敢想象的事情，但是这里是东晋，一切皆有可能！

这样的人带着这样的一支部队明摆着就是去送死的，而这支部队偏偏又人数众多，起码有七八万之众，这下子他要害的人可就不是他自己一个了，这罪过太大了。他本身根本就没有多少才能，一切的事情几乎是他自己用那张嘴吹出来的。有时候就是这样，一个人没什么本事但是事还不少，殷浩硬是靠着这一张破嘴一下子逼反了本来降晋的羌酋姚襄（姚弋仲之子。后赵灭亡后，姚氏父子向东晋投降）。

这下子可闯了大祸了，这支军队本来就要比晋国的正规部队彪悍，而这次的倒戈行动又是在极其意外的情况之下发生的，这让毫无准备的晋军一下子就面对了如此凶悍的敌人。所以殷浩手下多员大将被杀，士卒亡叛，器械军储也多为姚襄所获。殷浩的这次北伐真真地不知道是伐人家还是伐自己，这让殷浩终于也知道了羞耻，灰溜溜不知如何下台。同样下不来台的还有那个东晋的小朝廷，北伐这点事情前前后后忙活了半天，最后来一个人财两空，实在是有负于司马氏先祖。

就这样，一场北伐闹剧最终以"名士"殷浩的失败而最终结束。从这场荒唐到极点的战役之中可以看到，东晋王朝已经腐化堕落到了何等令人发指的地步。竟然连北伐这么重要的事情都交给一个只会清谈的清谈家来做，这样的政权又有什么希望！

听闻殷浩兵败，桓温感觉到这回朝廷批准自己北伐的机会很大，于是便立刻上疏弹劾，请朝廷废掉殷浩。朝廷没有办法了，毕竟事实摆在那儿了，殷浩不但让自己蒙羞同时还让整个朝廷蒙羞，朝廷没有必要再陪着这么一个奇葩熬下去了，于是殷浩被免为庶人，徙居信安。从此之后，朝廷内外大权渐归于桓温，朝中已没有人再能阻止桓温北伐。

不能说的秘密

殷浩被废，桓温面前没有了北伐的阻碍。扳倒了殷浩，桓温心情轻松，在谈到这些事情的时候他曾对左右说："少时吾与浩共骑竹马，我弃去，浩辄取之，故当出我下也。"这是一种幽默的表达方式，显示出了殷浩只能跟在桓温后头并不能有多少建树的尴尬境地，这样的一番话也引出了一个成语——竹马之友。现在用来形容童年时期的朋友。

实际上，东晋王朝利用殷浩并不是因为不知道殷浩到底有多少才能，而实在是因为桓温"功高震主"一定要给他树立起一个敌人来牵制他。这种自古就传下来的御人之术，东晋的皇帝们还是非常喜欢用的。但是这样的情况就带来个十分严重的问题——效率问题。

当石虎暴亡，北方一片大乱的时候是北伐的最好时机。当时的中国北方四分五裂，羯族、鲜卑、冉魏、姚襄、苻健等人相互攻杀，而南方则在东晋的统治之下一直保持着相对平静。在这样的一个时刻，哪怕是再有问题的东晋大臣也看得出这是出兵北方收复失地、光复晋国的最好机会。可是，谁都这么想也具有了麻烦。

当时光禄大夫蔡谟是个明白人，他说："胡灭，诚大庆也，然将贻王室之忧。"这话让旁人十分不解，毕竟这种良好的局面是晋廷南迁以来前所未见的最好局势，蔡谟慢条斯理地回答道："夫能顺天奉时，济六合于草昧，若非上哲，必由英豪。度今诸人，皆不办此。必将经营分表，疲人以逞。才不副意，徒使财殚力竭，终将何所至哉！吾见韩卢、东郭，俱毙而已矣。"这样的看法在当时万马齐暗的东晋可以说是一盏明灯。他清楚地说明了，东晋未来政治的走向。后来果不其然，桓温、殷浩相争仅仅是为了争夺一个大功而已，但是他们忽略了北方的不稳定只是暂时的，一旦北方重新统一将对东晋又是一个负担。

桓温和殷浩之间的争夺足足耗费了宝贵的四年时间。在这四年之中，不但耗费了大量的人力物力，与此同时北方的局势已经发生了深刻的变化。等到当桓温能够清除一切障碍独揽大权，全力北伐的时候，前秦和前燕已经在北方有了一定的基础，北伐的难度加大了。

当北方混乱的局势渐渐稳定后，东晋所面临的主要敌人是占据关中的前秦，和已经平定了河北挺进到河南的前燕。一时间形成了类似于三国鼎立的态势。前燕的慕容儁在灭掉冉魏之后便不再把东晋放在眼里，自己称帝，已经明显不能把它当作一个友好的政权看待了。前秦则是由在关中称天王的氐酋苻健所建立的一个小的地方政权，长期盘踞在关中地区。桓温在独揽大权以后，要推进北伐的事业，前燕刚刚灭亡了冉魏，兵势很盛，而前秦由于遭乱，关中有不少人起兵反秦，而在前秦的背后，还有凉州的人马可以策应东晋。于是，桓温选择了前秦作为这次北伐的目标。

东晋永和十年（354年），桓温统率步骑兵四万从江陵出发。水军从襄阳入均口，到达南乡，而步兵则从淅川直取武关。桓温又命令梁州刺史司马勋出子午谷攻击前秦，作为偏师，策应主力的进攻。桓温的部队精锐，来势十分凶猛。桓温的部将首先攻取了上洛，生擒前秦荆州刺史郭敬，又攻破了青泥。司马勋攻掠前秦西部边境，而凉州方面的秦州刺史王擢也进攻陈仓呼应桓温的北伐。

这样在战场上就形成了三面夹攻的态势，这样的局势对前秦来讲可以用"岌岌可危"来形容。事已至此，唯有英勇迎战，没有别的办法了。这秦主苻健也不是什么无能的君主，与此相反，他正在年轻有为的时期。面对如此棘手的情况，他并没有慌张，而是沉着地派遣太子苻苌、丞相苻雄、淮南王苻生、平昌王苻菁、北平王苻硕率领五万大军在蓝田迎击桓温。苻健的战略意图十分清楚，就是企图先一举击破桓温的主力军。桓温碰上了这样的一个对手可以说是棋逢对手。

晋军和前秦军在蓝田展开了一场大战。这蓝田也是关中兵家必争之地，早在战国的时候这里就是秦楚两国的古战场。大战之时，前秦淮南王苻生表现得骁勇异常，单骑突阵，并且在晋军中来回冲杀了十几次，杀伤了很多晋军将士。这样的做法能够吓得住别人，但是吓不倒桓温。面对如此战况桓温毫不示弱，亲自督阵，率领晋军力战。最后秦军大败，太子符苌也被流矢射中，负了重伤，最后伤重而死。

与此同时，桓温的弟弟将军桓冲在白鹿原也击败了符雄统帅的部队。这样两支军队都达到了自己先前所制定的战略目标。后来，桓温经过一路转战，一直推进到了灞上，直逼长安城下。有众上万的呼延毒也与桓温取得联系。光复长安似乎指日可待了。听到有自己的队伍来到关中的消息，当地的人民兴奋异常。史书上记载："三辅郡县皆来降。（桓）温抚谕居民，使安堵复业，民争持牛酒迎劳，男女夹路观之。"一派大好景象。关中耆老纷纷垂泣，哽咽说："不图今日复睹官军！"似乎一切形势都表明，这次的北伐马上就能获得成功。

然而如此形势下，桓温出人意料地徘徊灞上，迟迟不去进攻近在咫尺的长安。这个决定后来成为桓温所犯的最大的错误。正是桓温的犹豫不决，才让秦军趁机利用其骑兵之机动优势，突袭司马勋于子午谷，司马勋被迫退屯秦岭北麓的女娲堡。而桓冲所部偏师也为秦军击破。只有桓温部将薛珍径自率所部渡灞水，颇有斩获。形势一下子急转直下，本来有利于桓温的局势成了桓温最大的难题。

本来桓温打算因地就粮，但是符健抢先一步，尽数割光田间小麦，所谓"坚壁清野"这个成语就是这样来的。面对局势判断失常的桓温，关中豪杰实在是摸不透他心里究竟在想些什么。就这样随着时间的流逝，疑惑、失望的情绪开始在军中蔓延。刚刚得到的民心也开始涣散，由此导致了关中居民对晋军的粮草支援逐渐停止。两军相持日久，晋军乏粮，身处危地，军心开始动摇。虽然还没有进行主力决战，但是这个状态的晋军又怎么能够夺取最终的胜利？这样的情形就几乎已经决定了败局。

晋军缺乏粮草，不能不后退。关中的反秦势力呼延毒也率领部众一万多人随桓温一起撤退。符苌率领秦军在后面不断追击。等晋军退到潼关，又损失了上万人。而符雄也在陈仓击败了司马勋和王擢。司马勋撤退到汉中，王擢退到略阳。这样，桓温对前秦的北伐行动最终失败了，这也就是桓温所进行的所谓第一次北伐战争。

名帝名臣齐登场

谈完了桓温的第一次北伐，让我们再来看看桓温没有打倒的对手的情况。桓温的对手，是前秦的创始人苻洪的儿子苻健。

前秦应该说也是一次意外所出现的产物，原本这里是属于后赵的管辖范围。咸和八年（333年），后赵主石虎徙关中豪杰及氐、羌于关东，以氐族酋长苻洪为流民都督，率氐、汉各族百姓徙居枋头（今河南卫辉市东北）。由此就形成了前秦的最初地盘。

因为苻洪对石虎多有战功，所以又被封为西平郡公，他的部下也有2000余人赐封关内侯。苻洪就担任了关内侯的领侯将。石虎死后，北方局势大乱，一时间苻洪就如同是失去了信仰，一心期盼着能够让局势赶紧稳定下来，自己好继续享有已经获得的爵位。谁想到石遵即位之后，竟然免去了苻洪都督的官职。有些人看重的是自己手中的实力，而有些人看中的则是那些虚有其表的官职。恰恰苻洪就属于这第二类人。感觉受到了后赵侮辱的苻洪非常气愤，于是他投降东晋朝廷，从此在名义上，关中的这块土地应该属于东晋朝廷。但是这个地方的情况跟前凉非常相似，所以也可以看作一个独立的政权。

苻洪的死也跟当时进攻前凉的那个匈奴名将麻秋有关系。当初麻秋进攻前凉失败之后，开始返回邺城，谁想到半道儿上被苻洪的部队伏击，麻秋也就因此被擒。这只"麻雀"并不安分，在一次酒宴上轻易地就毒倒了苻洪，苻洪的长子苻健就把麻秋杀掉，苻洪在临终之际对苻健说："所以未入关者，言中州可指时而定。今见困竖子，中原非汝兄弟所能办。关中形胜，吾亡后便可鼓行而西。"这样的安排实际上就确定了未来前秦的战略，即固守关中。

后来苻健也是按照这样的要求去做的，这样的战略达到了一定的效果，任凭北方怎么纷乱，前秦自岿然不动。等到把桓温击退之后，前秦的形势已经相当稳定了。苻健也开始考虑继承人的问题。

原本苻健在桓温北伐之前所立的太子是苻苌，但是苻苌在战争当中不幸牺牲了，这样谁能成为继承人成为了让苻健十分头疼的事情。后来实在没有办法，苻健相信了一个最不应该相信的东西——谶文。其实也就相当于算命说的话，基本上就是一些摸不着头脑的话，让你拿现实中的东西与谶文进行比对。在这次的谶文之中有"三羊五眼"的话，于是苻健怀疑苻生应谶，于是立苻生为太子。那么为什么苻生能够应谶呢？

其实这个谶文再简单不过，所谓三羊五眼那就是说有一只羊是个独眼龙。而这个苻生自幼就瞎了一只眼。是一个名副其实的独眼龙，也难怪苻健能够选择他作为太子。但是这个儿子可着实不善，除了和谶文相应之外根本没办法把这个人和大位联系到一块儿。

早在苻生的祖父苻洪活着的时候，就十分不喜欢苻生，曾经有一次，苻洪想戏弄一下苻生，便当着苻生的面对左右说："吾闻瞎儿一泪，信乎？"左右都说是。结果让苻洪没想到的是幼小的苻生竟拔佩刀，刺瞎眼出血，然后指示苻洪说："此亦一泪也。"苻洪极为惊骇，用鞭子抽打苻生。苻生不觉得痛苦，反而狠狠说："性耐刀槊，不宜鞭捶。"苻洪叱道："汝为尔不已，吾将以汝为奴。"苻生冷笑说："可不如石勒也。"听到这样的回答苻洪便再一次震惊了，他没有想到自己会有一个以石勒为偶像的孙子，于是对苻健说："此儿狂悖，宜早除之，不然，长大必破人家。"但是，家长始终是护犊子的，甭管这个孩子怎么样，好歹是自己的亲生骨肉，苻健又怎么舍得杀了他。可后来的事实证明，一切如苻洪所料，这个孩子果真就暴虐无常。

随着时间的推移，苻健也终于到了寿终正寝的时候，病得越来越严重。苻生如许多暴君一样凶暴嗜酒，苻健在临死前怕不能保全家业，同时可能也是为了仿效自己的父亲，于是对苻生说："六夷酋帅及贵戚大臣，如不从命，宜设法早除，毋自贻患！"说完这通话之后三日，苻健病死，年仅三十九岁，应当算作英年早逝。

应当说，早立太子让前秦的权力交接得十分顺利，但是所用非人再怎么顺利对于整个国家来讲也是灾难。光从继位这一件事情上就体现出了苻生的暴虐。父亲刚刚去世，苻生便马不停蹄地继位，忙着在当日就改元寿光，并且立即尊其母强氏为皇太后，立其妻梁氏为皇后，整个是一副等不及要当皇帝的感觉。大臣们实在是看不下去了，于是进谏说："先帝刚晏驾，不应当日改元。"结果苻生勃然大怒，斥退群臣，并且令嬖臣追究出议主是右仆射段纯，立处将他处死。从此，前秦宛如后赵，一个暴虐的主子在朝堂之上随意发号施令，让大臣和百姓都苦不堪言。

苻健如果当时没有听信谶文，恐怕这个帝位断不会传到这个暴君手里。对于前秦来说，苻健的另一个儿子苻坚可以说是最好的选择。更何况苻坚也有着利用谶文来称帝的理由。传说他背后有谶文曰："草付臣又土王咸阳"，"草付"是"苻"；"臣又土"是繁体的"坚"，也就是说，他将来就要在咸阳称王立国了，这条谶文在迷信的古人看来是非常吉利的事，于是就为他取名"苻坚"。如果这条记载是真实的，那么要比那个什么"三羊五眼"要靠谱得多了。

面对暴君的倒行逆施，朝中人人自危，都希望苻坚取而代之。其中薛伽、权翼私下对苻坚说："今主上昏虐，天下离心。有德者昌，无德受殃，天之道也。神器业重，不可令他人取之，愿君王行汤、武之事，以顺天人之心。"这样的说辞可以说是说出了当时臣子们的心声，本来伴君就如伴虎，谁又希望自己天天陪着一只说不好什么时候就发疯的老虎呢？

苻坚当然想马上把这个暴君给除掉，但是一直没有寻找到好的机会来对付他。毕竟，苻生虽然疯癫却并不是傻子。他也十分清楚自己的兄弟可能会对自己不利。于是在一天夜晚对一位侍女说："阿法兄弟亦不可信，明当除之。"同时在同一天晚上苻法也梦到了神仙对他说："且将祸集汝门，惟先觉者可以免之。"

这一切都好像神话故事一般，但其实有可能这不过是后来写史书的人所杜撰的。后来侍女等苻生熟睡后，便把刚刚苻生对她所说的话秘密报告了苻坚。苻法也把自己梦见的事情告诉了苻坚。所以苻坚兄弟才不得不立即采取行动，于是召集亲兵，分两路冲进苻生的王宫，把睡梦中的苻生拉到另外一个房间杀掉了。此后，在朝臣的一致拥戴下，苻坚在太极殿登位，号称"大秦天王"，改年号永兴，实行大赦。就这样，在东晋十六国时期难得一见的一位明君就此登上了历史的舞台。但是，这样的明君手中还缺乏一样东西，或者说是一个人物，能够帮助他取得天下的一个人物。这个人便是号称"功盖诸葛第一人"的王猛。

王猛,字景略,太宁三年(325年)生于青州北海郡剧县(今山东昌乐西)。他被比作诸葛亮,也确实和诸葛亮有许多相近的地方。在乱世之中,他并没有放弃对于整个天下的观察。而是时刻在关中一带等待着一个出山的时机。

桓温第一次北伐的时候,曾经被王猛认为是一个时机。他和桓温曾经见过一面并且相谈甚欢,但是最终由于桓温的失败让王猛看到桓温心中潜藏的那股野心。于是王猛回到山中重新等待着出山的机会。

苻坚由于在小时候就拜汉人为师,因此他的行事作风已经很像一个汉人了。与其他的少数民族领袖不同,苻坚心中所怀揣的不止是要在中原扎下根去,更是要让自己成为整个天下的霸主。因此他十分清楚一个谋士对于自己图谋天下的重要性。当他向尚书吕婆楼请教除去苻生之计时,吕力荐王猛。苻坚即派吕恳请王猛出山。

当他和王猛相见之后,两人便觉得一见如故。简直就像是当年刘备与诸葛亮隆中对时的感觉。王猛也觉得这是一个可以托付的君王。这样,一代名相再加上一代明君,这两个人的组合势必在整个天下掀起不小的波澜。

从东山走出来一个人

"旧时王谢堂前燕,飞入寻常百姓家。"这是唐朝诗人刘禹锡在回忆过去东晋时期王谢两家繁华世界所写出的诗句。王自然指的就是王导所代表的琅邪王氏,而谢则就是指的陈郡谢氏,同样是当时东晋时期的名门望族。

谢家世代经营豫州,在东晋时期一直是豫州当地的掌权士族。

时间一直到了升平二年（358 年），任安西将军、豫州刺史的谢奕去世，谢万成为接续谢家香火的希望，继而各种高官厚禄纷至沓来，谢万开始任西中郎将，持节监司、豫、冀、并四州诸军事，兼任豫州刺史。

这个谢万可以说是在陈郡谢氏当中比较优秀的人物，他有一个兄弟就是后来名满天下的谢安。谢万的才能和器量皆优异出众，这在当时的士族当中是十分少见的。因为伴随着士族的南迁，士族已经长期生活在安宁的环境之中。不但身体不健康，心理也不健康，在各方面都有点毛病。然而史书当中对谢万的评价是"才气隽秀"，这实属一个比较高的评价了。

不过谢万从各方面似乎都比不上自己的兄弟谢安。但是谢万这个人善于"忽悠"，美其名曰擅长展现自我，在这方面跟那个奇葩殷浩有得一拼。可能都属于待价而沽、懂推销自己的一类人。因此在其早年的时候便享有盛誉。有时候，人过早的成名是好事，因为它能够让你获得更多的机会。但是什么事情都是一把双刃剑，过早成名无形当中提高了人们对于你的期待，因此会把一些超过你自己能力的事情交给你去做。再加上长期的舆论渲染，本人难免就会飘飘然，这个时候也就离犯错误不远了。从谢万的经历来看，正好符合这些论断。

早年的成名确实给谢万带来了好处。在他成年之后，正好赶上抚军将军司马昱辅政。这个司马昱就是当时提拔殷浩的那个会稽王，他就喜欢这种虚有其名的人物。司马昱听闻了谢万的名气，于是便召他为其从事中郎。后迁吴兴太守。此后就像刚才所叙述的，谢万一下子就继承了谢家的基业，成为当时东晋朝廷当中的股肱之臣。

然而，当时著名的书法家同时也是政治家王羲之就认为以谢万出镇豫州，领导军队北伐的决定是违才易务，曾写信劝说桓温不要以谢万外镇，但是当时已经是权倾天下的桓温并没有接纳王羲之的建议。王羲之当时亦写信给谢万，劝他要与士卒们同甘共苦。但是谢万早就已经被这十分容易就到手的成功冲昏了头脑，长期以来的虚名让谢万十分浮躁，自以为"老子天下第一"，把谁都不放在眼里，这样的士族脾气又怎么可能和士兵们同甘苦共患难呢？

豫州也就是今天的河南地区，是当时抗击北方的重镇，豫州的长官对于北伐能否成功负有十分重要的责任。但是谢万虽然肩负着北伐大任，这种大任没有让他更加谦卑而是更加放纵，对于手下将帅和士兵士气的把握做得相当不够，并且一直对他们不够尊重，导致整个军营当中缺乏官兵一心的气氛。这无疑是对北伐事业的开展相当不利。

谢安见到这种状况十分忧心，毕竟他不能亲眼看着自己的兄弟犯错误出问题。于是不但亲自慰问和勉励谢万的部下，更是亲自要求谢万与手下将帅们多见面对话，不要再表现得那么高傲。然而，当谢万召集众将时无话可说，无话可说也比后边他说的那句话好，他用如意指着众将说："诸将皆劲卒。"

这句话乍看没什么毛病，不过是夸奖自己的手下罢了。但是这话对士兵说可以，对将帅说却是最大的忌讳，因为这些将帅都是通过浴血奋战才能爬升到如今这种程度。在古代将和卒也就是普通士兵的分野是十分严格的，将就是将，卒就是卒，这两者的社会地位一个天上一个地下。谢万却把这两个概念混淆不分，很难认为他不是故意这样去说。结果本来打气的话让这些将帅们果然打得很有气，只不过这些气都是怨气。

东晋穆帝升平三年（359 年），谢万与北中郎将郗昙兵分两路，开始了自己北伐前燕的战争。谢万先派遣征虏将军刘建在马头建立新城作为继续进攻的前沿阵地，自己则率领部众打算支援洛阳。到了后来郗昙因病而退屯彭城，结果糊涂的谢万却以为对方是前燕兵而撤退，可以想见谢万只不过是个徒有虚名的士族罢了。在仓促退兵之间，他的手下实在是不想在这个糊涂蛋手底下生闷气了，于是便想杀了他，但是由于谢安还在的缘故，这次刺杀计划并没有成功。但是这件事从一个侧面反映了当时谢万不得军心到了什么样的一个地步。

谢万的这次所谓"北伐"连敌人都没碰到，对于战场上的形势可以说是一点判断都没有，竟然能够把自己的军队给识别成了敌军。而且仓皇撤退，这在整个中国历史上就没有比这再荒唐的战争了。谢万如果只是逃了不要紧，他的这次"撤退行动"却令许昌、颍川、谯、沛等豫州各郡落入前燕之手。前燕根本就没费什么力气，只要跟着谢万的足迹收编郡县就可以了。这种荒唐的失败让谢万刚一回到东晋就被免职。

谢万这么一个荒唐的人物被免职也属理所应当，按说应该对东晋的政治生态不会有大的影响。但是他偏偏姓谢，谢奕去世，谢万被免职，眼看着谢家长期以来经营的基业就要拱手让给别人，这是谢家最大的危急。这个时候，所有人的目光都转向了谢安身上。

谢安和谢万不同，他不像谢万那般张牙舞爪。对于谢安来说，也许安然处事才是他的生活态度。他一直竭力避免生活在乱世的纷争之中，受到世间俗事的困扰。

谢安从小受家庭的影响，在德行、学问、风度等方面都有良好的修养。尤其在名气上可以说并不比谢万差。他本身也有着许多属于自己的"传奇故事"。谢安在四岁的时候，桓温的父亲桓彝对他大为赞赏，对谢安的父亲说："此儿风神秀彻，后当不减王东海（即王承，东晋初年名士）。"

谢安从小就有了名望，但他并没有把这种名望看成让自己成功的阶梯，而仅仅把它们当作一些虚名而已。他在内心深处是不希望借用家族的名望来抬高自己的。这样的看法跟谢万有着显著的不同。

虽然谢安心里是这样想，但是整个东晋政治生态就是以出身和门第来决定的，所谓树欲静而风不止。东晋朝廷先是征召他入司徒府，接着又任命他为佐著作郎，都被谢安以有病为借口推辞了。后来，拒绝应召的谢安干脆隐居到会稽的东山，与王羲之、许询、支道林等一些名士名僧频繁交游，出则游弋山水，入则吟咏属文，挟妓乐优游山林，就是不愿当官。谢安越不当官越能够引起人们的好奇。尤其是他们士族之间更是如此，因为他们都是出生就能当官的人物，所以朝廷对于这样的一个"异类"保持了相当的关注。

当时，担任扬州刺史的庾冰也同样仰慕谢安的名声，他采用了轮番轰炸的办法，让谢安不胜其扰。谢安终于经受不住这种精神上的折磨做了官。但是谢安仅仅隔了一个多月就辞职回到了会稽。后来，朝廷又曾多次征召，谢安仍然予以回绝。一次拒绝可以吊起人家的胃口，两次拒绝可以考验出人家是否是真心需要你，多次拒绝就可以说是不给人家面子了。

谢安的接连拒绝激起了不少大臣的不满，他们接连上书指责谢安。朝廷因此做出了对谢安禁锢终身的决定，后来经皇帝下诏才赦免。但是谢安仍旧不为所动，依然"稳坐钓鱼台"。但是当时世人对谢安还是有着相当高的评价的，以至时常有人说："谢安石不肯出，将如苍生何？"这意思也就是说谢安如果不出山，我们可怎么活！他的妻子刘氏是名士刘惔的妹妹，眼看着谢氏家族的子弟一个个都出将入相，只有谢安隐退不出，作为妻子自然是对丈夫的状态表示担心。她曾对谢安说："丈夫不如此也？"谢安掩鼻答道："恐不免耳。"

随着谢万的失败，陈郡谢氏一下子在士族中间成了笑柄。本来的名门望族一下子丢掉了自己应该享有的威望，抬不起头来。这一切都表明，如果谢安再不出来，谢家将会大权旁落从此再也无缘权力的中央。

恰巧在升平四年（360年），桓温趁着谢家失势，邀请谢安担任自己帐下的司马，谢安面对着自己族群的利益，再也没有办法推辞这样的请求了。于是，谢安从东山走了出来，这一出来就再也没有回去。谢安从此开始了他自己的名扬天下的仕途道路。所谓"东山再起"，就是如此。

这次北伐很悲催

就在谢安终于从东山出来的第二年，东晋升平五年（361年）六月，东晋穆帝病死，年仅十九岁。这不得不说是一个王朝行将末路的征兆。古时候一个王朝的兴衰往往是跟皇帝家族的健康程度有着很大关联的。毕竟在帝制之下，皇帝是国家正统的象征，如果皇帝身体羸弱，那么国家必将出现很大的事端。尤其是在东晋的政治体制下，皇帝完全被架空，所有的事务几乎由各大士族家族把持。如果皇帝的身体不好难免就会出现权臣。恰恰东晋就走上了这条道路，而那个权臣就是当初那个好赌的少年——桓温。

由于穆帝死时过于年轻，以致他根本还没有后代来继承他的位置，于是，朝臣便拥立晋成帝长子琅邪王司马丕为帝，是为东晋哀帝。一看这个谥号就知道，这位皇帝的命一定也不怎么样。

东晋的皇室虽然一步一步地走向衰微，但桓温的势头则是越来越大。在这之前桓温已经经历了两次北伐，虽然都没有什么成效，但是伴随而来的是桓温一生都在追求的各种名利和军权。这个时候的桓温，早就不是当初那个被朝廷克制得相当严重、郁郁不得志的将军，他已经被晋廷加封侍中、大司马、都督中外诸军事、假黄钺，俨然相当于一个摄政王的身份。

晋哀帝兴宁元年（363 年），前燕军队再一次对洛阳进行进攻，桓温便派兵数千赴援，更是上书朝廷，建议迁都洛阳。迁都在古代是件头等大事，臣下妄议迁都搞不好是会被杀头的。但是，迁都还有一类人最喜欢干，就是权臣。东汉末年，董卓和曹操都是靠着迁都巩固了自己的势力。桓温之所以这样提议，恐怕也是为了宣示自己的地位，根本就不是为了真正的迁都。

时任扬州刺史的王述就认为，桓温所谓"迁都洛阳"的提议不过是为了恫吓朝廷，他建议朝廷"但从之，自无所至"，于是晋廷"优诏"答桓温，这样一场迁都闹剧就这么无声无息地消亡了。但是这个事件正像前文所述，充分体现了当时桓温在朝中权力已经到达了怎样的地步。

刚才说到，从哀帝的谥号就可以看出这个皇帝一定短命。哀帝统治的时期非常短暂。哀帝的去世其实也很蹊跷，皇帝的寿命与国家的国祚能否长久，有着很大的关系。但是这样的规律究竟是自然选择，还是人为因素，这是很难判断的。但是，史书这么写，我们也就姑且信任哀帝确实是因病而死。哀帝死后按照"父死子继，兄终弟及"的传统，他的同母弟司马奕继位，这就是东晋废帝（海西公）。从这个谥号就更能猜出这家伙的命运是多么的坎坷了。

这位晋废帝之所以混了个废的名头，还得说是拜桓温所赐。从第一个被废的皇帝开始，这样的情况几乎成为历朝历代到了它即将灭亡之时的必修课。尤其是曹丕代汉、司马炎代魏之后，在魏晋时期这几乎成为一种传统的做法。一旦朝中出现权臣，则必然他会动这样的一个心思。

桓温如今已经相当于东晋的第二个太阳，如日中天，他当然有着要为自己登上大位的盘算。这些心思从他平常的言语之中就可窥见。他曾经对亲僚讲："为尔寂寂，将为文景所笑！"这意思很显然是想学曹丕的所作所为。这样的话一说出来，让所有在场的人都哑然失笑，桓温倒也不拘束，大声说出了一句千古名言："大丈夫不能流芳百世，亦应骂名千载！"其间隐藏的霸王之气，跟当初曹操的"宁我负人，毋人负我"实在是有些相似之处。

当然，要想篡位桓温现在的实力还不够，虽然桓温已经经历过两次北伐，但是两次北伐都是不成功的例子，只能是让自己的士兵们练练身手。要想让自己的威望建立起来，桓温必须有一个胜利的战绩。对于桓温来说这场仗必须打，而且必须打赢，如果打赢了，那么桓温登上帝位就仅仅是一个时间问题了。恰巧这个时候前燕的慕容恪于太和二年去世，北方又处在了一种转变的当口，这是天赐的北伐机会。

东晋太和四年（369年），桓温开始了他的第三次北伐，也是他一生当中最后一次大型的北伐行动。可以说他的所有希望都放在了这次北伐上面。他率领步骑兵五万从姑熟出发。桓温是从兖州出发进行北伐，在桓温的幕僚郗超看来："道远，汴水又浅，恐漕运难通。"但是桓温不听。结果最后第三次北伐的失败恰恰就是因为漕运的问题。

这一年的六月，桓温到达了金乡。这时因为赶上了大旱，因此原本应该通畅的水道断了，这对桓温的继续进军相当不利。于是，桓温派冠军将军毛虎在平地之上完全靠人工凿出了一条长达三百里的运河，引汶水会于清水。为了战争而开凿这样长的运河，恐怕在世界战争史上都是相当少见的。这条运河的修筑为桓温解决了大问题。于是桓温便能乘船从清水进入黄河，舟舰延续几百里。

这个时候，郗超再次向桓温进言。这次他对桓温说："清水入河，无通运理。若寇不战，运道又难，因资无所，实为深虑也。今盛夏，悉力径造邺城，彼伏公威略，必望阵而走，退还幽朔矣。若能决战，呼吸可定。设欲城邺，难为功力。百姓布野，尽为官有。易水以南，必交臂请命。但恐此计轻决，公必务其持重耳。若此计不从，便当顿兵河济，控引粮运，令资储充备，足及来夏，虽如赊迟，终亦济克。若舍此二策而连军西进，进不速决，退必愆乏，贼因此势，日月相引，俺俛秋冬，船道涩滞，且北土早寒，三军裘褐者少，恐不可以涉冬。此大限阂，非惟无食而已。"

这段话有点长，大概的意思就是他认为从清水入黄河，难以通运，如果敌人坚守不战，粮道又被切断，又不能因粮于敌，这样的处境是非常危险的。因此郗超为桓温献上了两条计策。其一是速战，因为当时是盛夏，所以有极速进军的条件。所谓速战就是说派大军向邺城极速挺进，因为有这样的声势再加上有桓温的威名，敌人就会望风逃跑。如果出城迎战，则胜负可以立决。如果敌人坚守邺城，那么百姓是散在野外，可以尽为晋军所有，易水以南都会归附晋军。但是此计太急，胜负难料。其二如果不采纳这条计策，则屯兵河上，掩护漕运，等物资储备完成，次年夏天再进军，虽然时间迟了一点，但是可以保证成功。

除此二策，现在仓促北上，深入而不能与敌迅速决战，退必疲乏。敌人坚守不出，等到了秋冬季节，水浅漕运更难通。北方又非常寒冷，晋军又缺少冬衣，到了那个时候，恐怕不单是一个缺乏粮食的问题了。这样的战略部署可谓相当精妙，已经想到了所有可能发生的状况，充分体现了郗超深远的战略眼光和军事才能。如果桓温能够按照这条计策进行下去，可以说是丝毫不费力气的。但是桓温再一次令人捉摸不透地没有采纳这个计划。还是我行我素地按照自己的计划行事。

桓温首先派建威将军檀玄攻克了胡陆，并且生擒了前燕宁东将军慕容忠。前燕又以下邳王慕容厉为征讨大都督，率领步骑兵两万迎战晋军于黄墟，前燕军又大败，慕容厉脱身独逃，前燕高平太守徐翻举郡投降。晋军前锋邓遐、朱序又在林渚击败燕将傅颜。前燕又派乐安王慕容臧率领人马抵挡桓温，慕容臧也接连失利，前燕赶快派散骑常侍李凤向前秦求援。在王猛的支持下，苻坚于是在八月派苟池及邓羌率步骑二万救援前燕。

虽然两军交战在刚开始的时候让桓温尝尽了甜头。但是他粮草方面的缺陷还是被他的敌人看了个一清二楚。当时前燕司徒长史申胤就认为桓温"骄而恃众，怯于应变。大众深入，值可乘之会，反更逍遥中流，不出赴利，欲望持久，坐取全胜"。其实也就是在说要静静地等待桓温的粮草出现问题，而这问题是必定出现的。结果不出申胤所料，果真就出现了问题。

桓温在早前命袁真攻打谯国和梁国，意图开石门水道以通漕运，但袁真攻取二郡后不能开通水道，令水路运输受到阻碍。这一下子桓温的后方补给线就断掉了，士兵饿着肚子又怎么能够打仗？孤军深入，仅仅依靠着一条粮道完全是犯了兵家大忌，但是等桓温终于醒悟过来的时候已经为时已晚。战局已经被前燕占据了主动。

这一年九月，前燕开始反击，慕容德率一万兵与刘当驻屯石门，李邦以五千豫州兵继续断绝桓温粮道。慕容宙则以一千兵设计击败晋军，杀伤大量晋兵。桓温见战事不利，又因粮食将竭，更听闻前秦援兵将至，于是在九月丙申日焚毁船只，抛弃辎重，循陆路退军。这一幕简直就像曹孟德当年在赤壁之战之时的翻版。

灰心不已的桓温只留毛穆之为东燕太守。桓温经仓垣南归，当时前燕诸军亦有追晋军，但慕容垂认为桓温在撤退的时候必然提高警觉，并且以桓温的性格肯定会用精锐殿后，所以应该等待时机等到晋军放松警惕的时候再去进行进攻。于是慕容垂仅仅带了八千骑兵从后缓缓跟随。

数日后，慕容垂见晋军加快速度，于是加速追击，并在襄邑追及桓温；另外，慕容德已经领四千骑兵率先在襄邑设伏，于是桓温在襄邑受两军夹击，晋军大败，死了三万兵。苟池所率的前秦兵亦在谯国伏击桓温，杀伤又以万计。十月，桓温收拾散卒，驻屯山阳。叛归东晋的孙元在武阳据守，但被前燕所擒。这样，桓温生命当中最为关键也最为羞耻的第三次北伐战争宣告结束。

三次北伐，三次失败。而且这三次失败每一次都是在取得了良好的形势之后突然失败的。这不得不说与桓温的个人因素有很大的关系。

经过了这三次北伐之后，桓温明白自己已经没有精力再去沙场上拼搏了。于是他就像暮年的曹操一样，开始选择在政治上给自己宽慰，动起了废帝的心眼儿。我们的东晋废帝终于要被废了。

慕容垂的悲喜剧

桓温在第三次北伐之后只能悻悻返回晋国去了。但由于慕容垂在枋头大败桓温，因此在国内威名大振。这本来应该是一件好事，但是这只能再继续一场"功高震主"的悲剧。

在慕容垂取得了相当的名望之后，最为主要的辅政大臣慕容评对慕容垂是又忌又恨。于是在其后的各项事业上对慕容垂都有所牵制。有一次慕容垂为了给自己的将士一些奖励，便上奏："所募将士忘身立效，将军孙盖等摧锋陷陈，应蒙殊赏。"这原本是一件朝廷的日常事件，本来不可能引起什么争议，却被慕容评强行地打压下去。这种做法让慕容垂大为不满，"兔子急了也会咬人"，于是慕容垂就和慕容评互相争斗了起来。

所谓树大招风可能就是慕容垂在大胜之后的处境。如果单单仅有一个慕容评在他身后捣乱还好，最起码也就是臣子和臣子之间的争斗。但是慕容垂偏偏让当朝太后可足浑氏看不上眼，这可就是十分麻烦的事情了。太后与慕容评相谋，想要杀掉慕容垂。这个消息被慕容恪之子慕容楷及慕容垂的舅舅兰建知道后，他们二人便告诉慕容垂说："先发制人，但除评及乐安王臧，馀无能为矣。"眼看着一场火并即将爆发，但慕容垂实在是下不去手，于是说："骨肉相残而首乱于国，吾有死而已，不忍为也。"但是，在这样险恶的环境之下，根本就不能体现什么高风亮节。

事情的进展已经不能让慕容垂犹豫了，那曾经通风报信的二人也多次提醒慕容垂："内意已决，不可不早发。"可慕容垂说："必不可弥缝，吾宁避之于外，余非所议。"由此，慕容垂便动了出逃的心思。

俗话说，喜怒形于色，慕容垂就是这样的人，他虽然极力想避免让别人能看出他内心的忧虑引起更大的祸端，但是他的情绪是没有办法掩盖的。他的儿子很快就看出了他的异样。世子慕容令对自己的父王说："尊比者如有忧色，岂非以主上幼冲，太傅疾贤，功高望重，愈见猜邪？"慕容垂说："然。吾竭力致命以破强寇，本欲保全家国，岂知功成之后，返令身无所容。汝既知吾心，何以为吾谋？"慕容令说："主上暗弱，委任太傅，一旦祸发，疾于骇机。今欲保族全身，不失大义，莫若逃之龙城，逊辞谢罪，以待主上之察，若周公之居东，庶几可以感寤而得还，此幸之大者也。如其不然，则内抚燕、代，外怀群夷，守肥如之险以自保，亦其次也。"（《资治通鉴·卷第一百二》）这次对话可以说是对慕容垂一生有决定性影响的一段话。原本慕容垂只是想暂时避避都城的风头，谁想到他这一去再回来就是很久远的事情了。

既然决定就要展开行动，于是慕容垂以打猎为由，微服出邺，准备回故都龙城。可是事情往往不是能够由计划决定的。慕容评可不想就这么轻易地放过他。于是派兵追赶，这让慕容垂十分担忧，结果又是他的儿子帮他出了主意，建议他到前秦去寻找安身立命之地。慕容垂一想也只有如此了，便奔赴了前秦，前燕从此失去了一个重要的保障。

前秦的苻坚听闻这个消息之后非常高兴，因为从他心底是盼望着前燕内部能够发生分裂的，并且慕容垂本身是一名骁勇的猛将，因此对待慕容垂十分热情。但是王猛知道慕容垂这个人胸有大志，如果就这样把一个潜在的敌人留在前秦，恐怕会对前秦不利。于是便劝苻坚杀了他。他对苻坚说："慕容垂，燕之戚属，世雄东夏，宽仁惠下，恩结士庶，燕赵之间咸有奉戴之意。观其才略，权智无方，兼其诸子明毅有干艺，人之杰也。蛟龙猛兽，非可驯之物，不如除之。"但是苻坚不以为然，对王猛说："吾方以义致英豪，建不世之功。且其初至，吾告之至诚，今而害之，人将谓我何。"于是慕容垂就在前秦定居了下来。

慕容垂的投奔让苻坚看到了一个很明显的信号，那就是前燕内部已经出现了分裂，再加上原先前燕在桓温北伐的时候曾经以虎牢关以西的土地都归前秦作为前秦帮助出兵的交换条件，但是在战争胜利之后，前燕并没有兑现这些承诺，这些因素导致了苻坚开始了他在心中已经筹划已久的灭燕计划。而实现这计划的关键就在王猛的身上。

前秦建元六年（370年）四月，苻坚派出王猛统帅杨安、张蚝、邓羌等十将，率步骑六万进攻前燕，开始了苻坚统一整个北方的先锋战役。在这次战役当中，苻坚和王猛采取了绞首行动，迅速出兵直接攻向前燕的都城邺城。

在通往邺城的过程之中，王猛的首要对手就是那个心胸狭窄的慕容评。这个人除了在宫内钩心斗角是一绝，其他的一无是处。在两军对峙的过程当中，王猛派出了一支奇袭部队直接插向了慕容评军阵的后方，把慕容评的粮草烧得干干净净。慕容评所率领的将近十万人都命丧这次战役当中。

　　王猛的大军长驱直入，马上就到了邺城并且把邺城围得水泄不通。不久之后，苻坚亲自率领大军浩浩荡荡开来。这时候前燕已经是穷途末路了，城内的百姓不得不为自己的生计考虑，于是有人乘夜打开邺城的北门，引秦军入城。前燕皇帝慕容暐以及慕容评、慕容臧等人突围向北逃亡。苻坚遂进入邺城，并且派郭庆率骑兵对慕容暐等进行追击。慕容暐最后只剩下十几个侍从跟随。在逃亡的过程之中，慕容暐的马中了箭，无法再骑。他只得下马行走，一国之主最后竟是这样的下场。最后，慕容暐被前秦的军队生擒并被押回邺中。就这样曾经占据中原的前燕王朝由于内部的分裂最终导致了外敌的入侵而灭亡，享国仅三十三年。

　　苻坚并没有像以前的少数民族君主那样去任意地杀害前朝的皇族和官吏，而是将慕容暐以下所有的人都迁到了长安居住，便于监视。原先燕国有才干的人都可以在前秦继续做官。这回轮到慕容垂不开心了，每天看着自己曾经的仇人们现在亡了国还大摇大摆地继续活着让慕容垂气不打一处来。

　　这时高弼私下劝他说："大王以命世之姿，遭无妄之运，违遭栖伏，艰亦至矣。天启嘉会，灵命暂迁，此乃鸿渐之始，龙变之初，深愿仁慈有以慰之。且夫高世之略必怀遗俗之规，方当网漏吞舟，以弘苞养之义；收纳旧臣之胄，以成为山之功，奈何以一怒捐之？窃为大王不取。"这也就是说，慕容垂还有希望重建燕国，所以还是要善待这些旧臣们。这一番肺腑之言，慕容垂仔细一想确实很有道理，于是对旧臣们的态度方才转好。原燕国太史黄泓也感叹说："燕必中兴，其在吴王，恨吾年过不见耳。"慕容垂再后来果然成就了一番霸业，不过，那是很久以后的事情了。

枭雄死了，坏事来了

再回头说说桓温。经历了又一次失败的北伐之后，桓温知道自己的岁数一天比一天见长，恐怕未来的时日无多了。因此，他的处境就像晚年的曹操一样，也动起了在政治上夺得头筹的心思。他首先要做的就是要废掉现在的皇帝，换上一个便于控制的人来抬高自己在朝中的名望。

桓温本来是想借着第三次北伐为自己赢得更大的功勋与威名，谁想到在枋头一役当中遭受了他这么多年南征北战当中的最大耻辱。这让桓温的心理受了重大的打击，整天郁郁不欢。在这个时候，他的手下看出了桓温的心思。

于是曾经提过中肯意见的参军郗超再次成为了桓温的智囊。这个人足智多谋，称得上桓温手下的第一谋士。他对桓温说："明公既居重任，天下之责将归于公矣。若不能行废立之事，为伊、霍之举者，不足镇压四海，镇服宇内，岂可不深思哉！"意思就是要让桓温用废立的办法，转移朝廷当中对他打败仗这件事情的非议，从而可以效仿以往的那些权臣达到控制朝廷的目的。

郗超的这个提议可以说是会掉脑袋的事情，但是他之所以敢跟桓温这么说，是因为他实在是太了解桓温的为人了。既然桓温能够说出"既不能流芳百世，不足复遗臭万载邪"这种话来，就一定能做出这样的事情来。桓温早就想这样去做了，他有一次外出经过了权臣王敦的墓大声地说："可人，可人。"这明摆着就是赞扬王敦的所作所为。

所以，当听到郗超这样说的时候，可以想见桓温内心是十分高兴的。别看在战场上郗超的提议总是不能够被桓温所采纳，但这回郗超总算是说到桓温的心坎里面去。桓温便开始准备实行废立之举，开始了这个权臣最后的疯狂。

历史上被权臣所废的废帝普遍都有一个规律，就是这个皇帝一定没有什么雄才大略，是个老实人，一个守成之君。我们的晋废帝后来被称作海西公的司马奕十分清楚自己目前的处境，所以平常的所作所为特别谨慎，根本就没有办法抓到他的辫子，这让桓温十分头疼。毕竟要废掉一个皇帝总需要一定的由头。

桓温与郗超计划出了一个相当下三滥的把戏，他们说海西公有"痿疾"，什么叫"痿疾"？实际上就是说海西公根本就生不出孩子，这还不算，还说海西公使嬖人相龙、计好、朱灵宝等与美人私通，生下二子，将要冒充皇子建储为王，改变皇家血统，倾移皇基。这种诬陷可以说是阴毒之极，如果按照这样的说法，不光海西公自己要被废，就连海西公的儿子也都成了"野种"。这样荒唐的说法自然是不能在朝堂之上言明的，史书上记载："密播此言于民间，时人莫能审其虚实。"这样，桓温就为废掉海西公完成了舆论准备。

太和六年（371年）十一月，桓温带领大军利用刚刚所说的荒唐的理由逼褚太后废海西公帝位，立那个只会追求所谓名士的会稽王司马昱为帝。褚太后在逼迫之下最终同意了这个让皇室蒙受屈辱的提议。于是将司马奕降为东海王，原会稽王司马昱即帝位，改年号为咸安，司马昱是为简文帝。

桓温在废掉海西公之后，权势已经达到了顶点。简文帝成为他铲除异己的工具。于是，桓温对自己的几个老对手都施以颜色，庾家、殷家都受到了不小的冲击。就连谢安在见到桓温的时候也要“遥拜”，桓温俨然已经成为东晋王朝的权力中心。

桓温本以为自己可以就这样慢慢地代晋自立，谁想到半路又出现了变故。咸安二年，刚刚登上帝位的简文帝司马昱驾崩，这让桓温措手不及。原本简文帝已经写好了一份诏书上面的内容就是要让位于桓温，可是让大臣王坦之当着简文帝的面给撕毁了。这个简文帝确实是一个庸人，看到王坦之这样的举动十分惊讶，说：“天下，傥来之运，卿何所嫌！”王坦之回答：“天下，宣元之天下，陛下何得专之！”（《晋书·王坦之传》）这样，原先诏书当中关于桓温的内容全部被更改成为了辅政。简文帝驾崩之后王坦之等人立太子做皇帝，也就是孝武帝。本以为简文帝会禅位给自己的桓温又变得不淡定了，于是他决定亲自到京城去“讨讨说法”。

孝武帝宁康元年（373 年）三月，桓温决定提军入朝建康。几乎所有的人都认为晋室会被桓温所取代，个个忧心忡忡的。都城之中更是传播着各种传言，说桓温此行是来诛杀王、谢两家的。听说这些传闻之后，王坦之非常惊恐，因为毕竟是自己直接坏了桓温的好事，他怕自己性命难保。谢安却坦然自若。

桓温将至，朝廷命令百官到郊外去迎接大司马桓温。王坦之实在是害怕桓温会找他的麻烦，于是想逃走。可是谢安劝道：“晋祚存亡，决于此行。”王坦之虽然害怕，但是好歹还是对晋室忠心耿耿的大臣，听到谢安这样说自己也就“舍命陪君子”了。桓温到了新亭，朝廷的“百官拜于道侧”。桓温于是依次接见百官，简直就像轮番审讯，史书上记载，“有位望者皆战栗生色”，王坦之更是“流汗沾衣，倒执手版”。还是谢安成为全场最为淡定的人物，“从容就席”。

等到众人坐定，谢安语出惊人，没有那么多的谄媚之词，只见他笑着对桓温说："安闻诸侯有道，守在四邻，明公何须壁后置人邪？"桓温听到谢安这样说面子上也就过不去了，毕竟是自己把谢安给请出山的。桓温到底对谢安还是有一些敬佩之意，于是他便笑着回答说："正自不能不尔耳。"说着就命令左右撤去壁后手持利刃的军兵。通过这次会面，桓温已经隐隐地感觉到谢安和王坦之二人的实力，有这样的臣子在保卫着晋廷，自己根本没有办法。便打消了兵变的主意。在建康停留了十四天之后，桓温的旧疾复发，所以只能带兵返回。从此之后，桓温便再也没有踏上建康的土地。

随着时间的流逝，桓温的病一天比一天重。桓温清楚，到了自己跟这个世界说再见的时候了。但是他还是不能够忘怀权力给他的感觉。所以在病重期间，桓温还不忘提醒朝廷给他加九锡，贪恋权力到如此程度也真是难为桓温了。请求到了建康，谢安、王坦之两人不敢直接回绝，便让袁宏起草加桓温九锡的诏命。袁宏是当时的名士，写得一手好文章，这种事情对他来讲太简单了，他首先写了一稿给王坦之看。

王坦之叹其文笔华美，但表示："卿固大才，安可以此示人！"这样前后矛盾的表态实在是让袁宏摸不着头脑，于是又把草诏给谢安看，谢安看了之后也鸡蛋挑骨头地挑出一堆的毛病，改来改去。袁弘慢慢就明白了这二位是根本不想让这诏书发出去。于是便去直接问王坦之到底要怎么样。王坦之说："闻彼病日增，亦当不复支久，自可更小迟回。"这意思就说，把桓温给拖死就好了，这诏书就这么拖着吧。结果，宁康元年（373年）阴历七月乙亥日，一代枭雄桓温就这样在等待九锡的美梦当中离开人世，时年六十二岁。东晋朝廷逃过了一劫，这个大功要算在谢安和王坦之身上，但是无论他们再怎样努力，已经改变不了东晋王朝走下坡路的事实了。对东晋来说，一场恶战即将展开。

自信心爆棚

在南方，桓温终于咽下了最后一口气。桓温死后，东晋朝野再也没有人敢说北伐之事。一是因为确实都没有那样的才能，二是北方的局势已经没有办法再让东晋北伐了。前秦灭掉了前燕，这对于东晋来说绝不是一个好消息。北方第一次有了一个足以和东晋分庭抗礼的王朝。而造就这个王朝的不单单是前秦的国主苻坚，还有他的宰相王猛。

王猛自从完成苻坚交给他的进攻前燕的任务之后，便一直忙碌内政的事情。苻坚一直想把相位交给他，但是他一直请辞不受。最终，还是熬不过苻坚的请求出任前秦的丞相一职。

史书上记载王猛作为宰相施政公平，将一些玩忽职守的官员流放，而且铲除了一些在政府部门当中的闲人。与此同时，王猛还提拔了一些真正有才干的人来参与到幕府当中。"外修兵革，内综儒学，劝课农桑，教以廉耻，无罪而不刑，无才而不任，庶绩咸熙，百揆时叙。"经过了这番整治之后，前秦的国力显著增强，百姓安居乐业，这完完全全是王猛的功劳。

苻坚也对王猛十分满意，并且十分敬佩。曾经对王猛说："卿夙夜匪懈，忧勤万机，若文王得太公，吾将优游以卒岁。"这意思就是说只要有王猛，我将悠闲度日，不为国事操心。并且把王猛比作了姜子牙。能做到这一步对于一个少数民族领袖来说是很困难的。因为王猛是汉人，姜子牙和周文王的故事完完全全也是汉人的故事，苻坚身为一个氏族领袖竟然能够这样地夸奖他的大臣，这说明苻坚的汉化程度已经相当之高，这也就是为什么只有前秦政权才是让东晋朝廷真正害怕的少数民族政权的原因。

王猛听到苻坚这样夸奖他，自然也有所推辞，说："不图陛下知臣之过，臣何足以拟古人！"但苻坚还是认为，"以吾观之，太公岂能过也"。苻坚这绝对不是为了收买王猛的心才这样说的，他是从心底敬佩王猛。他经常对太子苻宏以及一些皇子说："汝事王公，如事我也。"这很明显是把王猛当成了一位朋友看待而并不是臣子。这样的君臣关系恐怕只有刘备和诸葛亮之间的恩情才可相提并论。

王猛由于全部身心扑到了治国上，他不顾自己的健康，更不私肥自己的家庭亲戚，他最后留给子孙的遗产仅是十头耕牛，为众儿孙务农作为衣食之资本。为了国家为了苻坚也为了全国的百姓，能够牺牲自己到如此之地步，在当时是十分罕见的。王猛，确实像诸葛亮一般为前秦耗尽了毕生的精力，甚至连自己的生命也都贡献给了前秦。

王猛平时忙于国务，辛苦非常，终于导致积劳成疾，在前秦建元十一年（375 年）六月病倒了。原本苻坚并不信鬼神那一套说辞，但是为了王猛，苻坚也不得不攥住这也许能够救王猛生命的最后一根稻草。为了王猛，苻坚竟然亲自为其祈祷，并且派侍臣遍祷于名山大川。苻坚重视王猛的程度可以略见一斑。

皇天不负有心人，苻坚对老天的祈祷，老天应该听得到，于是就又让王猛在这世上多待了一段时间。王猛的病情在这段时间有过转好的迹象。苻坚知道这个消息之后，非常兴奋，于是下令大赦天下。这种事情应该是新皇帝登基或者是皇帝大婚等国家重要时刻才有可能发生的，为了一个臣子的健康能做到如此地步实在是世所罕见。为了报答苻坚对自己的恩情，王猛上书表示感谢。

在上书当中王猛写道："不图陛下以臣之命而亏天地之德，开辟已来，未之有也。臣闻报德莫如尽言，谨以垂没之命，窃献遗款。伏惟陛下，威烈振乎八荒，声教光乎六合，九州百郡，十居其七，平燕定蜀，有如拾芥。夫善作者不必善成，善始者不必善终，是以古先哲王，知功业之不易，战战兢兢，如临深谷。伏惟陛下，追踪前圣，天下幸甚！"苻坚看到这样言辞恳切的文字不禁痛哭流涕，想必也是对王猛的生命即将终结十分感慨。

到了这年七月，王猛终于还是没能逃过病情的纠缠，病情日益严重，岌岌可危。苻坚得知这个消息，急忙去看望王猛询问后事。王猛睁开双眼，望着苻坚说："晋虽僻陋吴越，乃正朔相承。亲仁善邻，国之宝也。臣没之后，愿不以晋为图。鲜卑、羌虏，我之仇也，终为人患，宜渐除之，以便社稷。"王猛的这句遗言实际上是在为前秦的未来指明方向，他希望苻坚能够克制自己进攻东晋的欲望，而首先把北方的少数民族制服再图南进。王猛为了前秦可谓鞠躬尽瘁死而后已，足以和诸葛亮相提并论。

在说完这些话之后一代贤相便停止了呼吸。苻坚三次临棺祭奠恸哭，并且对太子苻宏说："天不欲使吾平一六合邪？何夺吾景略之速也！"于是，按照汉朝安葬大司马大将军霍光那样的最高规格，隆重地安葬了王猛，并且按照原蜀汉政权追谥诸葛亮的办法追谥王猛为"武侯"，丧训发布，整个前秦国上下哭声震野，三日不绝。

如果说前秦以前的事业是由苻坚和王猛共同推进的，那么从此之后苻坚再也没有像王猛这般能够用心辅佐他的贤相了。从此之后，苻坚必须靠自己的能力，在这乱世之中开辟出自己的一片天地。王猛在生前已经为苻坚做好了全盘的计划和打算，可是一个人一旦独立了，你就很难帮助他决定到底应该做什么。苻坚在王猛死后并没有贯彻落实王猛的方针，没过多久就开始计划攻打东晋王朝，这完全背离了王猛的临终方略。这是苻坚唯一没有按照王猛的话去做，结果就将自己的基业完全葬送掉。

前秦建元十八年（382年），王猛去世已经过了七年的时间，前秦国力充实，人民安定，一切都让苻坚觉得自己有能力跟所谓的"正朔王朝"较量一番了。于是苻坚在太极殿召见群臣说："自吾承业，垂三十载，四方略定，唯东南一隅，未沾王化。今略计吾士卒，可得九十七万，吾欲自将以讨之，何如？"秘书监朱彤马上说道："陛下返中国士民，使复其桑梓，然后回舆东巡，告成岱宗，此千载一时也！"这让苻坚很是欣喜，满意地说："是吾志也。"但是朝廷之中反对的声音明显更多。尚书左仆射权翼说："昔纣为无道，三仁在朝，武王犹为之旋师。今晋虽微弱，未有大恶。谢安、桓冲皆江表伟人，君臣辑睦，内外同心。以臣观之，未可图也。"听到权翼这么说，其他的大臣也急忙附和。史书上这样记载："于是群臣各言利害，久之不决。"

在这次朝廷的议论上，苻坚说出了一句名言："今以吾之众，投鞭于江，足断其流，又何险之足恃乎！"坚定了苻坚内心当中的自信。苻坚根本就没想让大臣们讨论这个事情，只不过是想让大臣们附和一下罢了，谁想到却招致了这么多的反对之声。如果这个时候王猛还在，恐怕苻坚就得想想自己的做法是否正确，就有可能回心转意。但是此刻的朝堂之上，没有任何一名臣下能够控制住苻坚。于是苻坚很生气地说："此所谓筑室道旁，无时可成。吾当内断于心耳！"

苻坚虽然是这样说，其实内心当中听到群臣这样说，心里多多少少还是有一些疑虑的。于是在群臣退朝后，苻坚又留下弟弟苻融商议。他想听听自己的亲人对自己的计划有什么看法，当然苻坚是希望苻融能够鼓励他几句说几句好听的。

没想到苻融也给苻坚泼了一盆冷水。他对自己的哥哥说："今伐晋有三难：天道不顺，一也；晋国无衅，二也；我数战兵疲，民有畏敌之心，三也。群臣言晋不可伐者，皆忠臣也，愿陛下听之。"苻坚仍然是不为所动："汝亦如此，吾复何望！吾强兵百万，资仗如山；吾虽未为令主，亦非暗劣。乘累捷之势，击垂亡之国，何患不克，岂可复留此残寇，使长为国家之忧哉！"

看到苻坚的态度如此坚决，并且严厉，苻融只得哭谏说："晋未可灭，昭然甚明。今劳师大举，恐无万全之功。且臣之所忧，不止于此。陛下宠育鲜卑、羌、羯，布满畿甸，此属皆我之深仇。太子独与弱卒数万留守京师，臣惧有不虞之变生于腹心肘掖，不可悔也。臣之顽愚，诚不足采；王景略一时英杰，陛下常比之诸葛武侯，独不记其临没之言乎！"这下子苻融搬出了最后的杀手锏——王猛的遗言。但是一个死王猛又怎么能挡得住一个活苻坚？苻坚心中既然已经下了决心，那就无法再改变了。

虽然众多的臣下都劝苻坚不要这样去做，同时另有一些人却在纵容苻坚的这种行为。那就是前燕的移民慕容垂。他对苻坚说道，前秦已经很强大了，况且陛下英明神武，威加海内，只要您下了决心就可以，根本用不着去询问朝中大臣。苻坚听了之后大喜。

慕容垂之所以这样说，实际上他明白苻坚的这次行动失败率很高，如果前秦失败，他就可以借机夺取前秦的江山！苻坚等于是中了慕容垂的圈套但自己还浑然不知。前秦建元十九年（383年）五月下达了进攻东晋的命令。在中国历史上赫赫有名的、轰轰烈烈的淝水之战就这样仓促地发动了。

这个巨人不抗打

　　前秦建元十九年（383年），苻坚开始为他的灭亡东晋的战争进行准备，这是在魏晋南北朝时期少数民族统治者第一次进行统一中国的尝试。为了能够确保这次战争的胜利，苻坚改变了以前的仁政，整个国家的政策开始转向为战争服务。原来前秦的大好经济形势几乎被这些政策毁于一旦。

　　苻坚下诏要求大肆征兵，户籍在册的民众每十个人中就要出一人当兵。那些从军不在七科谪内者或非医、巫、商贾、百工之子女（后世以奴仆及娼优隶卒为贱民，以平民为良民，遂用以称良民子女）的年纪二十以下，既勇敢又体壮的孩子，都任命为羽林郎（禁卫军军官）。这样的政策无异于全民皆兵，严重地打击了农业生产。并且所谓良家子的兵员质量实在堪忧，这样的乌合之众其实很难取得战争的胜利。

　　当时苻融就警告过苻坚，他说："鲜卑、羌虏，我之仇雠，常思风尘之变以逞其志，所陈策画，何可从也！良家少年皆富饶子弟，不闲军旅，苟为谄谀之言以会陛下之意耳。今陛下信而用之，轻举大事，臣恐功既不成，仍有后患，悔无及也！"但是苻坚早就被慕容垂给忽悠得团团转，连自己亲弟弟的话都不听了。

　　这一年的八月初二，苻坚派遣阳平公苻融统率张蚝、慕容垂等步骑兵二十五万为前锋；以兖州刺史姚苌为龙骧将军，统率益、梁州诸多军事。苻坚对姚苌说："昔朕以龙骧建业，未尝轻以授人，卿其勉之！"可是左将军窦冲又给苻坚泼了一盆冷水，回答道："王者无戏言，此不祥之征也！"苻坚于是不再言语。

苻坚志得意满地要开始南征，这个时候慕容一家子却在暗自盘算着自己的计划。慕容垂的侄子慕容楷、慕容绍对慕容垂说："主上骄矜已甚，叔父建中兴之业，在此行也！"慕容垂也毫不避讳地对这两个后辈说："然。非汝，谁与成之！"正所谓螳螂捕蝉黄雀在后，苻坚万万没有想到在这一片繁荣之下实际上是暗流涌动。

苻坚从长安发兵，开始了淝水之战的征程。他的兵员配置包括步兵六十余万、骑兵二十七万。将近百万的大军浩浩荡荡地向南方开去。旗帜、战鼓交相辉映，前后绵延上千余里。到了这年的九月，苻坚到达了项城，凉州的军队到达咸阳，蜀、汉的军队正顺流而下，幽、冀的军队到达彭城，东西万里，水陆并进，运粮船上万艘。阳平公苻融等军队三十万，先达颍口。于是在长江北岸形成了一道长达整个长江中下游的战线。

在南方东晋方面，这时候桓温早已死去，朝廷基本上被谢安所代表的谢家所把持。接到前线战报后，东晋孝武帝下诏以尚书仆射谢石为征虏将军、征讨大都督，以徐、兖二州刺史谢玄为前锋都督，与辅国将军谢琰、西中郎将桓伊等众人共领八万将士抵挡前秦军；派遣龙骧将军胡彬以水军五千增援寿阳。在这名单之中，几乎就找不到别家的人物，谢家已经成东晋朝廷当中最重要的力量。所以也可以说，这场淝水之战是苻坚与东晋谢家军的战争。

看到前秦军队强盛，东晋的都城建康感受到了很大的压力，满朝文武震动恐惧。面临这样的情况，刚刚履新的谢玄向谢安询问计策。谢安再次表现出了标准的淡定的样子，坦然无事，一点也不着急。谢安慢条斯理地回答说："已别有旨。"随后就一言不发了。谢玄看到自己的叔叔这样的表现，也就不敢再多问了。

　　谢安接着命令预备车马出游城外的别墅，亲戚朋友全都聚集，与谢玄把别墅作为赛棋的赌注。谢安的棋术通常劣于谢玄，但是在这一次由于谢玄时刻在担心着前线的局势，根本不能专心下棋，两人竟然打成了平手。下完这盘棋，淡定的谢安接着登山游玩，到了夜里才回来。

　　桓温的弟弟桓冲也深深地为建康的安全感到担忧，于是要派遣精锐军队三千人进入京师守卫；但是谢安坚决不接受，说："朝廷处分已定，兵甲无阙，西籓宜留以为防。"桓冲对僚属叹气道："谢安乃有庙堂之量，不闲将略。今大敌垂至，方游谈不暇，遣诸不经事少年拒之，众又寡弱，天下事已可知，吾其左衽矣！"这句话的意思就是说，东晋将会被前秦打败，汉族人要穿上胡人的衣服了。但是，谢安是真的不着急吗？当然不是，从谢安以前的所作所为就能看出，他是一个越到这种时刻越镇定的人。因为谢安清楚，即便是着急得手忙脚乱对于当前的形势也是于事无补。还不如像当初在东山之上悠游自在静观天下之变。

　　十月，苻融等人即将开始攻打守阳。到了十月十八日，苻融攻下了守阳，并且捉获平虏将军徐元喜等人。苻融任命他的参军河南郭褒为淮南太守。另外，慕容垂攻取了郧城。胡彬听说寿阳陷落，退兵坚守硖石。前秦卫将军梁成等率领众兵五万驻扎在洛涧，在淮河上设置栅栏作为障碍物，用以阻拦从东面来增援的晋军。

谢石、谢玄等离开洛涧二十五里而驻扎，畏惧梁成而不敢前进。等到胡彬粮食耗尽，秘密地遣派信使报告谢石等说："今贼盛，粮尽，恐不复见大军！"但是这封关系到军事机密的信件被前秦的士兵所获得，并且交到了苻融那里。苻融马上派人飞马前去报告苻坚说："贼少易擒，但恐逃去，宜速赴之！"于是苻坚就留大军在项城，自己带领装备轻便的骑兵八千人，以加倍的速度赶路靠近苻融于寿阳。并且派遣尚书朱序来劝降谢石等人，并且说道："强弱异势，不如速降。"但这时候朱序已经看出前秦只不过是虚张声势而已，私下对谢石等人说："若秦百万之众尽至，诚难与为敌。今乘诸军未集，宜速击之；若败其前锋，则彼已夺气，可遂破也。"

　　谢石听说苻坚已经到了寿阳，想到东晋最大的敌人就离自己如此之近十分害怕，于是就想先避战等秦军的锐气消退了再进行作战。这其实是天方夜谭，本来自己的粮草就不足，拖得时间越久只会对自己越不利。于是谢琰劝说谢石听从朱序的话。

　　到了十一月，谢玄派遣广陵相刘牢之率领精兵五千前往洛涧，进行援助。没有到十里，梁成以涧为阻列阵等着他。刘牢之向前渡水，攻击成功，大破对方，斩梁成及弋阳太守王咏；又分兵截断他们归途中必经的渡口，前秦的步骑崩溃，争着赶往淮水，士兵死去一万五千人。东晋捉获前秦扬州刺史王显等，全部收缴对方军用器械及粮草之类。这是东晋的第一次胜利。这次胜利一下子让谢石等人看见了希望，于是各路军队，从水路继续前进。

　　这时候苻坚和苻融在寿阳城上眺望他们，发现晋兵布阵严整，又望见八公山上草木，以为都是晋兵，回头看苻融说："此亦劲敌，何谓弱也！"惆怅失意开始有恐惧的神色。这就是成语"草木皆兵"的由来。实际上在这会苻坚的内心已经开始动摇了，他不能确定自己究竟会不会赢得这场战争的胜利。心慌意乱的情况之下才会把草木看成军队。

前秦军队紧靠淝水摆开阵势，这样的情况使得晋军不能渡河。于是谢玄派遣使臣对平阳公苻融说："君悬军深入，而置陈逼水，此乃持久之计，非欲速战者也。若移陈小却，使晋兵得渡，以决胜负，不亦善乎！"这实际上是一条奸计，谢安之所以泰然自若，恐怕一直在想这个主意。但是前秦人并没有看出来，自信的前秦的众将都说："我众彼寡，不如遏之，使不得上，可以万全。"苻坚更是想当然地说："但引兵少却，使之半渡，我以铁骑蹙而杀之，蔑不胜矣！"连一直保持头脑清醒的苻融，这时候也没有看出谢安这条所谓的"建议"当中的玄机，也答应了。苻坚的大军浩浩荡荡，古代又没有发达的通信设备，轻易撤退后方的士兵并不知道前方出了什么事情，只会一股脑儿地往后退。这样一来什么阵形、什么命令就统统不起作用了，谢安脑子里盘算的正是这样的一种效果。

等到前秦军队真的实行撤退，便如谢安所料再也不能制止了。于是谢玄、谢琰、桓伊等人马上率领军队渡过淝水进击前秦军。大惊失色的苻融骑马在阵地上飞跑巡视，想约束那些退却的士兵，但在乱军之中谁又去管你怎么说？在大军之间苻融的战马倒了，于是苻融被晋兵所杀，前秦军队看到自己的王爷被杀掉更是加速溃败。于是谢玄等人乘胜追击，到达青冈。

经过了这样一场荒唐的"撤退"，秦兵大败，互相践踏而死的士兵不计其数，他们的尸体遮蔽了田野，堵塞了河流。而那些活下来的败逃的秦兵听到风声和鹤叫声，都以为是东晋的追兵即将赶到，白天黑夜不敢歇息，在草野中行军，露水中睡觉，加上挨饿受冻，死去的人十之七八。这就是成语"风声鹤唳"的来历。晋军随后势如破竹又攻占寿阳，捉获前秦的淮南太守郭褒。

苻坚也在战斗当中中了流矢，慌忙之间单骑向淮北逃跑，又累又饿，当地的百姓给了他一些食物，苻坚吃了之后，赏赐帛十匹、棉十斤。这些百姓对苻坚说："陛下厌苦安乐，自取危困。臣为陛下子，陛下为臣父，安有子饲其父而求报乎？"百姓对于苻坚的爱戴可见一斑，但是苻坚的这次所作所为，又怎么能对得起这么支持他的百姓们？于是苻坚便对自己的张夫人说："吾今复何面目治天下乎！"说完之后便潸然泪下。只有苻坚自己知道他现在究竟是个什么心情，又在想什么。但是最大的可能，他一定在想念王猛，后悔自己当初没能听王猛的劝告。

谢安得到了战报之后，知道秦兵已经战败，当时他正在与客人下围棋，把驿书收叠起来放在座位上，还是一副淡定的模样毫无欣喜之色，照旧下棋。客人问他刚才是什么事情，他才慢慢地回答说："小儿辈遂已破贼。"这盘棋下完之后，他返回屋内，经过门槛时，木屐底上的齿被门槛碰断也没觉察到。《世说新语》对于此事的描写可以说是绝世之笔，从大战之初谢安的下棋再到大战之后谢安的下棋，让我们感觉到了谢安心理的变化过程。喜怒不形于色的谢安终于让自己的一个小疏忽暴露了他的内心。东晋胜利了，天下的局势还将继续变化。

淝水之战是中国历史上少见的南胜北的战役，这场战争完全葬送了前秦统一中国的可能。将乱世的时间进一步拉长了。这场战争的直接受益者并不是东晋更不是前秦，而是隐藏在前秦之中的鲜卑人慕容氏，只有慕容垂手底下的三万士兵并没有受到多大的损伤。在淝水之战后，慕容垂便找了个借口离开了苻坚，等到慕容垂再次回来的时候，前秦就要被灭亡。

道子同志心眼坏

比起一场胜利，东晋实际上更需要的是一场失败。这场失败不是发生在北方国土上的失败，而应该是在东晋领土上的失败。只有这样东晋朝廷才能够知道什么叫作危机感，什么又叫作北伐复国的理想。晋廷自从南迁之后，南方几乎没有发生什么大的战乱。这样相对安稳的环境让东晋的政治风气十分腐化堕落。而淝水之战的胜利不但没有让东晋警醒过来，奋发图强，反而在某种意义上助长了这种腐化堕落的作风。这个王朝算是没救了。

淝水之战后，东晋的孝武帝就沉迷在胜利带来的喜悦之中，一直疏于政事。皇帝一般在这样的一个状态，总会有一个臣子陪着他一块儿胡闹。对于孝武帝而言，那个人就是司马道子。

司马道子是谁呢？这个司马道子，就是原先的会稽王后来成了简文帝的那个只图虚名的糊涂的司马昱的儿子。也就是说他跟孝武帝是兄弟的关系。司马道子在小时候很受谢安的赞誉。史书上记载"少以清澹为谢安所称"。这也就是说谢安，觉得这个小孩很聪明。只可惜一辈子没犯过什么大错误的谢安，在这件事情上算是彻底看错了。虽然司马道子很聪明，但是他根本就没把这聪明用在正经地方。等长大了，彻彻底底地成了东晋王朝末期的一大祸害。

刚才说到过，晋孝武帝因沉迷酒色而疏于政事。作为兄弟的司马道子理应像苻坚的弟弟苻融一样提一些中肯的建议，为自己的兄弟保驾护航才对。可是这个司马道子不但没有那样去做，反而经常陪着晋孝武帝一块儿喝酒。

司马道子既然地位尊贵，在东晋这样一个以门第来决定官职的朝代必定是高官厚禄。司马道子时任扬州刺史亦录尚书事，权倾天下。而且他有个毛病、有个信仰，别看他名字里是道子，但是他实际上信仰的是佛教。有信仰原本无可厚非，但是他把自己的信仰完全跟自己的政治决策给联系到了一块儿，这就让人实在无法忍受了。

他亲近僧尼、宠信小人，并且尤其宠信时任侍中的王国宝。这王国宝就是当时和谢安共同抵抗桓温的王坦之的儿子，谁能想得到这样一个忠心耿耿的大忠臣最后竟会有这样的一个不孝子，天天跟着在朝中作乱的司马道子混。在这种情况下，司马道子宠信的人又都趁机玩弄朝权，贿赂买官，朝中被他们搞得乌烟瘴气。又因为司马道子信仰佛教，所以各地大兴寺院，寺院的产业越来越多，严重干扰东晋的经济。所以在司马道子掌权的时候，东晋出现了民不聊生的社会状况。

但是，国家毕竟不在司马道子的手里，孝武帝也绝不是什么政务都不处理的真正的昏君。更何况司马道子在朝中的倒行逆施引起了许多大臣的不满。由于实在是看不过去司马道子的所作所为，于是中书郎范宁向晋孝武帝陈述朝政得失，孝武帝听到这些报告难免会对司马道子心生怨恨，但是毕竟是自己的兄弟，表面上的关系还是要维持的。

另外，王国宝对司马道子是百般阿谀奉承，这让当时著名的经学家范宁十分看不惯。顺带一提，这个范宁就是以后写出《匈奴汉国书》的范晔的祖父。于是范宁便希望孝武帝能够贬黜他，但是这个王国宝反诬陷范宁。毕竟王家也是大族，孝武帝只得无奈贬范宁为豫章太守。其实这对于范宁来说也许应该算是一个解脱，毕竟不用天天在朝堂之上看令人作呕的阿谀奉承了。

范宁被贬黜后，司马道子一党的权势就更盛了，整个国家就被司马道子和他的一些亲信把持着。其中因为贿赂而得亲近司马道子的赵牙和茹千秋，一个耗费巨资为司马道子宅第建筑山水设施，另一个更卖官贩爵，聚敛了过亿钱财。

除了有这些小弟们，司马道子还有一张王牌就是皇太妃李陵容。司马道子之所以能够多次因酒意而有失礼之事，而孝武帝能够忍下来没有废黜他，完全是看皇太妃的面子。

孝武帝后来清醒了，他认为司马道子不是治国之能臣，当时又因王国宝与孝武帝亲近的王珣等人不和，所以孝武帝以外戚王恭为青兖二州刺史、殷仲堪为荆州刺史、郗恢为雍州刺史，以他们作为外援抗衡司马道子的势力，同时留王珣及王雅在朝。在朝中搞朋党竞争，有时候是大臣自己结党营私，有时候却是皇帝的御人之术。

孝武帝的本意是希望通过这样的朋党竞争来恢复自己的权势。谁想到，他根本就没有这么大的能力把控司马道子。结果司马道子升王国宝为中书令、中领军，又引王国宝堂弟王绪为心腹，让朝政更加混乱不堪。

到了晋太元十七年（392年），东晋孝武帝以其子司马德文为琅邪王，司马道子于是徙封会稽王。接替了他父亲原先的岗位。

四年之后的晋太元二十一年（396年），朝廷发生了一件相当荒唐的事情。孝武帝竟然被自己后宫的张贵人所杀，甚至民间有传言说，孝武帝是因为说了要废张贵人，于是被张贵人用被子给捂死了！

孝武帝死后，长子司马德宗继位，是为晋安帝。这个司马德宗也同样是跟西晋惠帝一样的皇帝。史书上记载他："帝不惠，自少及长，口不能言，虽寒暑之变，无以辨也。凡所动止，皆非己出。"

也就是说，连冷热都不知道，话也不会说。这样的人竟然能够当皇帝，这明显是司马道子和他的那些手下们从中作梗的结果。朝廷于是下诏，内外事务皆要咨询司马道子，行辅政之责。因为孝武帝突然死亡，故此未及写下遗诏，所以孝武帝在生前安置朝中王珣和王雅便都没有实权，所以自此司马道子完全掌握了东晋的权力，并且加紧宠信王国宝及王绪，让他们参与到朝权当中。

这样一来，晋朝可以说是到了自南迁以来最为黑暗的一个时期。当然有压迫的地方就会有反抗，司马道子以前就不乏反对者，现在到了如今这种状况，反抗必然更加激烈。这个时候就出了一个叫王恭的人，公开跟司马道子作对。

王恭，字孝伯，是光禄大夫王蕴的儿子，定皇后之兄长。史书上记载他："少有美誉，清操过人，自负才地高华，恒有宰辅之望。"也是一位清流雅士。谢安对王恭的评价也非常之高，他常说："王恭人地可以为将来伯舅。"王恭本身也十分地清廉简率，他曾经跟从自己的父亲从会稽来到建康，同族的王忱来访问他，看见王恭所坐的簟席很好，于是便问王恭有没有多余的可以给他一个。于是王恭马上就送给了他，结果自己就只能坐草席了。王忱知道这件事情之后很不好意思，王恭却说："吾平生无长物。"这便是成语"身无长物"的由来，同时也可以看出王恭确实是道德品质十分高尚的人。

正因如此，他才对司马道子在朝中的所作所为无法忍受。曾经在朝堂之上与司马道子多次发生冲突。并且对司马道子说："主上谅暗，冢宰之任，伊周所难，愿大王亲万机，纳直言，远郑声，放佞人。"把矛头完全指向了趋炎附势的王国宝。这让司马道子也怕他三分。后来，王国宝竟然还不思悔改，连皇帝的东宫都给占了。这让王恭愤怒到了极点，连忙联系带兵在外的殷仲堪和桓玄，相约一起起兵诛杀王国宝。

王恭写了一道檄文："后将军国宝得以姻戚频登显列，不能感恩效力，以报时施，而专宠肆威，将危社稷。先帝登遐，夜乃犯阁叩扉，欲矫遗诏。赖皇太后聪明，相王神武，故逆谋不果。又割东宫见兵以为己府，谗疾二昆甚于仇敌。与其从弟绪同党凶狡，共相扇动。此不忠不义之明白也。以臣忠诚，必亡身殉国，是以潜臣非一。赖先帝明鉴，浸润不行。昔赵鞅兴甲，诛君侧之恶，臣虽驽劣，敢忘斯义！"

在这条檄文之中王恭列数了王国宝的罪行，这让司马道子也十分慌乱，因为这上边的条条罪状无不跟自己有关系，如果这件事情不能够平息下去，势必威胁到他自己。于是，他只得使出了丢车保帅的这一招，随便给王国宝安了个罪名，直接处斩。只可惜王国宝趋炎谄媚了这么半天，竟然被自己的主子给出卖了。见到王国宝已经被斩，王恭也就暂时放下了起兵的念头。

因为有了这样一件事情，司马道子对自己的安全越发地担心。在谯王司马尚之的说服之下，他开始将异姓封疆大吏的土地进行削减，从而增加司马氏刺史的土地。这招致了庾家后人庾楷的不满。庾楷联络王恭说："尚之兄弟专弄相权，欲假朝威贬削方镇，惩警前事，势转难测。及其议未成，宜早图之。"

王恭原本就看司马道子不顺眼，现在既然有人能够请他一块儿造反，且是个有实力的封疆大吏，又有什么不能接受的理由呢？于是王恭便欣然同意了这个要求。后来庾楷又联络了殷仲堪、桓玄。他们几人共同推举王恭作为"盟主"，相约共同起事。如果说前一次王恭确实是因为自己的义愤填膺才有所行动的话，那么这次王恭可是彻彻底底地被这些士族贵族给利用了。他们起事的原因根本就不是为了国家朝政，而完完全全是为了自己的私利。至于推选王恭作为"盟主"也是因为不敢承担责任，找到替死鬼。

司马道子听到这样的消息大为恐惧，尽管他知道这是不可避免的事情，但事情的起因让他完全没想到会是自己招惹了庾楷。他慌忙把军权交给十六岁的儿子司马元显，而自己只顾酗酒，活在那个酒精所创造的迷幻世界里面去了。本来一切顺利，谁想到中间却出现了变故。

这时，曾经参与过淝水之战的北府兵名将刘牢之被司马元显收买，刘牢之于是倒戈，王恭就这样被叛军所杀。庾楷也兵败，投奔桓玄。刘牢之率北府兵抵御荆州军，桓玄、杨佺期只得回军蔡洲。同时这个司马道子毕竟也是老谋深算，为了分化荆州军，他采纳了桓冲之子桓修的建议，任命桓玄为江州刺史，杨佺期为雍州刺史，桓修为荆州刺史，而贬黜殷仲堪为广州刺史。这样一来，原先本来是铁板一块的利益集团一下子就被分裂开来。

说到底，这些军阀起兵的目的完全是为了一己私利，没有任何人是像王恭一样真正为了家国天下着想的。殷仲堪一听诏命，大为恼怒，催促桓玄、杨佺期进兵。但是桓玄、杨佺期得到好处，不想出兵。殷仲堪一气之下只得回军荆州，临回去之前还不忘遣使告谕蔡洲兵众说："若不各散而归，大军至江陵，当悉戮余口。"桓玄等人非常害怕，于是都赶快撤退，至浔阳才赶上殷仲堪。

殷仲堪虽然这样说，但是毕竟诏命已经下达。他从此之后便只能依靠桓玄，但两人因为这场战争心里已经有了猜忌。这样的组合不会长久下去了。

经历了这样一场大乱，东晋朝廷的统治基础已经出现了动摇。但司马道子还在朝中，这个人一日不除，天下一日不安。

一场大乱引出一个权臣

任何事情都是有联系的，这个道理在政治上更是绝对正确。当初为了剿灭王恭等人发动的内乱，司马道子的儿子司马元显深感兵力不足，而且当时的"北府兵"也就是东晋最为精锐的近卫部队，也不是十分听司马元显的掌控。为了缓解这样尴尬的状况，司马元显只得强制性地征发浙东诸郡"免奴为客"的壮丁。所谓"免奴为客"，就是一些改变了原先在西晋的奴隶身份、南迁为"客民"的一些民众。司马元显将召集的这些人集中在东晋的首都建康，担任兵役。建康的防卫工作本来应该由北府兵负责。司马元显这样去做实际上是想架空原先的北府兵，而建立一支专属于自己的亲卫部队。这些人随后被司马元显称之为为"乐属"。

虽然司马元显认为这个举措既能帮助自己树立在朝廷当中的威望，又能够缓解朝廷现在缺兵员的现实。他自己本身是很"快乐"的，所以才命名这些人是"乐属"。但是底下的民众可不这么想，尤其是那些常常使用"免奴为客"者的基层士族地主们。因为本来"免奴为客"者的绝大多数是这些基层地主所使用的劳力，司马元显现在把这些人征收成了士兵，势必影响基层地主手中的劳动人口的数量，再进一步影响到基层地主的经济利益。

对于"免奴为客"者来说，原本自己就是奴隶的身份，现在好不容易能够以一名农民的身份安安心心地过日子，谁想到又被征用去做随时都有可能面临生命威胁的士兵，这势必影响到他们自身的利益。因此这些"免奴为客"者也对这项所谓的"乐事"多有不满。因此这命令一颁布，就搞得"东土嚣然，人不堪命，天下苦之矣"。

随着民众不满的加剧，在东南民间已经储存了相当大的反抗朝廷的能量，时时刻刻准备爆发出来，现在仅仅缺一根导火线，或者说缺一个能够领导这些愤怒的民众推翻朝廷的人。于是一个叫作孙恩的人粉墨登场了。

这个孙恩属于琅邪孙氏，同广为熟知的琅邪王氏一样，也同样是世家大姓。但是他们家族有个跟其他士族显著的区别。他们家几辈人都信奉由东汉末年张鲁他们一家所开创的所谓"五斗米道"。在古代，宗教往往会充当政治的补充角色，一旦政治上暴露什么缺陷，宗教就会及时地补上。这种补充有时候会缓解社会矛盾，有时候则会激化社会矛盾。

孙恩的叔叔孙泰一直以钱塘人杜子恭为师，在"学习"的过程当中学了不少"方术"，所谓方术实际上就是今天类似于魔术的玩意。但是现在的魔术是为了艺术欣赏，以前的"方术"却实实在在是为了骗钱。孙泰精于此道，经常干这种坑人的勾当。但是当时的民众普遍没有什么文化，对于什么鬼神之类的事情深信不疑。乡里出了这样一位奇人，自然受到人们的关注。史书上记载"愚者敬之如神，皆竭财产，进献子女，以祈福庆"。

作为中央政府的东晋朝廷，自然不会允许这样的人在经济地位十分重要的东南地区乱转，这会影响到朝廷在当地的权威。于是王珣向司马道子陈说孙泰以妖术惑人，当时司马道子认为这个孙泰不过是个方士，对自己也没有什么用途，流放就流放了吧，于是就把此人流放广州。

别看现在的广州是座大城市，在东晋的时候也就是个小渔村的样子，属于极其偏远的地方。当地的百姓比东南地区的更加愚昧。因此把孙泰流放到这个地方反而起了反效果，这回不单单是民众，连广州当地的地方官都被孙泰的"幻术"迷惑住，竟然派这个流放犯作为郁林（今广西贵县）太守。东晋地方政权的荒谬可见一斑。

到了孝武帝末年，孝武帝已经日益衰老，颇想长生壮阳，于是亲自下诏把孙泰召还京师。一直谄媚孝武帝的司马道子连忙封他做徐州主簿，并且给钱给地给人，让这个妖道天天"炼丹"。到了王恭起事的时候，孙泰更是以为自己抓到了一个绝好的敛财机会，于是假借讨伐王恭为名，眩惑士庶，私聚徒众，渐渐地有了一支属于自己的武装。到了司马元显掌权后，更是为了自己的淫欲向孙泰求所谓的"壮阳秘药"。司马道子对待下属的态度，让孙泰这个本是流放犯的大骗子在朝中也能骄横不堪。

后来孙泰的胆子越来越大，竟然认为晋朝运祚将终，于是就在吴地广诱百姓，用"五斗米道"的名义召开密会，阴谋作乱。当时朝廷当中的大臣都知道他所干的这些勾当，但是慑于他跟司马元显的交情深厚，因此就没有人敢揭发他的所作所为。这样反而让孙泰更加猖狂。最后忍无可忍的会稽内史交出真凭实据，向晋廷告发孙泰要造反。

这个孙泰确实是被自己所受到的宠爱冲昏了头，你安心地伺候好主子就能保你一生荣华富贵，但是他偏偏要自己当这个朝廷的家。原本司马道子只是想把这个孙泰当作一个宠臣给养起来，谁想到他势力做大之后竟然想威胁自己的位置，于是司马道子便下令杀掉了孙泰和他的六个儿子。由此，孙恩就算跟朝廷结下了仇恨，时刻在等待着完成他叔叔未能完成的"事业"。

"免奴为客"令的发布恰好满足了孙恩在盼望着的时机。于是，他便利用长期秘密传教的优势，发动自己的教徒进行起义，这种起义的形式跟东汉末年张角所发动的"黄巾之乱"极为相似。孙恩发动起义的原因实际上很简单，就是报仇，但是他聪明地利用了当时的社会矛盾，于是这场大乱一下子风起云涌，箭镞直指建康的东晋政权。

在这场大乱中，许多东晋地方官员和士家大族都遭受到了不小的打击。会稽内史王凝之、世族吴兴太守谢邈、永嘉太守司马逸、嘉兴公顾胤、南康公谢明慧、黄门郎谢冲、张琨、中书郎孔道等人都被孙恩的乱军所杀。吴国内史桓谦、临海太守新秦王王崇、义兴太守魏隐等人都因为害怕乱军而弃郡逃走，孙恩一下子就占据了东晋的东南八郡。可以说东晋的半壁江山都被孙恩夺取。这样的形势发展完全出乎了东晋王朝的预料。

这场大乱在人数上和速度上也堪称农民运动的典范。起事不到十天的时间，孙恩便发动了数十万人参与到他的乱军当中。孙恩的徒党号称"长生人"，这有点像对"食死徒"的称呼。这帮人根本就是一群亡命无赖，孙恩自己就是个骗子，骗子加无赖的组合究竟会对国家造成什么也就不难想象了。

孙恩和这群人专事屠杀掳掠，破坏不遗余力。孙恩起事的会稽地区是江南地区的重镇，也是王羲之、谢安等北方士族聚居的名郡，吴郡、吴兴（包括义兴）是南方士族的中心聚居地，这三郡号称三吴，是东晋朝经济文化发达的地区。孙恩等人的作乱对当地的经济产生了十分严重的破坏作用。整个东南地区满目疮痍，再也看不到曾经兴盛时候的模样。

为了平定这场大乱，东晋朝廷派出谢琰和在王恭起义当中倒戈的北府兵名将刘牢之进行平乱的行动。刘牢之从京口起兵，在这军中有一个叫刘裕的人。这个刘裕本来是京口地位十分卑微的普通百姓，史书上记载他"仅识文字，以卖履为生"，小名叫"寄奴"。从这个小名也可以看得出来，刘裕确实出身不是那么高贵。但是他身上又偏偏有点富家子弟的习气，好赌博、斗鸡和走马，这样一个人当时在乡里是极为不受欢迎的。刘牢之为了讨伐孙恩，于是便四处招人，根本就不问这些人的出处，也不管这些人以前曾经做过些什么。他的要求只有一条，只要这个士兵的身体足够健壮、能够提枪射箭就行。

就这样，刘裕加入了晋军，在刘牢之的军中做一名小小的军官。有一次，刘裕外出执行巡逻任务，突然在路途当中遇到了孙恩的所谓"长生人"，大致有数千之众。正常的士兵见到这种兵力悬殊的架势恐怕早就逃跑了，何况刘裕才刚刚参军不久。但是刘裕表现得出人意料地镇静。他没有丝毫畏惧，仅仅带着自己身边的十几个人就敢冲着那些"长生人"过去了。

尽管刘裕他们也算是装备齐全的东晋正规军，但毕竟人数差距太大，没支持多长时间其他人就都死了。刘裕自己也被这些乱军用枪捅到了河岸之下。这些疯狂的"长生人"冲上去想杀了刘裕争功。谁想到刘裕在这样的危急情况用自己身上的长矛，仰头乱捅，竟然又挑死数名乱军，并且一下子跃起重新跳上岸，大叫冲杀。

面对这样一个近乎疯狂的人物，所有人都不敢继续向前，只得仓皇逃走。刘裕看见乱军退了便继续边叫边杀，在追击过程中又杀掉了上百人。这时候恰恰赶上刘牢之的儿子刘敬宣来寻找刘裕的侦察队，于是他完整目睹了刘裕的英雄壮举。刘敬宣和他的手下们看见这样的场景都吓傻了，甚至都忘了冲上去帮刘裕。就这样刘裕一战成名，马上成为了刘牢之军中的重要将领。

后来，随着战事的进展，谢琰被杀，刘牢之的军队不断地进攻孙恩。在这其中的三次战役当中刘裕都有着十分出色的表现。到了东晋安帝元兴元年（402年），孙恩终于穷途末路投海自杀。这个疯子的徒党和姬妾说他成了水仙，于是跟着投水的多至百余人。在大乱当中，平民百姓被孙恩掳去的达二十余万人。在这三四年间，他们不是战死就是溺死，还有的被贩卖作奴隶，到孙恩死时只剩下数千人。孙恩连年从海岛入寇，前后数十战，又杀死民众数万人。

孙恩之乱直接打击了当时的东晋政权，从此之后东晋朝廷的权威一天比一天衰落。孙恩之乱无意中扮演了东汉末年黄巾之乱的角色，并且引出了一个新的权臣刘裕。这一切都表明，东晋王朝的丧钟已经开始敲响。

这个皇帝自己封

王恭起兵让东晋朝廷对于地方势力的控制力一天天地在缩小。又恰逢孙恩之乱的爆发，于是地方上的一些人便开始蠢蠢欲动，想仿效桓温的所作所为行废立之事。什么事情都有个遗传，连篡位这件事情也能遗传，现在有这个念头的不是别人，正是桓温的儿子桓玄。

王恭起兵失败之后，原本地位平等的殷仲堪和桓玄两人，因为司马道子的任命出现了失衡。殷仲堪在这次事件之后只能栖身于桓玄营中。所谓一山不能容二虎，桓玄长期在外并且自己又有一个曾经不可一世的父亲，他时刻打算着追随自己的父亲去建立不朽的功勋。桓玄既然有此志，那么在其营中的殷仲堪就成了桓玄必须要清除的一个障碍了。

于是在东晋安帝隆安三年（399年），桓玄可算是找到了这样的机会。这一年荆州地区发大水，平地水深达三尺，这时身为地方官的殷仲堪为了赈恤饥民，导致自身的兵粮仓库枯竭。谁曾想到这样一个养民安民的举措竟给殷仲堪自己招致了大祸。

桓玄早就想着吞并殷仲堪的军队，现在对他来说正是天赐良机。于是他率军乘机西上，袭取了殷仲堪囤积粮草的巴陵，并且继而进兵杨口。慌乱的殷仲堪派侄子殷道护进行防御。结果大败。桓玄随后占领了距江陵二十里的零口。殷仲堪没有想到桓玄竟然会在自己的背后插上一刀，于是急忙召同为当地将领的杨佺期相救，但是终归是因为粮草的缺乏而惨败，结果最后双双为桓玄所杀。

通过这场阴谋，桓玄一举夺得荆、雍二州，于是便上表朝廷，要求任领荆、江二州刺史，因为江州地域过为重要，朝廷便授以桓玄都督荆、司、雍、秦、梁、益、宁七州，后将军，荆州刺史，假节，并且以桓修为江州刺史。这样几乎把整个西部地域都给了桓玄。但是桓玄不满意，上书坚持要求领江州，朝廷迫于桓玄的压力，不得已加桓玄为都督江州及扬豫八郡，并领江州刺史。之后桓玄又得寸进尺，提出以兄桓伟为冠军将军，雍州刺史，以侄子桓振为淮南太守，朝廷都不敢不从。

从根本上讲是东边的孙恩帮助的桓玄。西边桓玄在吆五喝六地对东晋朝廷说着各种各样的要求，东边孙恩所领导的乱军正在风起云涌，东晋朝廷一下子被两场乱局给夹在了中间，动弹不得。至此，东晋的州郡几乎被桓玄和桓玄的亲信所控制，地方已经彻底成为桓家的天下，只不过建康的朝廷还是姓司马而已。

桓玄势力的上升，让司马道子甚为恐慌。因为桓玄借着孙恩作乱的由头不停地在上书说朝中的人无能，要亲自除之。而这个无能的人很明显就是司马道子自己。于是司马道子开始决定讨伐桓玄。元兴元年（402 年）一月，司马元显派大将镇北将军刘牢之作为前锋都督，以前将军谯王司马尚之为后部，称诏举兵伐玄。

就在官军将要出发的时刻，桓玄的堂兄时为太傅长史的桓石生，及时送来了一封十分紧急的秘密报告。战场上拥有情报就拥有了一切，何况得到情报的这个人还是桓玄。本来按照桓玄的设想，扬州一带因为孙恩之乱正闹得不可开交，饥荒严重，朝廷根本就顾不上这边的事情，这种时候正是待机积蓄力量、观衅而动的良好机会。但是桓石生的报告表明，朝廷不但是腾得出手脚，并且已经集中了相当的精锐力量准备讨伐自己。其实这个道理很明白，那边孙恩的所谓"农民起义"，即便再闹也兴不起什么太大的风浪，因为基本上已经被剿灭得差不多了，而桓玄才是当时朝廷的真正的最大敌人。

桓玄面对这样的状况，心中一点准备都没有。在得知司马元显即将兴师问罪的时候，桓玄心中也没有底自己是不是能够打败官军，因此想法上就变得十分保守。他打算固守江陵。其实这对于桓玄来说是一个保险的办法。

正当桓玄决定这样做的时候，长史卞范之献计说："公英略威名振于天下，元显口尚乳臭，刘牢之大失物情，若兵临近畿，示以威赏，则土崩之势可翘足而待，何有延敌入境，自取蹙弱者乎！"桓玄本来心中十分没底，听到了卞范之的这番表态之后一下子来了劲头，马上把桓伟留下固守江陵，自己上表朝廷，率师沿江东下。当大军到达浔阳，也像当初的王恭一样发布檄文，在檄文上大肆列举了司马元显的种种罪行。

　　当檄文传到建康的时候，司马元显吓得不敢下令开船。这一下子就胜负立判了。司马道子和司马元显虽然在朝堂之上能够作威作福，但是在军事上的较量，自然是比不过桓温的儿子桓玄。原本桓玄兴兵的理由就不够充分，所以他经常担心士兵不听自己的号令，并且自己也一直在想着万一出了事情怎么撤退的计策。也就是说直到这个时候桓玄自己心里还是不确定的。可是大军到达浔阳，仍然不见官军的身影，这让桓玄不禁大喜过望。将士们也个个精神振奋，沿路如入无人之境。原本司马元显能够借用自己官军的势头，最起码在士气上压倒桓玄。但是，这个人实在是太没用，桓玄仅仅靠着一封檄文就把他给吓到了。东晋王朝的最终命运竟然被这种人物把持着，实在是一种悲哀。

　　等到桓玄大军抵达姑孰，击败了谯王司马尚之，襄城太守司马休之也弃城而逃。当时，身为朝廷最后希望的刘牢之兵屯洌洲。桓玄十分了解刘牢之这个人行事反复，当时王恭起兵的时候，正是刘牢之的倒戈让桓玄差点死在战场上。但这个时候桓玄已经不是以前的那个桓玄了。桓玄遣使劝降，刘牢之马上便敛手归降。随后，桓玄挥兵直驱建康城外的新亭，早就已经吓坏了的司马元显便不战自溃，弃船逃回京城，与其父司马道子在相府相对而泣，最终被桓玄所擒。

桓玄进入建康之后，大肆贬谪原先司马道子掌权时候的大臣，并且给自己的亲信进行升迁，并且给自己加以剑履上殿，入朝不趋，赞奏不名的殊礼。东晋朝廷已经彻底地成为了桓玄手中的一个傀儡，一个通过命令的图章而已。桓玄想取得天下便只差一步。

东晋元兴二年（403年）十一月，桓玄终于步他父亲的后尘，迈出了他父亲一直想迈而生生被谢安和王坦之给拖死的那一步。在这之前桓玄已经加封自己为楚王，并且给自己加了他父亲梦寐以求的九锡。到了现在，桓玄加自己的冠冕至皇帝规格的十二旒，并且又加车马仪仗及乐器，以楚王妃为王后，楚国世子为太子。

到了这一年的十一月丁丑日，由桓玄的重要幕僚卞范之写好禅让诏书，并且命令临川王司马宝逼晋安帝进行抄写。到了庚辰日，由兼太保、司徒王谧奉玺绶，将晋安帝的帝位禅让给桓玄，随后迁晋安帝至永安宫，又迁太庙的晋朝诸帝神主至琅邪国。随后便又是令人作呕的三劝三让的把戏。

百官到桓玄的驻地姑熟进行劝进，桓玄又假意辞让，官员又坚持劝请，桓玄于是筑坛告天，在十二月壬辰日正式登位为帝，并改元"永始"，改封晋安帝为平固王，不久迁于浔阳。这个篡夺东晋王朝的政权后来被命名为"桓楚"，但这个桓楚并没有延续多长时间。因为随着桓玄登上所谓的"帝位"，便开始整日的骄奢荒侈，游猎无度，游乐从夜至昼。开国之君做的却是亡国之君才应该做的事情。桓楚从一开始建立就充满着不祥的气息。

这时候，在建康的一片虚假繁荣之外，刘裕正在望着建康的动静。他就等着桓玄篡位的那一刻，因为那是对他来讲至关重要的机会，顷刻间夺取整个天下的机会。

你们乱着我夺权

桓家本来是清流雅士之家，桓温自己虽然晚年有篡逆谋反的心思，但是毕竟还算得上一个英雄式的人物。但是桓玄却完全是靠着父辈给自己留下的遗产来征战的，更何况还有一点点的运气成分在里面。如果当时孙恩没有那么巧在东南地区发动叛乱，如果朝廷不是被只会喝酒带小弟的司马道子父子所把持，那么也许桓玄根本就没办法取得权臣的位置，更别提称帝了。要知道当时桓温的对手可是谢安和王坦之。正是因为桓玄的这个帝位来得实在是太容易了，所以他一点不知道珍惜。在称帝之后更是顽劣不堪，根本没有做到一个开国君主应该做的事情。

在桓玄刚开始有篡晋的想法的时候，他的兄长桓谦曾经就这个问题问过刘裕的态度。因为当时刘裕通过讨伐孙恩，迅速蹿升成为当时东晋的又一名封疆大吏。刘裕这个人不光英勇，而且鬼主意也很多，史书上记载，当时刘裕已经"志欲图玄"，也就是说刘裕在暗中已经在想着取代桓玄的位置。

他认为，如果桓玄不反，反而对他不利，因为他没有攻击桓玄的由头。如果桓玄果真是反了的话，那么这是刘裕的重要机会，能够借此作为借口讨伐桓玄。当然，桓玄并不知道刘裕心中真实的想法，还把刘裕当作"股肱之臣"予以依赖。刘裕听到桓谦这样问，心中其实是在暗中欣喜。于是平静地说道："楚王，宣武之子，勋德盖世。晋室微弱，民望久移，乘运禅代，有何不可？"从面子上表达了对于桓玄这种行为的纵容和支持。只可惜桓玄根本就没能看出这个人包藏祸心，外表憨厚内藏奸诈，实在是东晋王朝中最具野心的人物。

在刘裕这样一番怂恿之后，桓玄终于篡晋称帝。这时候高兴的不但有桓玄自己，还有在暗中的刘裕。但是刘裕在桓玄面前还是表现得非常谦卑。有一次桓玄见到刘裕，想起了他以前支持自己的言行，于是便对左右的人说："昨见刘裕，风骨不恒，盖人杰也。"桓玄只看出了刘裕是人杰，却没看出刘裕有真命天子的命。桓玄只把刘裕当作一个普通的将才加以利用。在每次出巡的时候，都对刘裕优礼有加，赠赐甚厚，想用这种方式让刘裕为自己所用，但刘裕在内心当中已经打定了主意就是要夺桓玄的位置，又怎能因为桓玄这样对他，就放弃这样的一个野心呢？

桓玄身边也不是没有明白人。在这种时刻通常都会出现几个旁观者清的角色来为当局者指清方向，就看那个当局者是听还是不听了。他们劝桓玄说："刘裕龙行虎步，视瞻不凡，恐不为人下，宜早为其所。"桓玄显然是不听的那类当局者，在他心中刘裕是个"好孩子"，十分听自己的话。于是他不以为然地回答道："我方欲平荡中原，非刘裕莫可付以大事，关陇平定，然后当别议之耳。"从此之后对刘裕是多加褒奖。

其实桓玄也不一定是看不出来刘裕的心思，再加上有人提醒他，内心当中肯定会对刘裕有一些芥蒂出现，但是桓玄这个人还有另一个特点，就是对自己的极度自信，他相信自己能够利用和平的方式来解决刘裕的问题。于是便下诏说："刘裕以寡制众，屡摧妖锋。泛海穷追，十殄其八。诸将力战，多被重创。自元帅以下至于将士，并宜论赏，以叙勋烈。"桓玄心想，我作为皇帝能够这么褒奖你这个将领，你还不得对我感恩戴德？桓玄彻彻底底地把刘裕的为人给想错了，从刘裕在战场上能够如此拼命的情况看，刘裕这个人对自己的要求极严，同时又极度阴险。就在桓玄百般讨好刘裕的时候，刘裕在暗中做了大量准备工作，时刻准备着起兵平灭桓玄。

等到一切准备停当，到了元兴三年（404年）二月，刘裕组织了一次所谓的"游猎"，这实际上是一个借口，真正的目的在于有一个集结部队的理由。刘裕在暗中与何无忌等人集结部众，并且在暗中联合了魏咏之、檀道济、周道民、田演等一批对桓玄的所作所为不满的将领率众起兵。在京口、广陵杀死了桓玄的亲信桓修和桓弘。刘裕真可以说得上是一个影帝，在桓修被杀之后，作为罪魁祸首的刘裕竟然会痛哭流涕，表示要厚葬桓修。

刘毅的兄弟刘迈原来也在建康。当刘裕起兵讨伐桓玄不到几天，派遣同谋周安穆前去通报刘迈，要他作为内应。但是刘迈这个人平生胆小怕事，他在表面上敷衍周安穆，内心当中却并不敢应允。这个人同时也是一个心里有什么事情都藏不住的人。他的表现轻易就被周安穆给看穿了，周安穆担心这件事情会因此泄露，于是急忙赶回报告刘裕。

这个时候，桓玄任命刘迈为竟陵太守。这样刘迈就一下子被夹在了桓玄和刘裕两人的中间。刘迈便不知该怎么办才好，后来他认为只能是躲开朝廷当中的争斗，自己去享清闲，于是准备船只走马赴任。在一天夜里，刘迈接到了一封桓玄给他的信。信中问道："北府人情云何？卿近见刘裕何所道？"这说明桓玄在内心当中对于刘裕是有一定的防范的。并且桓玄对于自己的下属也不是十分信任。

这封信实际上仅仅是一封试探信，因为桓玄心中毕竟是不太相信刘裕能够反叛自己。刘迈在看到这封信之后惊恐万分，他以为桓玄已经知道刘裕的阴谋了，于是急忙想赶紧脱身。在第二天一早就把事情全盘托出。桓玄在这时候才如梦方醒，确认了刘裕确实有反叛自己的阴谋，于是便封刘迈为重安侯。但是桓玄这个人也是个犹犹豫豫的人，这种犹豫是他最大的问题。本来已经封了刘迈为重安侯，这就等于昭示世人，我已经原谅刘迈以前的所作所为了。更何况刘迈原本就没有真正的反叛意愿，反而告诉了桓玄真实的情况。但桓玄在这之后认为刘迈不抓住周安穆，使周安穆得以逃出，这对他来讲是不能忍受的，于是又把刘迈给杀了。这样等于在朝中失去了诚信，把朝廷当中的大臣弄得是人人自危。自然让人对桓玄失去了信心。

桓玄在杀掉刘迈之后便开始准备对付刘裕，连忙召桓谦、卞范之等人进行商讨。桓谦认为应马上出兵攻击刘裕。但桓玄并不同意这个建议，说："彼兵速锐，计出万死。若行遣水军，不足相抗，如有蹉跌，则彼气成而吾事败矣。不如屯大众于覆舟山以待之。彼空行二百里，无所措手，锐气已挫，既至，忽见大军，必惊惧骇愕。我按兵坚阵，勿与交锋，彼求战不得，自然散走。此计之上也。"于是派顿丘太守吴甫之、右卫将军皇甫敷北拒刘裕。

应该说桓玄的这个战略是有着一定的道理的。也许在对待其他人的时候能够有效果，但是他的对手是刘裕，是当初那个以一当千的刘裕，又怎么会"忽见大军，必惊惧骇愕"？桓玄还是对于自己的实力过于自信了。但同时桓玄也承认刘裕确实是一个对手，曾经有人宽慰他说："刘裕等众力甚弱，岂办之有成？陛下何虑之甚。"桓玄听了之后回答："刘裕是为一世之雄。"（事见《宋书·武帝本纪》）

到了元兴三年（404年）三月，刘裕和桓玄手下的勇将吴甫之会战于江乘。吴甫之的军队是桓玄阵营当中的一支精锐部队。但是刘裕要比他更加勇猛，刘裕在这场战争当中又拿出了他的看家本事——喊。刘裕手执长刀，大声呼叫着，身先士卒。看到主帅的表现，刘裕的军队一下子就士气高涨，结果最终吴甫之被杀。接着，双方军队又战于罗落桥，桓玄的部下皇甫敷率数千人迎战。宁远将军檀凭之与刘裕各率一队人马，但是在这当中檀凭之战败被杀，他手下的士兵便纷纷逃散。虽然失去了一个重要的支援力量，但刘裕越战越勇，前后奋击，所向披靡，最后皇甫敷兵败被斩。

听说皇甫敷战败后桓玄便更加恐惧。急忙派出桓谦屯兵东陵口，让卞范之在覆舟山西屯兵，这时候双方兵力总共约有二万余众。不久之后，刘裕让自己的士兵全部都吃饱肚子，把所有的余粮全部扔掉，轻装上阵。这种做法类似于当年项羽的破釜沉舟，一方面减轻了自己士兵的负重，另一方面也让士兵有了必死的决心，极大地提高了士兵的士气。

刘裕率领军队前进到覆舟山东，命令手下将旗帜遍插在周围山上，他的目的在于让桓玄的军队误认为他的主力在这里。桓玄又增派身为庾家后代的武骑将军庾祎之前往增援。刘裕面对强敌镇定自若，总是冲杀在最前阵，这样一招百试百灵。士兵受他鼓舞，士气十分旺盛。恰巧在这时候，老天刮起了东北风，刘裕抓准了这样的时机马上下令纵火，这时候火烟张天铺地，史书上记载"鼓噪之音震京邑"。桓玄的最后一道防线就这样土崩瓦解。桓玄看到大势已去，只得让殷仲文守住建康，自己率子弟沿长江南下逃走了。

刘裕的部队马上直奔建康，不久之后建康城被攻下。当刘裕的部队刚刚攻克建康的时候，桓修的司马刁弘率文武佐吏前来救援。于是刘裕登上城楼对他说："我等并被密诏，诛除逆党，同会今日。贼玄之首，已当枭于大航矣。诸君非大晋之臣乎？今来欲何为？"这实在是一个现场版的"空城计"，刘裕在城中根本就没有准备好足够的士兵进行守城作战，于是便想出了这个主意。这个刁弘也是个无能之辈，轻易地就被刘裕唬住，只能撤退。不久之后刘毅等人率部众赶到，刘裕急命他杀了刁弘。

刘裕并没有直接代晋自立，而是打着恢复晋朝的名号，这绝对是聪明之举。因为当时的天下形势还不够稳定，跟随刘裕起兵的人也都是为了铲除桓玄奸党。如果这个时候刘裕代桓玄自立，难免会引起新的一轮混乱，也许刘裕会步桓玄后尘。所以刘裕并没有在攻进建康之后就自立而是在建康立留台官，并且将原先桓玄所立的宗祠彻底烧毁，重立晋新主在太庙中。这个举动向世人表明，我刘裕是为了重振晋室才这样去做的，是为了天下，而不是为了我刘裕个人，我刘裕跟桓玄不同。

通过这样一番宣誓之后，他摇身一变成了东晋的大功臣。于是朝廷派尚书王嘏率百官迎接刘裕，朝廷命刘裕都督扬、徐、兖、豫、青、冀、幽、并八州诸军事，领军将军，徐州刺史。比当初桓玄的地位还要高，几乎掌握了全国的军事权力。

在这之后，刘裕又派人去追击苟延残喘的桓玄，最终在峥嵘洲大败桓玄。桓玄继续逃窜。到了义熙元年正月（405年），刘毅等人到达江津，攻破了桓玄的亲族桓谦、桓振，将桓玄的老巢江陵攻下，桓玄仍旧坐船逃走。听闻江陵被攻陷，晋安帝司马德宗被刘裕给接到江陵，下诏历数桓玄罪状，竭力称赞刘裕平定桓玄之乱中所立下的功绩，并封刘裕侍中、车骑将军，都督中外诸军事，使持节、徐青二州刺史如故。至此，刘裕已经是全天下官职最高的人物，成为了东晋朝廷的新主心骨，或者说是"新主子"。

至于桓玄，则仓皇向西逃亡蜀中，当初自己的父亲是志得意满地前去攻伐成汉，现在桓玄却只能是向着蜀中逃命了。最终在逃命的路上，被益州刺史的部队截杀，享年仅仅三十六岁。他的堂弟桓谦为其上谥为武悼皇帝。这位皇帝的头颅最后被送到建康，挂在一个大杆子上示众，百姓看到之后竟然都十分欣喜，可见桓玄的篡逆之举是多么不得民心。

刘裕掌握了中央权力之后，对于桓玄时期的种种弊端予以改革。史书上记载："先以威禁内外，百官皆肃然奉职，二三日间，风俗顿改。"原先因为几场战乱而萧条的东晋终于出现了一些和缓的迹象。当然，看见刘裕最后把风头都给抢了，当初那些跟随他的人之中也必定有不满的人，刘裕随后就把他们都给清理掉。巩固了自己在朝中地位。

这时候，北方的局势也发生了变化。苻坚的前秦已经被消灭。但慕容垂所建立的后燕也没有长久，被北魏政权所打败，被截成了两个部分。南边靠近东晋的一部分就成为慕容德所创立的南燕政权。

刘裕为了进一步巩固自己的地位，又用出了当初桓温所用过的老招数，兴师北伐。北伐的目标就是这个小小的南燕政权。原本这个南燕就是个落败而形成的残余政权，因此并没有什么真正的实力，轻易就被刘裕所打败，南燕的领土就成为东晋的疆域。

正在刘裕忙于北伐的时候，孙恩之乱的余党卢循自以为抓住了朝廷空虚的机会，于是便蠢蠢欲动，准备在合适的时刻给刘裕的背后插上一刀。

卢循败死

  卢循是范阳的大族，同时也是东晋的士族之一。但是卢循并没有继承士族的高贵血统去当官，反而跟假道士孙恩扯上了关系，成为孙恩的妹夫。孙恩被剿灭后，剩下的一批人便跟随卢循继续进行他们所谓的"事业"。桓玄篡位之后，他为了稳定国内的局势，命这个原先的亡命之徒为永嘉太守。这样卢循的身份就算是洗白了，而且彻彻底底继承了这个士族的称谓。

  卢循从此就当上了朝廷命官。到了刘裕掌权的时候，朝中的各种事情十分忙碌，根本没有空去管当时桓玄所封的这些地方官员，同时也是为了稳定地方，便又给这些桓玄时候的地方官员一些新的官职。卢循也在这批人当中，被任命为征虏将军、广州刺史、平越中郎将。面对着相对稳定的生活，卢循心中也就不再去想那些造反的事情，想安安稳稳地就这样过下去。但还是那句话"树欲静而风不止"，在历史的滚滚洪流之中，有些事情明明知道自己不想去做，但最终还是得被迫而做。对卢循来说，徐道覆就是吹动他这棵树的风。

  徐道覆在卢循的手下做始兴太守，他原本就是孙恩乱军当中的一员，同时也是卢循的姐夫。东晋义熙五年（409年），刘裕领兵北伐南燕，围困南燕都城广固数月，造成了南方兵力严重空虚。面对这样的一个局势，徐道覆敏锐地察觉到这里面的机会。于是便派人去联络卢循，劝他马上造反，但是已经一心一意当一个顺民的卢循根本不想再去打打杀杀了，便没有同意。徐道覆还不死心，结果自己亲自到了卢循的治所番禺，也就是今天的广州，劝卢循起兵伐晋。

  徐道覆对卢循说："朝廷恒以君为腹心之疾。刘公未有旋日，不乘此机而保一日之安，若平齐之后，刘公自率众至豫章，遣锐师过岭，虽复君之神武，必不能当也。今日之机，万不可失。既克都邑，刘裕虽还，无能为也。君若不同，便当率始兴之众直指浔阳。"

其实这话有夸张之嫌，因为东晋朝廷怎么也不可能"恒以君为腹心之疾"。对东晋来说，卢循还远算不上是心腹之疾。卢循当然也清楚自己的位置，并且已经安定的他并不想再冒风险。但是卢循又不能自己拿主意，虽然觉得徐道覆的做法他不同意，可是他又想不出什么办法能让自己的生活过得更好。史书上这样描绘："循甚不乐此举，无以夺其计，乃从之。"可以感觉到卢循做出这个决定的时候的无奈。

徐道覆得到了卢循的"肯定"，便开始为了起事进行准备。由于南方多水，如果想马上攻取建康势必需要造一些船舰。但是如果大张旗鼓的收集木材建造船只，必定引起朝廷的注意。这时候徐道覆想到了一个好点子。他先派人在南康山进行伐木，对当地的百姓说，他要把这批木材运到京城卖掉，让当地人都知道有这么个木材商在这个村子里。

等到造船的材料齐备，他便放出消息说自己没有那么多的人力把这些木头运走了，只能在当地贱价处理掉。当地的百姓认为有利可图，再赶上当时水流湍急，行船困难，于是便都到徐道覆那里"进货"储备。这样徐道覆就很好地解决了这批将用于起事的木材的储备问题。到了起事的时候，便拿出当时的凭证按照比原先价格稍高一点的价格再给买回来，于是在十日之内，所有起事需要用到的船只都装备完成。从这个事例可以看出，这个徐道覆还是有着相当的才干与胆识的，只可惜后来的事情证明徐道覆是跟错了主子。

有了船只之后，徐道覆和卢循便开始进行他们的计划。因为事前准备充足，再加上东晋当时在南方的兵力确实空虚，所以他们的进展很快，马上就向着南康、庐陵、豫章诸郡开动，当地的官员都四处逃窜。

东晋朝廷方面一直在等着刘裕的捷报，根本没想到南方已经发生了大事。面对迅速壮大的造反派，东晋再一次陷入危机状态。朝廷急忙派人去往北方通知刘裕赶紧回京。这时徐道覆的军队已经到了豫章附近，在倒桓之战中立下大功的何无忌此时正驻守在浔阳，面对乱党，他十分自信地以为自己能够解决他们，于是便想着主动出兵与刘道覆决战。

在搞不清楚敌人底细的情况下，左右都劝他固守浔阳、豫章，以逸待劳，但何无忌也是一个自负的人，完全不听下面人的意见。结果在豫章城外与徐道覆的水军相遇。由于徐道覆为了这场战争进行了相当充分的准备，而且徐道覆的水军都是新建造出来的大型战船，何无忌却设备陈旧，兵力缺乏，结果最终何无忌为自己的自负付出了代价，战死在这场战斗之中。

何无忌的死对朝廷来讲，是一个比得知南方叛乱还让朝廷担心的消息。因为当时东晋的大部分精锐将领都随刘裕去了北边。朝廷当中可用的将领少得可怜，像何无忌这样的将军更是几乎没有。因此，何无忌的死在朝廷当中掀起了轩然大波。由于东晋朝廷已经彻彻底底成为刘裕个人的附庸，朝中的官员甚至动了放弃京城，向北奔逃找寻刘裕的念头。

在北方的刘裕已经得到了朝廷传来的消息。得到消息之后，刘裕马上让南燕降将韩范、封融等人守住已经获得的土地，自己率领急急忙忙向着建康回师。

刘裕回到山阳后，由于前方的战局并不明朗，便担心京城失守。

刘裕派出自己的精锐骑兵昼夜兼行，并带着几十个人微服来到淮上，向南来的行人打听京城的最新情况。行人说："贼尚未至，刘公若还，便无所忧也。"刘裕这时候应该非常高兴，为的是两件事情，第一是建康还没有攻陷，第二则是刘裕自己在民间的威望竟然到了这样的一个程度。刘裕在得到了这样的消息之后，便昼夜兼程地赶往京口进行驻防。

当初刘裕占据消灭桓玄的绝大部分功劳，许多的将领并不服气。这在这场平乱战争当中也有所体现。刘裕本来想着和当时消灭桓玄的另一名重要将领刘毅一起起兵去攻打叛军。但是刘毅心里头赌着口气，他表示："我以一时之功相推耳，汝便谓我不及刘裕也！"坚决不听刘裕的安排。这个表态可谓充满了负气之感，这样的统帅所率领的军队，又怎么不会失败呢？结果这支军队最后和卢循碰了头被杀得干干净净，不光把命丢了，自己的所有装备也都归了卢循。

这下子形势就对东晋和刘裕更加不利了，原本刘毅的军队是守卫京城的一个重要屏障，只要刘毅能够顾全大局听刘裕的话，两个人相互配合一定没有问题，可是他偏偏要自己出击弄个惨败。卢循的军队现在直接就能杀向建康。这时候连刘裕都没办法左右朝中的形势了，恐慌的情绪在朝中蔓延开来，一帮大臣又重提迁都的方案。当时任长史的孟昶更是认为刘裕根本没有办法阻挡卢循，劝他赶紧想办法带着晋室逃离都城。但是刘裕跟他们的想法都不一样，他对孟昶说："今重镇外倾，强寇内逼，人情危骇，莫有固志。若一旦迁动，便自瓦解土崩，江北亦岂可得至！设令得至，不过延日月耳。今兵士虽少，自足以一战。若其克济，则臣主同休；苟厄运必至，我当以死卫社稷，横尸庙门，遂其由来以身许国之志，不能远窜于草间求活也。我计决矣，卿勿复言！"

这可谓真真正正是大丈夫的言论，分析得极为精到。并且从这里可以看出刘裕成功的秘诀就在于一个"搏"字。但是刘裕的这番表态并没有让孟昶放下心，结果自己服毒自杀了。儒生到底是儒生，将领就是将领。自杀完全是逃避责任，"真的猛士敢于直面惨淡的人生。"

在卢循方面，一直作为卢循计划制订者的徐道覆已经看破整个战场的玄机。他们已经获得了绝对的优势，无论是在装备兵力和士气都远远超过了刘裕。现在最重要的任务就是找一次能够决战的机会，一下子把刘裕给拍死，那么他们就能获得最终的胜利了。于是他向卢循建议，从新亭、白石烧船上岸，分几路进攻建康，与刘裕决战。但是这个卢循从他起兵之初的犹犹豫豫就可以看出，他实在是优柔寡断，性格软弱根本成不了大事。听到刘裕回师的情报之后，便心生恐惧，完全作不出任何的决策，也不让别人帮他作决策。

卢循长期拿不定主意，便只与刘裕对峙，这样就给了刘裕恢复自己的机会，对于卢循方面来说，无疑是耽误了最为重要的战机。结果最后卢循的想法竟然还是小家子气地攻取江陵退而守之。明明自己是叛军，明明自己是进攻方，明明对自己来讲越快结束战争越好，他竟然就这样下决定，实在是个庸才。难怪徐道覆长叹一声说："我终为卢公所误，事必无成；使我得为英雄驱驰，天下不足定也。"徐道覆真的是看错人了。

就在卢循犹犹豫豫期间，刘裕在建康城建筑了许多工事，做好了十足的守城准备。等卢循再想起来进攻建康的时候，便没有那么容易了。卢循的军队竟然攻建康攻了长达两个月的时间。一支乱军竟然能够维持这么长时间的攻城战，这得有多少兵力？又能干多少事情？可卢循这个庸主把这样好的机会完全放弃了。如果当时卢循听了徐道覆的话，那刘裕又怎么能最终篡晋登上皇位？卢循如果泉下有知，非得后悔死不可。

胜败之势逆转之后，刘裕开始造大船，训练水军，组建起一支强大的军队。自此在装备上超过卢循的军队。同时他派孙处与沈田子等率领三千士兵，抄后路偷袭卢循的后方老巢番禺。卢循的军队北上，几乎是倾巢出动，番禺的防守早被忽略，孙处等人来到番禺，碰上大雾天，便猛攻人数极少的守军，一举成功。

老巢被端，这让北面的卢循各部陷入了"有家不能回"的尴尬境地，对于他们来说只能进攻了。但是已经是强弩之末的他们又怎么可能成功？徐道覆攻江陵不下，卢循本人又在雷池战败，便想要逃往豫章，在左里一带（今江西都昌西北）筑起栅栏。但是最终也挡不住刘裕新建水军的强大攻势，死伤惨重，卢循只坐了一条小艇仓皇逃跑。

最终，卢循与徐道覆退到了广州境内，还想负隅顽抗。一直到了义熙七年（411年）初，徐道覆的始兴城被晋军攻破，被埋没的徐道覆就此战死。卢循攻不下孙处固守的番禺，继续退入交州，最终被逼到龙编（今越南北部）的一条河边，投河自尽。这样，根源从孙泰开始的这长达十几年的不断的国内变乱，最终在刘裕的英勇奋战之下得以解决。刘裕还有更加重要的事情需要去完成。

这回轮到我坐庄了

平定了卢循之乱后，刘裕终于可以把自己的精力再放到北伐上边。因为卢循之乱让刘裕看到了许多威胁自己的问题，尤其是刘毅在那种危机的情况之下竟然还会想着去和自己争功。刘裕已经明显感觉到，自己虽然已经是一人之下万人之上，但是毕竟当时共同讨伐桓玄的许多重臣都在。他们对于刘裕这个明明出身卑微却又占尽了"便宜"的人，从内心来讲是十分瞧不起，也是十分不服气的。刘裕需要给自己证明，同时也让天下看到自己能做到别人没有办法做到的事情。他需要一个机会让他的功劳和其他人的分开。只有这样，他在实行自己未来计划的时候才能敢于施展，才能施展开。

　　原本，刘裕就要成功了，他通过对南燕的北伐已经帮助东晋扩充了疆域。可是由于卢循之乱，让刚刚得到的领土并不是十分地稳固。于是刘裕便又开始有了北伐的想法，不过这一次他换了一个对手，目标瞄准了在关中地区的后秦。

　　前秦苻坚受到了鲜卑人进攻和他自己属下姚苌的背叛，最终亡国。在此之后，姚苌以长安为中心，建立了又一个国号为秦的国家，称之为后秦。这是一个属于羌族的政权。姚苌就是当初投降东晋后又反叛东晋的姚弋仲所部的后代。

　　这个政权跟东晋的恩怨可以说很深。它所统治的地域包括了关中的绝大部分地区，还有原先凉国所统治的地域，是当时中国西北方最大的一个政权。在东晋义熙十二年（416年）秦国主姚兴病死，太子姚泓继位。由于国家突然发生了这样的重大变故，后秦的宗室们为了争夺帝位导致自相残杀。这样的惨剧在东晋十六国时期已经不知道上演了多少回了。这样，就给了刘裕一个绝好的机会进攻后秦。

　　东晋义熙十二年八月，刘裕再次出征北伐。这次北伐，对于刘裕来说是志在必得。大军被分成了五路：新野太守朱超石、宁朔将军胡藩攻打阳城；龙骧将军王镇恶、冠军将军檀道济前往许、洛；建威将军傅弘之、振武将军沈田子攻打武关；冀州刺史王仲德，由巨野入河；建武将军沈林子、彭城内史刘遵考，自汴入河。九月，刘裕自己率所部驻扎彭城，加领徐州刺史。

刘裕这次北伐可以说是风头做足，之所以派出五路大军进行讨伐，就是为了壮军威，到时候跟朝廷汇报的时候有的说、有的夸赞。更何况后秦在这个时候已经进入了衰落期，所以对于身经百战的刘裕来说，这是一个软得不能再软的软柿子。刘裕之所以这么兴师动众完全是做样子给朝廷看。

由于上述的原因，刘裕的各路大军进展都十分顺利。反观后秦这边，根本没有做出什么有成效的抵抗。史书上用四个字来形容当时后秦对于刘裕北伐军的态度——"望风降服"。到了十月，军队就已经到达了晋的故都洛阳，并且包围了洛阳周围的军事重镇金墉。姚泓的弟弟、平南将军姚洸在万不得已的情况下归降了刘裕。为了宣誓自己的重新归来，晋军在洛阳简单修缮了已经阔别了许多年的晋室王陵。这也是刘裕宣扬自己是晋朝忠臣的一个重要举措。通过这个动作让外界知道，自己才应该是晋朝正统的继任者。

由于这次的北伐对于刘裕来讲是过于顺利了，刘裕认为他的这个举措可以让文武百官都看到他的功绩。尤其是自己重新修缮晋陵的举措，一定会赢得朝中许多人的欢心。于是刘裕便再也不能按捺住心中早已经有的意图。像当年的桓温和桓玄一样，派左长史王弘还建康，"讽朝廷求九锡"。

一代枭雄，终于在这一刻露出了他的本来面目。刘裕的这个决定应该说是相当草率的，因为无论当时刘裕是有多么高的威望，有多么强的实力，或者说是有多大的信心，保证这次北伐一定成功，他毕竟人在远离建康的关中地区。朝廷在江南，他却在西北，这时候请求这种明显带有篡位意味的东西。如果朝中有人反对，趁着刘裕不能返京再来个卢循叛乱，又或者朝中又出现一两个谢安、王坦之类的人物，那刘裕接下来的日子恐怕不会太好过。东晋朝廷虽然已经依附于他，但朝廷终究是朝廷，臣子也终究是臣子。刘裕的这个决定实际上是他人生当中的又一次赌博。

那边刘裕要求加赐"九锡"，在建康的刘裕心腹刘穆之得到了这个消息。刘穆之在当初刘裕讨伐桓玄的时候被任命为刘裕的主簿，相当于刘裕的秘书。应该说他是刘裕身边最值得信任的人。因此像当初的曹操将荀彧留在许都自己南征一样，刘裕北伐的时候便将刘穆之留在了建康，帮助他处理国内的事情，更重要的是帮助他看管住已经取得的权力。

在刘穆之主政的这段时间，史书上记载："外供军旅，决断如流，事无拥滞。宾客辐辏，求诉百端，内外咨禀，盈阶满室，目览辞讼，手答笺书，耳行听受，口并酬应，不相参涉，皆悉赡举。又数客昵宾，言谈赏笑，引日亘时，未尝倦苦。"可见，刘穆之是一个颇有政治才能的人物。但是，跟刘裕不同的是，他这样尽心尽力为的是东晋朝廷，而不是为了刘裕。当初他之所以加入刘裕的阵营当中，也是为了能够剿灭桓玄乱党。所以从刘穆之的内心来讲，他是坚决要保卫晋室的。他们二人的关系，实在是和荀彧与曹操的关系太相似了。

刘穆之得到主公这个消息之后，曾经他对刘裕的所有幻想都破灭了。原来刘裕跟桓玄没什么两样，都是想篡位夺权的权臣罢了。因此刘穆之顿感国家无望十分忧愁，最后竟然就这样因为过度担心发病而死。

刘穆之死后，东晋朝廷因为实在没有办法回绝刘裕的要求，便只好下诏，以刘裕"为相国，总百揆、扬州牧，封十郡为宋公，备九锡之礼，位在诸侯王上，领征西将军，司、豫、北徐、雍四州刺史"。这样，刘裕就等于重新走上了那些篡权前辈们所走上的道路，而封公这步正是由东汉末年的枭雄曹操所作而来，受到后代权臣的纷纷效仿。刘裕可能根本没打算朝廷真能给他。这回朝廷动了真格的，他自己倒是犹豫起来，毕竟自己离京城实在是太远了，万一出了什么事情实在是不好控制。于是，他便没有接受朝廷的这次封赏。

义熙十三年（417年）正月，刘裕以儿子彭城公刘义隆镇守彭城，自己则率水军入河。这时候北方的另一个政权北魏参与到了这场战争当中，准备夺一杯羹。于是派出步骑十万，占据了河津地区。刘裕便命诸军渡河击之。七月，刘裕由洛阳到达陕城。八月，扶风太守沈田子大破姚泓于蓝田，王镇恶也攻占了长安，活捉了姚泓。后秦就此灭亡。九月，刘裕也到了长安。

当时长安城内物资丰富，币藏盈积。刘裕将一部分浑仪、土圭等献给朝廷，其余珍宝珠玉则分给将帅。长安是西汉的故都，而汉朝的皇帝又是刘姓，这可真是风水轮流转。因此，刘裕便大肆谒拜在长安的汉高祖刘邦的陵寝，这实际上是在宣示自己的正统地位，不但承接了晋，还承接了汉。他还大会文武于未央殿，隐隐地已经有了帝王之相。

本来，刘裕完全可以乘胜前进，平定陇右，恢复晋疆域，可是就在这紧要关头，他却宁愿功亏一篑，留下十二岁的儿子刘义真为安西将军，镇守长安，自己却匆匆返回建康。结果后来这些刚刚得到的领土被夏政权的赫连勃勃所攻取，可谓得而复失。

为什么刘裕会在形势一片大好的时候返回建康呢？史书上是这样分析的："辛未，刘穆之卒，太尉裕闻之，惊恸哀惋者累日。始，裕欲留长安经略西北，而诸将佐皆久役思归，多不欲留。会穆之卒，裕以根本无托，遂决意东还。"这也就是说，最主要的是刘穆之的去世，让刘裕在朝中失去了"看守内阁"，权力有丧失的危险。

另外，已经出兵了很长时间，将士们普遍思念故土士气低落。还有一种看法认为"关中形胜之地，而以弱才小儿守之，非经远之规也。狼狈而返者，欲速成篡事耳，无暇有意于中原"。也就是说刘裕的北伐原本就是一个幌子，他真正的目的在于加大声势之后好进行篡位的行动。而刘穆之的去世给了他这样的一个机会马上回京。但无论怎么样，套用当初评价桓温的话，可能只有刘裕才知道自己是怎么想的。也无论刘裕是怎么想的，反正大晋朝的末日马上就要来临。

东晋至此呜呼哀哉了

刘裕生于东晋隆和二年（363 年），到了他回到建康的时候是义熙十三年（417 年），刘裕已经是将近六十岁的人了。如以前的枭雄们一样，刘裕在朝中虽然没有敌人了，但是他现在最大的敌人就是时间。他已经耗不起了，万一有个什么病可能马上就会去世，那么他以前所做的就会功亏一篑了。因此再回到建康之后他便加快了篡位的步伐。

天赐良机，流传谶言说，晋朝最起码还要经历两位皇帝，国祚才能够消失殆尽，这对于刘裕来说简直是天方夜谭。他怎么可能让这个傻子安帝司马德宗一直对他指手画脚？况且当时安帝尽管傻但是毕竟还年轻，说不准自己就会被一个傻子给熬死。因此刘裕不得不想办法让安帝的生命变得"短一些"。

可能这就是皇家出生的孩子的宿命。如果这个傻子生在一个普通的士族家庭，尽管可能会让整个士族蒙羞，但毕竟他不会对他人的权力产生影响，一般的都会活在自己的那个世界里，一直到死。但是生在皇家的傻子就不同了，尤其是还登上了帝位的傻子。没人会因为你是个傻子就同情你，有的只是对你更多的怨，都盼着你早点死，这样他们就能更快地取代你的位置。

但是当时，安帝周围总有一位司马氏的王爷琅邪王司马德文。安帝虽然傻，但是司马德文不傻。司马德文一定是已经预料到了什么，因此为了保住大晋的江山，一直在安帝的左右不离开，守着这个傻哥哥。这样就为刘裕一伙人暗杀安帝增添了很大的难度。

这时候司马德文患病了，只得回府休养。刘裕他们就抓住了这个机会，王韶之用衣带把晋安帝活活地缢死于东堂，安帝这时候年仅三十七岁。这个王韶之也是王家大族之后，"王与马共天下"有他们家的一分子，最后竟然是王家的人杀了司马家的皇帝，这实在是让人唏嘘不已。刘裕这样做为后世开了一个十分恶劣的先例。从此之后，篡位必然包含着暗杀，以前那种禅让之后亡国之君得以封公终老的事情不复存在了。

晋安帝死后，刘裕为了附和谶文当中的内容，并没有急着篡位当皇帝。于是他选择立一直陪在安帝左右的琅邪王司马德文为帝，是为晋恭帝。晋恭帝时期完全就是刘裕建立自己宋朝的过渡时期。刘裕夺权的许多重要节点都发生在这一时期。

恭帝元熙元年（419年）八月，刘裕进位成为宋王，移镇寿阳。这时刘裕距称帝仅一步之遥。元熙二年（420年）三月，刘裕想试探一下群臣对自己称帝这件事情的想法，就大集朝臣在寿阳欢宴。酒桌有时候能够完成许多重要的事情，现代人可能需要搞调查问卷、搞评估才能够知道别人的想法，古代仅凭一桌酒席就能决定家国大事。

在觥筹交错之中，刘裕为了试探诸人反应，便说："桓玄篡位，鼎命已移。我首倡大义，兴复帝室，南征北伐，平定四海，功成业著，遂荷九锡。今年将衰暮，崇极如此，物忌盛满，非可久安。今欲奉还爵位，归老京师。"这话说得是何其冠冕堂皇！"奉还爵位，归老京师"的原因就是"物忌盛满"。

谁都知道东晋朝廷当时已经离不开刘裕了，朝中的大臣大多同时在宋国担任官职，宋王交还爵位，那这些大臣也就甭干了。反过来想，既然"物忌盛满"，但是又离不开刘裕那怎么办？自然而然的就是把爵位再提高一级，王再提高一级当然就是帝了。刘裕这段话看似一段退休宣言，实际上是在曲折地表达自己将要称帝的心思。

但是当时参加酒宴的大臣大多根本没有对这么重要的信息有什么反应，史书上记载："群臣唯盛称功德，莫谕其意。"宴会结束之后，中书令傅亮已经从刘裕的王府往家走了老远，在路途当中他反复思索着刘裕在酒桌上说的话，想着想着，终于明白了刘裕的意思。于是他连夜赶回刘裕王府，要求觐见刘裕。刘裕心想终于有个聪明人明白他的意思了，便马上开门召见。等到傅亮进门行礼毕，先开口说话："臣暂宜还都。"这意思就是说，我现在应该回到建康去，为您的大殿进行准备了。刘裕心里也明白傅亮说的是什么，也就不再多讲，问："须几人自送？"傅亮回答："数十人可也。"于是傅亮便告别刘裕，向着京城的方向出发。

在途中，由于是夜晚，傅亮看到天空当中有彗星下落。古时候这样的天象都预示着有大事即将发生。当然，这原本是一个巧合，也或许是后代的史家为了宣扬刘裕的神性而故意这样去写的。但无论怎样，傅亮看到这样的天象内心还是一惊，拍着自己的大腿说："我常不信天文，今始验矣。"

带着这样的预示，傅亮回到建康之后，便马上操办禅让典礼的事情，他让朝廷诏命"征"刘裕"入辅"，也就是让刘裕能够前往建康来，刘裕上表将自己的孩子刘义康作为都督豫、司、雍、并四州诸军事、豫州刺史，镇寿阳。义康尚且年幼，便以相国参军南阳刘湛为长史，决府、州事。刘裕自己受了朝廷的"诏命"，前往建康。这样可谓万事俱备只欠东风，就等着刘裕前来称帝了。

元熙二年（420年）六月壬戌日，刘裕大队人马到达建康。傅亮马上入宫，"讽晋恭帝禅位于宋"，让晋恭帝司马德文照着早就已经写好的退位诏书抄了一遍，史书上记载："帝欣然操笔，谓左右曰：'桓玄之时，晋氏已无天下。今日推国与宋王，本所甘心！'"于是自书赤诏，"禅让"天下。

这"欣然"和"甘心"是多么的无奈！司马德文可能在自己登上这个所谓的"皇帝"位的时候，心里面就已经有了这种觉悟。毕竟，他的哥哥晋安帝，一个傻子最后都会招致那样的祸端。他这样一个正常的皇帝，又怎么能够被刘裕所容忍。自己不过是一个刘裕请来暂时帮着看看江山的人罢了。"桓玄之时，晋氏已无天下"这一点也没错，因此晋恭帝这时候的"欣然"绝不是厚着脸皮而做出来的，而是真真正正的累了，不想再这样被利用了。恭帝心里想的仅仅是赶紧离开这个危险的地方，自己能够过几天平平淡淡的日子。

禅位诏书一经下达，就标志着自晋元帝南迁建立小朝廷共 103 年的东晋王朝彻底灭亡了。这一年的六月丁卯日，刘裕南郊登上高坛，继皇帝位，是为宋武帝，并改元为永初。同时刘裕封晋恭帝为零陵王，徙至秣陵县，派重兵禁守。尽管司马德文已经不再是皇帝的身份了，但是他仍旧没有放下心，时时刻刻小心警惕生怕自己得罪了刘裕而招致杀身之祸。他更是怕被刘裕悄悄地下毒杀掉，于是常常和妻子褚皇后自己煮食吃饭。

一个皇帝为了保命竟然要自己去做饭，落魄至此，不知道在地下有知的司马氏的先祖们将作何感想。尽管司马德文已经很小心了，但是还是不能够让刘裕放过他。一年多后，刘裕派褚皇后的兄弟携毒酒去弑恭帝。褚淡之和褚叔度两兄弟先把姐姐叫出来说要拉家常，引开褚皇后。皇后离开之后，恭帝心里已经是有所觉悟了。三个兵士跳墙入室，像当初张贵人刺杀孝武帝一样用被子把恭帝活活闷死，恭帝时年三十六岁。

自此，东晋王朝伴随着最后一位皇帝的死亡消失在了历史之中。我们的故事也就暂时将告一段落了。三国两晋时期是一段伴随着短暂统一和长久混乱的时期，更是北方少数民族全面南下、民族融合迅速加强的时期。随着北方北魏王朝的建立和南方刘宋政权的建立，中国开始出现了一南一北两个朝廷分治的时期，南北朝时期就此开始。大混乱还在继续着，士族还在消亡着，历史还在继续着。